地市供电企业数字化班组建设

主 编 郑怀华
副主编 宿 波 戚中译 殷 军 孙成群 周 刚

中国电力出版社
CHINA ELECTRIC POWER PRESS

内容提要

本书基于“大、云、物、移、智”等新一代科学技术，介绍了电力企业数字化班组的建设思路、目标、方案、评价机制、计划及未来的发展趋势，旨在为供电企业数字化班组建设添砖加瓦。

全书共包括六章，分别为概述、数字化班组建设思路及目标、数字化班组建设方案、数字化班组评价机制、数字化班组建设的典型应用场景和数字化班组建设的发展趋势。

本书立足于供电企业数字化班组建设实际需求，书中案例翔实、解析细致、便于掌握，可作为电力企业一线职工、专家、骨干人才学习、参考用书，也可为供电企业开展数字化班组建设提供参考借鉴。

图书在版编目（CIP）数据

地市供电企业数字化班组建设 / 郑怀华主编 . — 北京：中国电力出版社，2023.3（2023.9重印）
ISBN 978-7-5198-7237-3

Ⅰ . ①地⋯　Ⅱ . ①郑⋯　Ⅲ . ①供电－工业企业－班组管理－中国　Ⅳ . ① F426.61

中国版本图书馆 CIP 数据核字（2022）第 214406 号

出版发行：中国电力出版社
地　　址：北京市东城区北京站西街 19 号（邮政编码 100005）
网　　址：http：//www.cepp.sgcc.com.cn
责任编辑：邓慧都
责任校对：黄　蓓　王海南
装帧设计：张俊霞　郝晓燕
责任印制：石　雷

印　　刷：北京九州迅驰传媒文化有限公司
版　　次：2023 年 3 月第一版
印　　次：2023 年 9 月北京第二次印刷
开　　本：787 毫米 ×1092 毫米　16 开本
印　　张：12.75
字　　数：252 千字
定　　价：66.00 元

编写组

主　　编　郑怀华

副主编　宿　波　戚中译　殷　军　孙成群　周　刚

参编人员　赵旭州　郑铭洲　陈　曦　汪泽州　张　晗　彭　斌　宋明月
孙　莹　金乐婷　闻芷馨　王耀升　梁义文　赵仲夏　过　浩
汤晓石　穆国平　陆建琴　蔡亚楠　周　迅　王洪俭　许路广
盛鹏飞　刘剑清　蔡宏飞　王伟嘉　李锐锋　姚　凤

前 言

随着科学技术的日新月异，“大、云、物、移、智”等新一代科学技术正不断涌现，充分应用移动互联、人工智能等现代信息技术和先进通信技术，实现电力系统各个环节万物互联、人机交互，打造状态全面感知、信息高效处理、应用便捷灵活的电力物联网技术成为我国电力系统发展的必然趋势。目前我国电力系统已开展基于设备状态信息智能采集、电力设备大数据分析、机器代替人工等技术应用，积累了丰富的经验。但现场大多停留在系统场景式应用、数据离散型采集、作业书面式管理，一线班组应用“最后一公里”尚未打通，班组数字化程度低。因此，电力系统数字化班组建设刻不容缓。

电力系统数字化班组以新一代设备资产精益管理系统（PMS3.0）为支撑，按照贴近基层、贴近设备、贴近客户的原则，深化“大、云、物、移、智”信息通信新技术与传统电网技术融合，加快设备智能化升级、管理数字化转型，推进班组业务在线化、状态可视化、作业移动化建设，实现设备状态智能研判、现场作业精准管控、管理决策协同高效。为了深入推进数字化班组建设，满足新时代坚强智能电网和智慧运检的需要，国网浙江省电力有限公司嘉兴供电公司组织电力系统数字化班组建设相关方面的优秀专家和骨干人才编写了《地市供电企业数字化班组建设》一书。

本书从电力系统数字化班组的发展历程、建设思路及目标、建设方案、评价机制、典型应用场景、发展趋势等角度进行了阐述，力求让读者全面掌握电力系统数字化班组建设的来源、思路、方法及未来发展趋势，并迅速应用于电力生产，真正做到学以致用。本书在编写过程中强调与时俱进，结合电力系统的最新技术成果，并融入一线职工、专家、骨干人才的实际经验，确保对从事数字化班组建设的读者具有广泛的借鉴性、示范性。

本书编写过程中难免有遗漏或不足之处，敬请广大同仁提出宝贵的意见及建议，以便后续改进。

编者

2022 年 9 月

目录

第一章
概 述

第一节　电力系统班组的演变过程

中华人民共和国成立至今，中国电力历经多年的摸索、碰壁，终于逐渐走上平稳快速发展的道路，而电力系统班组的演变过程也与中国电力工业的发展历史有着密不可分的联系。

一、第一个历史阶段（1949~1978年）：中国社会主义建设发展初期

班组建设特征：在这一历史阶段，公司的班组管理工作已经把重心放到了完全由企业上级领导的生产指令性计划上来，而班组日常规范与管理工作的风格则是与生产计划体制相适应，以行政权力为中枢、自上而下、管理等级森严。

班组工作：上传下效，班组以完成生产指标、工作任务为第一要务，班组长主要负责指导班组“活怎么干”。

代表性班组：孟泰仓库、马恒昌小组、大庆油田王进喜率领的1205钻井队、郝建秀班组、赵梦桃班组、“毛泽东号”机车组等著名先进班组享有“我国班组建设的摇篮”的美誉，也正是这些班组在我国工业革命起步阶段和发展阶段起到了先锋模范带头作用。

班长特点：基本功扎实，遇到困难时冲锋在前，干出好业绩后虚心推让，有强烈的集体主义价值观，吃苦在前、享受在后。

员工要求：信奉大公无私、白手起家、苦干实干、艰辛奋进、努力完成领导交付的各项工作各项任务。

时代亮色：工人阶级是社会领导阶级，而工人则是整个国家和企业的主人翁。

新中国建立初期，社会百业待兴，这时的企业正围绕着巩固政权、恢复经济发展搞大生产这个主基调，进行着如清仓查库、献纳器材、勇攀产量新纪录和争做优秀生产者等活动，这一时期企业对组织的管理工作，把主要注意力聚焦于企业怎样利用班组的劳

务比赛激发员工积极性、超额实现产量技术指标等工作方面，企业组织管理工作的基本思想是紧紧围绕产业要求、朴实无华，全力以赴抢时间、赶速度、抓产量，在企业恢复产量、组织生产比赛的过程中，也涌现出了一些优秀人物和优秀班组，比较有名的如孟泰仓库、马恒昌班组、郝建秀班组、“毛泽东号”机车组、马万水组织等，他们在全行业中产生着表率作用，被誉为工人阶级班组建设的领头雁。

中华人民共和国成立后，按照中央统一领导，对全国电网实施管理和地方统一调控相适应的管理模式，首次成立电力工业部。到了燃料工业部时期（1949~1955 年），大部分电厂都实行军管，电厂由所属的各大军区统一管理，电力工业部仅有少数电厂的直接管理权。

辽宁鞍钢的孟泰是中华人民共和国成立后，第一个著名劳模。1948~1949 年初，在鞍钢集团工人自力更生、艰苦奋斗的滚滚潮流中，作为冶铁厂检修场配管组副队长的孟泰，为了找到充足的原材料炼钢，率领着本组十几个工人前去工厂收集废旧金属材料和零配件。他脚踏冰雪、栉风沐雨，足迹遍布了整个工厂，将各个废铁堆翻了个遍，在短短数月里，就收集了上千种金属材料以及上万个零配件，堆满了整整一个房子，这所房子便是后来誉满全国的“孟泰仓库”，也是孟泰精神的源头。1949 年春，鞍钢集团开始修 2 号高炉，整座高炉连接管道的制作原材料，基本上全部来自“孟泰仓库”中孟泰和工人们所收集到的废旧金属材料和零备件，共有三百多件。因此，在当年庆祝鞍钢集团开工典礼会议上，张孟泰被中共鞍山市委、鞍山市总工会和鞍山钢铁集团公司正式授予“一级功臣”称号，后来，他在 1949 年 8 月光荣地加入了中国共产党，并成为中华人民共和国成立后鞍山第一批工人共产党员。从这时起，孟泰精神深入鞍钢集团职工阶层的文化精髓，孟泰精神也是在这一时期鼓舞着许多劳动者为我国的经济社会发展作出奉献并代代相传，一代又一代鞍钢人也始终铭记着这个中国普通工人的世纪传奇——出生于贫困农村家庭的孟泰，通过自强不息、努力奋斗，谱写着将载入史册、体现中国劳动人民不竭奋斗力量的辉煌篇章。

1950 年前后，中国各地军区已逐渐放归辖区内各类电厂的管理权，电力工业部开始接管电厂。电力工业部根据地域分类，设置六大地方供电主管机关，对供电实行集中垄断垂直管理，政企一体。

1955 年 7 月，经全国人大投票一致通过，废除了老燃料工业部，新设立了煤炭、电力、石油工业部，并就此开始了 1955~1958 年三年的电力工业部阶段。电力工业部建立之后，在各地设置了一定的辅助部门，以推进管理体制改革，并把水利部门的一些职权集中起来，构成中央政府和地方双重领导的格局。

1956 年后，由国有经济和集体经济为主的单一公有制经济体制处于主导地位，随着我国的社会主义计划经济建设工作要求逐渐成形，连续多年，公司内部共唱“高效聚集人才、物资、财富，促进国民经济快速发展”这一主旋律，而班组管理工作也围绕着怎样优质高效地实现领导所交付的生产计划和任务而全面进行，其目标也越来越具体。如1949年4月28日组建的马恒昌小组，是我国通用科技公司旗下齐齐哈尔二机床（集团）有限公司铣床企业部的一个车工小组。曾因第一次进行工作小组民主管理分工、第一次召开全省职工科技研究会推进了班级技术革新、第一次倡导并参加全国劳动竞赛、第一次建立并健全了班组管理体系、第一次推行了岗位责任制，从而驰名于国内工业战线，被誉为“国内班组建立的摇篮”，变成了“国内工人阶级的一个标杆”。

马恒昌小组在成立的七十年间，一直坚持挑战自己，持续创新，共取得重大创新成果1251件，应用先进方法175项，总结提炼先进的操作方法132个，为国家和公司带来经济效益两千余万元。

在这一历史发展阶段，诞生于炮火中、以毛泽东名字命名的火车毛泽东号，同样为班组建设的历史留下了浓墨重彩的一笔。1946年开始，在战火中排雷、只身独闯“风雪一面坡”、冒着炮火的风险给解放军输送大量弹药物资的光辉历史，值得人们崇敬和感动；在和平建设时期又为社会主义建设事业殚精竭虑，奉献大量运输力量，多件卓越功勋的事件传遍全国上下，形成了我国交通战线的一个标杆和优秀典范。

1958年党中央召开会议，定下要大力发展水利工程的基调。认为从长期发展的眼光来看，水利比电力还要重要。于是按照中央的重要指示精神，将水利工程部和电力部合编为水利电力部门，即水利电力部时期（1958~1966年）。

1958年9月，王进喜所率的钻探队创下了当时月钻探进尺的全中国最大记录，并获得“钢铁钻井队”的荣誉称号。1959年9月，王进喜作为大会战中树立的一个榜样人物，被授予全国劳模称号，并光荣地列席了国家工交群英会。1960年3月，王进喜带队由玉门县到了大庆参与油田大会战，积极组织全队工作人员用“人拉肩扛”的方式移动和布置钻机，用“盆端桶提”的方式运水保开钻，不顾腿伤跳进泥浆池，用全身搅动泥土压井喷，被誉为“铁人”。

到20世纪60年代，在党中央号召下，全国掀起了工业学大庆运动，并在广大工业企业中开展了“五好”企业和“五好”职工竞赛评选活动，通过学大庆和“五好”竞赛，全国又涌现出一大批像铁人王进喜和由他所带领的1205钻井队那样的基层先进人物和先进集体。先进的班组管理模式和经验在全国的企业中全面推广，大批先进集体和先进人物的涌现，有力地发挥了工人阶级的主力军作用和先锋作用，极大地推动了社会主义建设的发展。

二、第二个历史阶段（1978~2001年）：改革开放时期，企业以经济建设为中心

班组建设特点：为尽快适应企业转变生产经营机制，班组的结构形式、工作手段与管理方法都产生了重大变化，班组建设和管理生产工作不再仅仅以实现项目计划目标为

单一目的，以班组承包制和企业责任目标制为重点工作目标的班组日渐增加，这些班组开始搞经济核算和生产管理。

班组工作：班组有了二次分配的权利，班组长不仅要负责“活怎么干”，还要根据班员表现负责“钱怎么分”。

班组职责：班组长除了要决定班组日常工作开展，在利益分配时还要按劳分配。

代表性班组：由号称“抓斗大王”的包起帆所领导的上海市国际港务公司吊装组；上海电气液压启动公司液压泵厂李斌班；创造了震撼全球海运界的“振超效率”“振超精神”的由许振超所领导的中国青岛港前湾大型集装箱港口吊桥班等。

班长特点：有较强的团队意识，应是懂经营、会管理、扛指标、能掐会算的能手，并开始走上创造性思考与管理之路。

员工目标：当科技能人，练技能绝活，寻求职业学习成才。

时代亮色：中国工人逐渐兴起，作为有专业知识、有技能的新兴劳动力，已经成为“十一五”期间建功立业的主力军。

在党的十一届三中全会以后，中国的电力产业体制改革进入探索新时期。在此期间，中央电力主管机关又经历了四次调整，先后第二次设立电力工业部、第二次设立水利电力部、第一次设立能源部，最终于第三次设立电力工业部。在电力工业管理变革领域，曾研究了全面包干经营责任制，简政放权、自负盈亏、以电养电等改革方法，最后形成了华能集团和各大区的发电集团公司。按照国务院的指示精神，这一时期的发电体制变革沿着“政企分离，省为基本实体，联合电网，统一调度管理，集资办电”的原理展开。

这时，企业逐步进入恢复性调整和建设后调整的工作阶段，这在中国城市社会主义经营体制改革和现代企业运营体制转变过程中特别突出，同时企业经理承包责任制度这一理念也被引入班组建设中，彻底改变了以往班组以完成工作任务计划为目标的工作管理模式，班组规章制度的完备性和企业考核工作中的作用日益凸显并占据主导地位。

1979 年 2 月，国务院研究决定取消水利电力部，并将它拆分成电力工业部和水利部，至此电力工业部又一次出现。

1982 年 3 月，根据五届四次全国人民代表大会的决策，重新把原电力工业部与水利部二部整合组成水利电力部，这也是水利电力部再次接管电力工业。这次整合以后，中国接受了以往的经验教训，并继续沿着中国电力工业集中统一的方针发展。

在第二次组建水利电力部门时，中共中央、国务院就中国电力工业的改革与发展进行了一系列有益探索。1986 年 5 月，中国电力工业体制改革问题被提到议事日程，同年六月，国家电力体制改革组织会议作出《加快电力工业发展的改革方案（草案）》的汇报，在文件中根据当时我国电力行业的实际状况，提出了五条主要改革举措和五条政策。

在电力行业改制初期，将此前农业承包经营责任制的改革经验加以总结，作为电力行业改制的主要方法，并于1987年上半年推行，从而产生了独具特色的企业承包经营责任制。随着改革的深入，电力企业的改革已经从开始的放权让利逐渐转为管理制度创新，在此期间提出了包括厂长责任制、工效挂钩、劳动合同制在内的多维度管理制度创新。中央和地方政府根据企业规模和种类，选取了一些较有代表性的电力企业，进行了现代公司制建设试点工作，针对我国大中小型企业改建形成有限、股份责任公司或者国有独资企业；针对全国性的行业总公司改制为国家直接控股企业，这批改制后的我国特大型企业集团往往跨区域、跨专业运作；针对许多中小电力企业，也采用了改制、联合、并购、出租、承包式经营和股份合作制、售卖等形式，开展了一系列改造工作。在这种大背景下，企业的合并活动日益频繁，企业减员增效、员工就业分流再就业的新形势也初步显现，企业之间的竞争态势愈发明显。

这一时期公司被寄予了更高的管理要求，既要提高企业活力，也要进一步增强公司效率，同时存量市场上的竞争也更加剧烈，公司内部和班组为应对新局面，不得不转变经营机制，打破原有的思维定式，这时的班组也受到影响，转为工作任务承包制和经济责任指标的运转方式，企业将生产成本目标层层分解，进一步细化到部门、班组和个人，进一步做好成本指标的管控。另有部分公司，也启用了公司内部经济核算机制，通过核算部门、小组或个人的产品消耗，并核查分析公司经济指标的实现状况，以达到控制经济成本的目的。这一班组经营模式符合当时的国情，这时的班组长既要懂得经营管理，也要对经济指标有很好的把控。

当时班组建设工作在全国企业范围内差距不一，有的企业仅仅局限在喊口号的阶段，真正的班组建设工作并未开展。还有的企业，一些班组被拆分重组、一些班组被重新合并、还有一些班组被注销，班组的建设工作受到一定冲击，班组建设也面临一系列的变化，在曲折变化中走走停停。

但是，班组作为公司中最小的行政单位，又作为公司生产运营的前沿阵地，1987年以后，班组的建设管理工作日益被管理人员所关注，在公司中对班组管理思想与管理方式的探讨也日渐增加，管理人员开始探讨、总结一些先进班组的管理工作方式，包起帆班组、李斌班组、许振超班组等脱颖而出，并迅速闻名于国内。

1986年9月15日，中华全国总工会和原我国经济委员会在北京举行了首届全国先进班集体工作大会，在会议上向全国推荐了上海市和太原钢铁集团公司培育全国先进班组的典型经验，为296个“全省先进班集体”颁奖并颁发全国“五一劳动奖状”，还授予119人“全国先进班组长”的荣誉称号。大会上还颁发了《关于加强工业企业班组建设的意见》，这也是中国历史上首次带有法规性质的企业班组建设文件，同年十二月，中华全国总工会、原国家经委、劳动人事部、全国职工教育管理委员共同发布的文件，要提高我国750多万个班组的企业班组长的人文知识、技术技能、班组管理等方面的技能。

至此，我国班组建设工作已逐步具备规范性、程序性，从目标、工作内容、管理标准、管理方法等方面均取得一定进展。

1987 年 1 月，工人日报创刊了“班级文化天地”专刊，专刊以“表班级员工喜怒悲悦、赞班组员工无私奉献、为班组建设工作传经送宝、帮班组员工释义解难”的理念，成为全国目前八大媒体中，唯一专门为班组员工量身制作的报刊版面。

1987 年 7 月，由中华全国总工会、原国家经委、中央电视台、工人日报社、经济日报社等六家单位共同召开了我国班组建设研究优秀成果发布会，在发布会上介绍了二十多个班组建设的研究成果，发布会刚刚播出，便引发了中国国内企业的巨大反响，在我国班组建设的发展史上书写了浓墨重彩的一笔。

水利电力部也曾提倡全面包干的经营责任制，并提出电力部门自负盈亏、以电养电政策，1987 年 9 月，李鹏副总理对全国电力行业机构改革规定了“政企分开，以省为实体，联合电网，统一调配，集资办电”的总体原则，并提出要采取因地制宜的策略。1988 年 7 月 1 日将华东电网作为全国电力体制改革试点，并先后设立了上海市、江苏省、浙江省、安徽省电力公司和华东地区电力联合有限公司，与此同时保留了各地省（市）电力工业局和华东地区电业管理局的名义，并进行挂牌、运营双轨制，为政企分开创造了先决条件。

1989 年，公司改制工作进一步向完善承包制及配套的改革方面进行，在承包制中引入了竞争体制，在部分试点公司中实行以公有制经营为主导的股份制改革，并试图通过组建公司集团，充分调动公司职工工作的积极性和创造性，寻求更优的劳动组合，进一步提升工作效率。通过一系列改革措施，完善企业经营机制，达到自主经营、自负盈亏的效果。

这一时期里，为了促进电力工业体制改革和电力行业的健康发展，有关发电投资体制改革办法也配套出台，将电力建设资金从以前的政府补贴转为发放企业贷款；同时，通过成立电网建设基金、出售供电权益和集资办电等方式，以缓解由于售电电价过低而造成的发电建设投入资金不足的问题。随着国家电网建设项目的投入资金逐渐减少，在发电工程建设中普遍采取了减少造价、压缩建设周期等办法，同时将基本建设的各项资金管理改为项目包干责任制和招投标机制。向电力企业发放电力建设债券和合理增加电力折旧等，还成立了华能国际电力发展有限公司，通过引进国内外资本来缓解资金投入不够的问题。这些举措开创了多渠道、多元化投资办电的局面，有助于电力工业自我革新。

1988 年 5 月，按照七届一次全国人大的决定，撤销了水利电力部，由新组建的能源部直接接管全国电力行业工作，能源部同时担负着行政与管理的双重职责，至此我国电力行业迎来了能源部时代（1988~1993 年）。同年 5 月 22 日，能源部成立，12 月中国电力企业联合会正式成立，相关的中央电力集团和地方电力公司也随之组建。从此，我国电力行业中的政府主管、公司管理和业务职责初步划分，我国电力体制改革的脚步也逐渐加速。

华能集团是电力工业中首批组建的集团公司之一。华能集团有限公司集实业、融资、外贸、科学技术和咨询服务于一身，是一个业务广泛、综合性较高的企业集团公司。其名下有华能国际电力开发公司、华能发电有限公司、华能精煤有限公司、华能原材料有限公司、中国（华能）工程技术开发有限公司、华能科技发展有限公司、华能金融服务有限公司、华能综合运用咨询服务有限公司、华能实业开发服务有限公司等九家企业及其华电技术开发有限公司、华电综合利用开发有限公司、华电工程建设公司、华电南方（集团公司）等四家由原水电部归口管理的企业组成，受能源部与国家计划委员会联合管辖，以能源部领导为首，于 1988 年组建成立。

地区与省级电力工业机构的公司制重组分两个阶段进行。第一阶段从 1988 年起至 1990 年结束，大区电业管理机构被重组为联合电力公司，而省级电力部门则被重组为省一级电力公司。从国务院的电力行业管理机构改制办法中可看出：省级电力公司与联合电力公司均为单独进行会计核算、拥有经济管理权、自负盈利的企业，均具备企业法人主体地位，与此同时国家电网内各发用电机构的资产管理关系维持固定。联合电力公司仍归国家能源部直接管辖，属全国重点计划的单列企业。非跨省供电的省供电局，将逐渐改制为省级电力公司，自主管理、自负盈利，受能源部与所在地省政府的双重主管，并受委托执行所属地方政府电力工业行业管理职责。改造办法还要求各企业都要进一步落实改革，完善企业的承包经营责任制，并进一步实行股票制度，采取调整售电量与物质消耗工资含量的方式。省级电厂均可独立核算，与供电企业统一签订运营合同，进行供电统一调度，其他省独立电厂仍按原办法进行管理。

第二阶段的改革工作始于 1991 年底至 1993 年初，这一阶段的主要任务是建设特大型发电企业集团公司。1991 年 12 月 14 日经国务院同意为第一批特大型企业集团公司的建设试点，在这一批次中能源部有七家，其中地方电力公司占六家，即华能集团有限公司、华北电力集团、东北电力集团、华东电力集团、华中电力集团和西北电力集团，而且全部都是跨区域的电力行业集团公司。1992 年 10 月 10 日，能源部向国家计委、国家体改委、国务院经贸办先后提交了有关同意设立东北、华东、华北、华中、西北电力集团的函，经审核后，于 1993 年 1 月 11 日，华北、东北、华东、华中、西北地区等五个水力发电公司相继成立。

1989 年至 2001 年，尽管全国电力企业的职工户数有所下降，但国营和国家控股工业公司实际实现的工业产值却由 3895 多亿元上升至 14652 多亿元，平均每年提高十一点六个百分点，比我国其他产业的工业增加值平均增长高了 2.37 个百分点，在此变化中，班组的基本建设和班组管理等工作也发挥着积极推进作用。

1993年，中国工人日报《班组天地》专版和全总经济部共同在北戴河主办了全国优秀班组长训练班，着力训练全国各行各业的优秀班组长的班组管理工作才能，我国班组长训练的帷幕也由此揭开，直到2008年，全国优秀班组长训练班已连续举行了十五届，累计近二百期，共培养的优秀班组长达到十多万人，被国内知名企业员工称为“中国班组长的黄埔军校”。

至此，班组管理工作越来越受到全国各个层面的广泛关注，一些管理专业学者开展以“怎么做好班组管理工作”“怎么当好班组长”等课题的深入探讨。

1993年3月，八届全国人大一次会议通过议案，决定撤销能源部，电力工业部第三次成立（1993~1997年）。国务院办公厅批复的关于组建电力工业部的指导思路是：政企职权分离，着力简政放权，由政府部门管理工作转为企业管理工作，强化计划、统筹、监管、公共服务职能；精简内设管理机构和人员编制，合理配置职务，进一步提高企业水平；求真务实，平滑转型，适当分流富裕人才。规定企业在坚持“政企分离，省为实体，联合电网，系统调整，集资办电”和“因地因网制宜”的基本原则指导下，逐步减少和转变政府对企业人、财、物和运营管理方面的责任，逐步转为强化企业宏观管理的责任，但由于当时国务院办公厅颁布的文件精神中明确要求国家支持企业搞好五大电力集团改革，各电业局和地方电力部门仍保留现有建制，所以到第三次电力工业部时，全国电力行业组织改革还没有明显的改变。

电力工业部建立后，中国电力企业联合会被保留下来，并成为中国所有电力企业、事业单位的统一管理机构，其基本性质维持不变，仍由我国电力工业部归口管理。华能集团受电力工业部和国家发展计划委员会的双重主管，以电力工业部为首。此外，葛洲坝集团也在原葛洲坝工程建设局的基础上组建。

1993年1月3日，国务院办公厅决定组建国务院三峡工程建设监督管理委员会，同时设立了中国长江三峡工程开发总公司，全面管理了三峡工程的基本建设与后续运营管理工作，为三峡库区工程建设项目的顺利完成提供了组织与体制保证。1994年12月14日，三峡工程项目启动修建。

电力工业部建立后，按照国家体改委等有关主管部门关于股份制企业改革试点方法的有关规定，于1993年9月颁布了《电力行业股份制企业试点暂行规定》，规定指出国家电网企业和发电企业都应该实施股份公司制改革，具有要求的国家电网企业和发电企业，经主管部门批准后，允许到国（境）外发售公司股票、债券；但国家电网企业（指发、供电合一的电力企业）在实施股份公司制时应以公有制为市场主体，确保能源集团、省（区、市）电力公司在电网公司企业发展中的绝对控制地位。1994年8月4日，山东华能发电有限公司股票在美国纽约证券交易所挂牌上市，是我国第一家去美国纽约上市的特大型电力公司。

三、第三个历史阶段（2001~2009年）：中国加入世贸组织，国企进入国际经济舞台

班组建设特色：班组的建立与管理更加突出了班组中的个体，从而产生了一些更加品牌化和个性化的班组，这些班组都着力于打造社会主义工人先锋号，提倡终生学习、团队合作、创新创效、注意个人安全、自我管理，班级的管理也更加科学、体系全面、更强调人文关怀，从而涌现出了一批以班组长姓氏命名的班组、团体等，这一阶段的班组管理模式越发个性化。

班组工作：以学习为首要任务，班组和职工争相学习，工作任务和班组培养任务并重，班组长的职责不仅在于如何分配班组任务，还要考虑班组成员培养的问题。

代表性班组：在长春一汽轿车股份有限公司，开创了“王洪军汽车钣金快捷修整法”、带出一个二百多人的高技术钣金修整团队的国内先进学习型小组王洪军班，东风汽车集团公司国华班，中国航天科技集团有限公司八院800所的唐建平班组，江铃汽车集团公司袁政海班组，中国铁道部第一工程局电务有限公司窦铁成班组等。

班长特点：首先，要符合构建现代公司管理制度的总体要求，要具有敏锐的市场经济意识和为客户服务的意识；其次，要会组织和指导班组的员工掌握新技术、进行日常充电学习，是政治素质过硬、业务能力娴熟、技能全面、管理科学和具备现代企业意识的公司基层管理人员；最后，要会利用现代化管理手段和先进的管理手段，将班组打造成善于开拓创新、具有竞争性的公司活力因子，使自己成为专业知识全面、懂科技、会管理的班组长。

职工追求：工人开始以高级技师、首席工程师、蓝领精英等作为职业理想和一生努力的目标，并产生了更多的以个人姓氏命名的新操作法和创造性成就。

时代亮色：将工人靠劳动致富、技能致富变成实际，将高等技术人员、蓝领精英变成高劳务经济价值、社会需要的人才资源。

2001年我国进入世界经济贸易组织（WTO）以后，我国企业开始逐步走向全球的市场经济大舞台，而班组也变成了我国中小企业的重要基础单元，在企业经营建设过程中不断起着关键和基础性的角色。在这个时代的班组长，首先必须要符合社会主义建设现代企业制度的总要求，要具有强烈的社会主义市场经济意识和为客户服务意识，应该是政治能力强、业务精、懂科技、会管理和具备现代企业发展意识的企业基层管理人员；同时，一名出色的班组长，还必须提高班组成员的综合素养，将班级工人培训形成有理念、有品德、有纪法、讲文明，敬业、努力、开拓创新、实干，热爱本职工作岗位的社会主义劳动者。要着力将中小企业班组工人建设成“安全文明效率、教育聚集人才、拓展进取创新、团结学习和谐发展”的大中小型企业基础团队，为班组工人提供培养技能

水准、展现自身技能的平台，班组建设要充分运用先进管理模式和使用现代化管理、善于创新、具有竞争性的中小企业细胞，努力促成企业和员工的发展，最后达到“办世界级企业，创世界级管理水平”的企业总体目标。

和前面两个历史阶段明显不同的是，在这个阶段，班组这个小小的活力因子产生了质的转变，小班组不但完成了企业生产的重任，同时也为企业发展培养了大批人才。怎样引导员工成才，是公司班组管理工作中的重要一环，同时也是班组长应该掌握的基本管理能力。目前公司普遍注重于技术人才队伍的整体素质提高工作，为引导员工掌握技术技能、提高业务水平，公司大都将技术能手提拔到班组长职位上，班组长的整体素质也普遍提高。在此阶段，还产生了不少企业为班组长制提供的国内先进的班级管理工作新方法，其中比较知名的有：原宝钢梅钢集团的“351”班组构建系统，即利用班组构建工作，助力实施“提升效益、管理工作、技术创新”三项指标，提高职工的业务学习能力、创造生产能力、友好交流能力、主动管理能力、群体合作能力等五种能力，将班组构建系统和国外先进的企业基层管理方法即作业长制的实施方式有机融合。

山东省滨州市渤海活塞公司和中国沈阳飞机制造公司小组通过“创争”活动进行班组“六星级”考评，鼓励班组树立共同发展理念，制订全年“业务、技术、创新、品质、精益、安全”六大工作方面的工作目标，着力推进打造“六星班组”的建设。

中国移动广东有限公司通过创新班组管理模式的“活力一百优秀班组构建”，以一种班组的视角对整体企业层面的 PEM（卓越绩效模式）等七大模型加以划分、优化与选择，并由此将其打造作为班组的企业工作标准予以实施。运用大数据系统不断地改进企业管控过程，主要关注于企业管理者所重视与考虑的价值观导向、明确目标、策略落地、流程管控、资源配置、测量数据分析和改进以及班组工作结果等七个方面。

海尔公司通过以班组为单元建立了统一舰队型的 SBU（战略业务单元）队伍，小组升级达标，OEC（全面优化）经营法，人单一体的模式等。

2001 年，日本著名管理学家彼得·圣吉的《第五项修炼》一书，作为当时前沿的企业管理思想被引入我国企业，并迅速得到广大班组的推崇学习。书中提出：创建学习型团队的关键，就是汇聚五种修养或技能的观念很快获得许多企业的认同，开始在公司内部推行。这五种修养分别为：自我突破、改变心智模型、确立共同愿望、组织学习和系统思考。不久，全总宣传教育处在全国企业进行了轰轰烈烈的争创学习式班组、争做学习型工人“双争”教育实践活动，并固定每两年在全国评比一个先进学习式班组和先进学习式工人。当年一汽王洪军班、东风汽车有限公司国华班，中国航天科技集团有限公司八院 800 所的唐建平班组，江铃车辆集团公司袁政海班组等，均在其列。

在这一阶段中，企业班组的建立和管理工作普遍被企业管理人员所关注，班组文明建设工作也逐步渗透到企业班组建设管理工作中。

四、第四个历史阶段（2009 年至今）：通过供应侧结构化改造与转变升级，中国企业步入高质量发展期

班组建设特色：班级建立和工作的核心理念是“建制规范化、设备规范化、管理工作规范化、行为规范化、绩效规范化”，突出班组文化建设，以劳模科技创新工作室和班组青年工匠为载体，建立打造出以“技能型、效益型、全面型、管理型、创新型、和谐型”为特点的班组，以关注培养员工职业精神和加强提升员工专业技术素质为重点，以实施国家岗位素养建设为契机，强化人才培养保证举措，助力企业完成“两个一百年”的奋进任务、为完成中华民族伟大复兴的中国梦提供了发展助推器。涌现了一批新时期的标杆班组、全国先进安全班组、“全国工人先锋号”标兵班组。

班组工作：班组作业流程的显著特征是“指标化、标准化、程序化、数据化、系统化”。每项工作内容设定指标考核标准及相应考核分数，作业流程严格按照标准逐步实施，工作内容要求量化管理。在班组工作运行过程中，班组长处于班组领导地位，既要带领好团队，也要统筹班组全面工作，包括工作内容分配、工作效益分配、工作人员职责分工和职工企业生涯规划。

代表性班组：由中国航天科研一院国内第一位院士当班组长的余梦伦班组、河南平煤白国周班组、国网天津电力公司滨海供电分公司运维检测处张黎明班组等。

班组长：班组是企业最基本的生产单元，班组长是班组科学管理运营的灵魂人物，需要具备良好的职业道德、专业素养、心理素质。班组长需综合考虑班组成员学习进度、专业技术、职称资格等实际情况，遵循 PDCA 原则，制订适合自身班组的工作计划。即根据帮助班组员工定位职业发展方向，帮助班组确立未来蓝图发展愿景，用个人魅力带领团队成员齐头并进，朝着同一个方向共同努力。班组长根据实际情况制定计划，合理安排成员分工、分步实施并利用数字化、信息化手段进行效果检查，利用自身具备解决问题、分析问题的综合素质能力对疑难杂症进行对症下药。

职工追求：班组成员以工匠精神为道德指引，朝着成为全面技术型复核人才的目标奋斗，精于研究，举一反三。创新是一个企业发展的不竭动力，也成为每个班组成员的心中向往，工匠精神、劳模创新精神深入人心，“努力超越、追求卓越”的企业精神成为班组青年职工的人生价值引导，为企业发展贡献自己的力量。

时代亮色：从“电池代工厂——生产燃油汽车——公共轨道交通——新能源汽车”，伴随着产业结构升级、绿色环保技术、科研技术革新不断迭代升级，“新动能经济转换模式”掀起大规模企业转型浪潮。班组作为企业生产运营的基本单元，围绕精细化管理，深化企业班组的管理工作，细化分工，完善管理机制与考核机制，最大限度减少不必要资源占用，优化资源整合，降低管理成本，做好安全生产、杜绝灾害事故。在创新主旋

律时代下，各班组纷纷涌现工人先锋号班组、先进班组、劳模、青年工匠、技能大师等典型榜样人物，并在班组中积极发挥传帮带作用，职工的知识产权保护意识显著增强。

在新的历史时期，中国现代班组创新管理模式有如下几方面：

（1）江西夏艾华所在的安源轧钢厂装辊组，专门设立了劳动模范创新工作室，通过发挥劳动模范艰苦奋斗、科学创造、甘于奉献、争创世界一流的榜样带动效应，引导班组人员在实际生产过程中着力突破先进钢轧机轴承类型所遇到的技术难点并加以解决，同时“先进轧机轴承座注油孔工程设计”等取得实用新型专利，所在班组被授予“全国工人先锋号”。

（2）云南云化天集团有限责任公司所创建的六型（学习、创新、环保、安康、效益、和谐）六星（等级）六步（统一思想、梳理分类、明确目标、落地实施、总结提升、考核评价）法，已成为班组创建模式中的一个典范，深化企业班组的管理工作运营模式，充分发挥班组在强化企业生产运营过程中中流砥柱的作用。

（3）山东能源枣矿集团高煤有限公司对采煤一区实行了全层级的主动管理模式，设立工长为一级负责人，由工长全面统筹主管现场的安全生产、工程质量监督管理等各项工作，并建立了区队主动、班组主动管理的新模式，并建立班组成员的每周轮值计划，主要负责班级安全生产管理工作、安全生产智慧、考核指标分配，充分激发班组内部活力，全方位培养班组青年人才。

（4）王辉教授所在的我国航天技术一院 12 所班组，创新研究的“班务任务双闭环”管理模式创新成果主要运用在中国航天事业领域，新建立的班务任务双关联模式克服了传统班组的班务与任务管理无法同时兼顾的短板现象，使任务小组管理模式更为规范、科学合理、更加程序化。2016 年，该管理法成功获得中国国防科技工业企业管理技术创新一等奖。

要特别指出的是，现代企业成为班组日常管理运营模式的探索者和成就者。以国家能源集团 ×× 公司为例，基于“用标准化创‘五型’班组”的企业管理思维模式，班组成员自主研发“五八二一”班组管理系统，使班组管理流程更加规范化、标准化，养成每个职工的良好职业习惯，同时也成为班组长业绩考核方面的一个考量；国网 ×× 电力发起的“金种子”人才培育计划，拓宽人才培育渠道，培育高素质的优秀班组长，纳入人才后备库，充分激发班组职工的积极性；2010 年，某公司以十位班组长姓名分别命名对应所在班组，这也是为了表彰优秀班组长为班组、企业所作突出贡献，同年 9 月，中华全国总工会等四部门决定开展向“王海班”学习的决定，体现了国家引导职工学习优秀班组长、劳模艰苦奋斗、甘于奉献的价值引导方向，以及尊重人才的方针政策，在全社会上下营造一种艰苦奋斗、劳动光荣的时代新风。

邓建军所在的江苏常州黑牡丹集团“邓建军科研组”，以基层班组为平台，带领团队成员开展技术创新、创新技改、党史学习等活动，通过传帮带培养了一批高知识、高涵养的技术型复合人才，加强企业职工人才队伍建设。团队成员结合染整工工程、计算机控制技术、电化学原理知识，创新研发“在线染料组分自动检测系统”，并取得了相应的知识产权保护。邓建军科研组还曾获得“全国职工职业道德百家班组”称号等荣誉。

为了满足公司班组拥有安全建设管理的需求，2013 年 8 月，公司班组安全建设管理工作理事会在中国安全生产联合会的促成下，在民政部注册设立。为了打造生产一线的安全城墙，“5831 班组安全屋”这一概念最先被提及，并开始了关于一个国家如何打造全国安全管理标准化示范班组创建过程的大探讨。2014 年 11 月，全国 120 个安全管理标准化示范班组、全国一百名优秀班组长在人民大会堂被隆重表彰。

2018 年 8 月，中国纺织产业优秀班组联盟宣告成立。在组建会上，联盟向全国纺织产业系统各班组发出了《学邓建军科研组建创新型班组》的倡议书。倡议书中围绕成果、人才、绩效三个方面阐述了创新型班组构建的工作重点，在基层班组中共同营造了比学赶超、创新创效、争先创优为目标的良好氛围。

基层班组是企业发展的命脉，也是企业发展的基本建设单元。同时，班组职工依托劳模创新工作室等平台，不断追求技术革新、创新工作，贯彻执行“努力超越 追求卓越”的宗旨，有助于优秀班组长、青年员工明确自己的职业发展规划，拓宽发展渠道，加快实现中国制造向中国智造的华丽蜕变。

第二节 数字化班组建设的内涵

随着人工智能时代的来临，数字化变革对电力企业而言已是刻不容缓。提到数字化转型，首先要了解什么是信息化和智能化。信息化是指用一些虚拟信息来反映企业实际生产活动中存在的一些变化。智能化是指由机器根据实际情况自主决定在现场生产活动中执行哪张决策方案。两者存在明显的区别，信息化决策的主体是人，智能化决策的主体是机器。从现状来看，从信息化演变为智能化的过程中，人与机器智能交互中还存在一些技术和改革创新难点。数字化转型是以价值创新为主要目的，以大数据资源、数字科技和数字生态为核心要素，通过重构企业管理手段、经营管理模式、商业模式、管理形式、文化理念的系统性变革过程，这正是由信息化演变为智能化的关键节点。从根本上来说，数字化转型的真正目的并不在于数字化本身，而是在数字化的基础上发展的决策智能，制订出适应企业自身发展的个性化解决方案，形成数字化智能运营机制，不断地适应市场的改革。具体来说，就是根据企业自身性质、服务对象，让客户享受到优质服务水平、解决服务过程中的疑难杂症，让服务变得更加智能、科学、便捷。在电力企业数字化改革推进过程中，以实时监测系统、智能管控平台、移动终端延伸、智能化改造、远程设备实施信息维护、电子化台账建设，形成供电企业业务数字化管理新模式。

一、数字化转型的内涵

数字化转型需要坚持全要素发力。数据资源作为一项新兴的生产资料，成功融入了服务、科技、人力资源等要素，推动了行业洞察力、决定能力和服务优化能力的全面升级；数字科技与实体经济深入融合，构建全新生产力，促进电力企业制造、经营、服务的全面转型；对数字生态进行更为深入、有效、开放的链接，赋能产业链，促进电力企业形成全新生产力，服务于经济社会的高质量发展。

信息化是业务数据化的过程，重点是通过信息系统固化业务流程，实现业务从线下到线上转变，积累数据，支撑业务发展。数字化过程是将数据业务数字化的过程，重点在于利用数字信息技术与行业深入融合，发掘新数据价值，建设数字生态，赋能传统产业，发展新兴产业，过程一般分为行业数字化与数字产业化两方面。

数字化转型不仅是技术创新，更多的是行业创新与组织变革，涵盖各层次、各领域、各环节，是具有创造性的复杂工程，没有一成不变、放之四海而皆准的实施路径和建设内容，需要围绕发展目标，因地制宜、一企一策，反复迭代、探索前行。

二、发展战略定位

以中国电力行业发展为例，中国电力行业数字化转型发展战略是建设具有我国特色全球领先的电力互联网企业战略系统的重要一部分，与八大战略工程和“一业主导、四翼齐飞、全要素发力”的总体设计格局有机地融为一体。

电力企业数字化转型立足于企业发展的远景目标，其核心是推动数字技术与能源业务、数字经济与电网主业深度融合，充分激活数据要素价值作用，升级和释放电网生产力，优化调整能源电力生产关系，打造能源互联网生态。

电力企业的数字化转型，承载着中国电网与企业高质量发展的“引领者”和价值创造“整合者”的双重角色，将促进中国电网向能源互联网、企业向能源互联企业的转变提升。当前，正处于从信息化支撑向数字赋能和价值创造发展的阶段。

电力企业数字化转型的发展愿景是打造数字化智慧企业，为能源革命注入数字动力，为电力企业建设打造数字引擎。主要表现以下两方面：

（1）为能源革命带来的数字动力：充分发挥“三数”要素驱动作用，支撑国家电网智能化，推进国家电网向能源互联网转变升级，实现能量互联相通、资源共享互济，助力建设洁净低碳、安全高效的能源系统，服务“四个革命、一个合作”的国家能源安全发展战略，服务“双碳”发展目标。

（2）为电力企业构建能源互联格局打造数字引擎：充分发挥“三数”的要素驱动功能，促进电网生产、企业运营和服务数字化转变，助力金融、国际、工业服务数字化转变，发展壮大战略性新兴产业，催生电力数字经济的新行业、新产业、新模式，服务经济社会高质量发展，服务新发展格局。

1）指导思想。以“一体四翼”发展布局为指导，以实施设备、作业、管理、协同“四个数字化”为总体目标，以协调推进顶层工程设计、迭代改进服务中台、突破基础班组实用为主线，建立新型设施固定资产精益管理系统（PMS3.0），全面推进设备管理数字化转型。

2）基本原则。坚持战略引领。积极贯彻国家战略，全面服务于党和国家的发展大局，着眼于能源转型根本，着眼于电力企业发展全局，统筹兼顾、全面发展，进一步完善整体布局，注重总体策划，加强提升企业开展系统化、整体化和协调水平。

坚持价值导向。数字化转型关键是服务发展、满足需求、创造价值。聚焦核心业务应用，深化已建系统应用，坚定推进系统应用单轨制。以客户为中心，聚焦为客户创造价值、为基层一线服务、提升获得感，提高管理效益。

坚持企业级建设。强化需求、科技、项目和成果整合，制定统一的科技路线、架构与设计刚性执行。在大数据分析源头上强化统一的数据模型设计与应用，统筹开展平台、业务系统建设以及企业级数据管理，为全业务、全环节数字化转型提供服务支撑。

坚持跨专业协同。建立健全上下贯通、横向协同的协作共享体系，坚决打破业务和数据壁垒，强化业务协同，促进业务、数据和能力开放共享。优化完善业务流程和组织架构，促进资源优化配置和共享增值，确保工作协同推进。

坚持全要素驱动。统筹利用科技、管理、大数据和人力资源等关键因素驱动，同时推动企业文化理念、体制机制、经营模式变革，做实激励举措，以驱动电力企业创新发展。将技术创新放在数字化转型的核心地位，增加研究投入力度，

3）战略目标。电力企业数字化转型发展可以分为两个阶段进行：

第一阶段为全面提质阶段，在这个阶段将基本搭建出涵盖能源互联网生产输送、消费交易、互通互济等环节全场景的信息技术支撑体系，并融通能量流与信息流共筑价值创造系统，初步实现“三个转型、两个升级❶”。数字化发展基本达到国际领先水平。

第二阶段是卓越领先阶段，随着进一步发展，企业数字化发展达到国际领先水平，

---

❶ 三个转型是指在坚持“一业为主”，电网生产数字化转型工作方面，做到“电网一张图、数据一个源、业务一条线”，源网荷储智能互动能力明显提高；电力企业统筹管理数字化转型工作方面，达到电网等核心服务的智能精细化洞察定位和人财物等核心资源科学有效分配，企业级决策支撑能力明显提高；在服务管理数字化转型工作方面，实现线上线下智能服务全渠道融合，多元化、互动化、个性化服务能力大幅提升。企业的数字化综合效益贡献率大大增加。

两个升级是指坚持“四翼齐飞、全要素发力”，在能力提升方面，数字化服务感知、高效管理能力和新技术业务水平提高，企业级的信息管理与服务能力成长稳健，建立以客户为核心、安全有效的数字化经营管理体系，促进了电力企业从核心业务结构向全面赋能的电子化架构转变提升；新兴产业升级方面，科技密集型和高附加值工业营收比例明显提高，规模增长、价值贡献和产业带动效应明显，形成互利共赢能源互联网生态圈，推动企业整体产业结构转型升级。新兴产业年产值大幅增加。

实现全方位、全过程数字化转型，建成数字化智慧型企业。主要包括建成全球领先的能源新型基础设施体系。企业新基建体系深度融入国家新基建体系，能源技术和数字技术深度融合、自主可控，对内、对外服务支撑作用凸显，社会效益、经济效益持续释放。

产业数字化和数字产业化价值提升。企业传统产业数字化发展水平大幅提升，数字产业市场竞争力增强，产业集群形成发展合力，企业数字化综合效益贡献率处于领先地位。

能源数字生态蓬勃发展。构建能源数字生态圈，推动能源互联网新业态、新模式不断涌现，实现资源共享和平台开放，为上下游赋能，引领能源产业高质量发展，形成互利共赢的新格局，产业带动能力大幅提升。

三、数字化班组的内涵

数字化班组以电网资源业务中台、新一代设备与资产精益管理系统（PMS3.0）为基础，以统一的数据标准与流程为基础，融合共享实物 ID、智能物联、人机协同管理等技术建设的成果，以达到业务在线化、作业移动化、信息透明化、支撑智能化四个主要特征。

业务在线化：融合了桌面技术与移动应用，以工单为媒介，实现了产品验证、巡检、检（抢）修等业务流程的网上办理以及跨专业服务网上协作，提供了管理者对工作流程的全方位控制。

作业移动化：依托企业的统一移动门户网站和业务支撑体系，开展企业实物 ID、两票、巡视、检修等移动作业，强化互联网大区建设和安全防护，打通现场信息交互“最后一公里”。

信息透明化：通过运用物联网、Ⅰ/Ⅳ区信息贯通等技术手段，促进对设备状况的实时监测、信息融合分析，以实现作业人员对设备状态、作业信息的透明化管理，管理人员对班组任务、作业风险的透明化管控。

支撑智能化：提升人工智能图像识别与模型解析准确率，支持无人机巡检、线路监拍等技术应用，增强隐患辨识、风险控制与应对等能力。开展标准规范的数字化建设工作，搭建专业知识库，提高现场科技支撑能力。

其中，PMS3.0 为生产管理系统（Production Management System）3.0 版本，由计算机系统、设备数据、电力生产业务和用户组成的信息系统。围绕电力设备管理，支撑电力生产业务，包括计划、运行、检修、设备状态检修、技术监督等功能。

电力企业资源业务中台通过整合各业务条线数据信息，实现电网信息资源“数据一个源”，搭建依托电网统一数据模型的“电网一张图”，积淀成为电网侧基本、共性、安全的数据共享产品，支持各业务部门、各单位“业务一条线”，全面优化信息架构建模、复用信息系统建设资源、深化数据信息资源共享机制、敏捷迭代的前端数字化产品。做到了模式统一、资源集中、同源保护、共建共享。

通过电力企业 SG-CIM 统一信息模型，建立设备描述准确全面、电网接口标准科学合理、数据组织逻辑简洁清晰、图形服务信息动态资源共享的电力企业资源业务平台，为电力企业间跨专业应用提供了电网资源信息数字化服务和供电状态双重感知服务。

按照电力企业各部门的管理职能，确定了电网资源数据保护与管理工作的主要负责主体，建立了电网“源网荷储”系统模型拼接、统一标准，建立电网模型数据管理维护、统一数据接口等标准服务，并收集相关的电网资源数据。

通过数据、服务、业务的三位一体综合思路，在电网资源服务中台实现“电网一张图”图模数据、资源服务与信息共享业务的同根同源关系，为调度、运检、营销等跨岗位应用以及计划、工程、运营等多态维护，提供了一站式的快速业务支持。

充分考虑各业务部门的电网资源需求与共性行业服务，并根据职能分工，在电力企业资源业务中台里共同建立、共同维护、共享使用，以做到跨部门、跨专业的数据贯通和服务合作。

第三节 数字化班组建设的必要性

一、战略态势

数字化作为新的经济发展增长点，越来越受到世界各国的重视，纷纷出台新政策、新措施，助推各行各业数字化转型和高质量发展。从企业经济发展视角来看，不论是服务创新的发展格局，形成企业创新经济发展优势，又或是促进企业重大发展战略的落地实施，助力企业完成碳达峰碳中和总体目标，都迫切需要企业立足经济新发展阶段，坚持创新经济发展的理念，积极抓住创新经济发展机会，推进企业数字化转型，服务于经济社会快速发展和广大民众对美好生活的向往，以达到企业“大国重器”和“顶梁柱”的效应。

首先，数字化转型是一个包括产品生产、数据应用、技术变革、流程管理、经营管理等在内的复杂工程，电力企业要注意加深对数字化产业转型升级任务艰巨性和系统性的认知，并做好战略性全局规划；其次，当前加快电力企业数字化转型的工作目标要充分挖掘、应用能源大数据，发挥数字化信息枢纽作用，打通电力企业全产业链、全价值链、全创新链条，共建产业新生态，创造经济增值新空间，企业要牢固树立大数据驱动、融合发展、协同共赢的企业数字化变革思想，进一步增强多线条合作并进；最后，企业数字化转型不仅仅是企业“一把手”工作，是涉及企业全职工、全要素的技术创新活动，企业要全面调动基层企业积极性，形成勇于、乐于、擅长数字化转型的良好氛围，推动上下“一盘棋”。

传统电力企业向数字化转型升级的首要任务是提出电力企业数字化转型战略目标，并将之视为电力企业发展策略的核心。电力企业必须在战略层次上高度关注和重视数字化，积极应对企业所面对的新竞争环境和转型升级带来的种种挑战，寻找到适应企业自身定位和目标要求，做好电力企业数字化统筹协调工作和发展战略规划，做好顶层框架和路线图的设计，推动企业战略和文化全面转型。

作为电力企业的领导者，更应充分认识到，数字化转型是自上而下、由管理层为主导的转型升级变革。数字化不仅仅是科技的革新，是企业文化意识、价值、经营策略与领导力的转型。一方面，要做好对企业数字化转型的战略规划，全面分析企业数字化转型策略与当下环境因素哪些方面有关，数字化转型将为公司带来什么机会，或是面临什么问题，其他同类产品数字化转型的成功经验借鉴，本企业数字化转型的切入点又在何处，进一步推进企业数字化转型要在组织架构、资金合理配置、高知识高技术人员引进等方面，做好怎样的支撑和保证。另一方面，也要促进企业文化变革重塑，使企业的文化、管理理念、企业行为等更加符合数字化转型要求，从而实现企业数字化转型“神形合一”。

二、数字化班组建设必要性

“十三五”以来，电力企业全面加快了智慧运检系统建设，在线检测、无人机、巡检机器人和智能设备全面部署，人工智能、大数据分析等新兴信息技术加快运用，现代监管平台和信息供服体系全部形成，为设备管理系统数字化转型打下了扎实的基础。但目前依然存在着数据互通资源共享能力薄弱、设备基层应用及时性不够、设备资产管理工作保障力量欠缺等现实问题，当前设备各源端业务管理体系还没有实现中台化发展，设备主配网络同源维护套件系统尚未完成单轨制运营，生产一线班组应用“最后一公里”还未彻底畅通，设备数字化的全流程管理、业务和设备监管工作还需要逐步健全，目前设备资产管理工作在管理理念、方式、技术手段、创新能力等方面都与电力企业和电网服务事业蓬勃发展所遇到的新趋势、新任务、新特点不相匹配，需要加速建设具有中国特色的现代设备智能管理体系，逐步建立以电网资源业务中台为核心，纵向贯穿、横向协调、灵活开放的全面建设新型设备资产精益管理体系，切实推动公司设备管理工作不断上升。

近年来，部分电力企业构建了以 PMS2.0、电网运检智能分析管控系统、供电服务指挥系统等为核心的设备管理应用系统群，全面支撑了设备本质安全、业务精益管理、供电服务保障等各方面工作。以某电力企业为例，该公司电网资源业务中台建设全面推进，已取得阶段性成果，但还是存在源端业务系统未完成中台化演进、主配网同源维护套件未单轨运行、数据互联共享能力弱、基层应用需求响应慢、设备资产管理能力精益化不足等现实问题。“十四五”期间，电力企业应着力构建现代设备管理体系，立足企业数字化转型战略打造活应公司战略要求的数字化支撑平台，建设“五新”为特点的新型设备资产精益管理系统（简称 PMS3.0），全面推进设备数智化升级、经营管理模式数字化转变。

PMS3.0 是数字化结构，但并非传统意义的企业信息化系统，总体结构包括“三区四层”，横向贯通生产控制大区、管理信息大区、互联网大区，纵向覆盖感知层、网络层、平台层和应用层，以电网资源业务中台为核心，全面融入大数据分析中数据平台、信息技术中台等企业数字化基础设施，向下广泛连接企业智慧设备，聚合物联感知数据信息，向上按照总（分）部、省（市）企业、地市企业组织结构按需求灵活订制的微应用群，有效支持企业现场作业、业务管控、分析决策、生态共享等服务开展。横向贯通客户服务、项目、财务等其他专业中台，提供跨专业业务服务协同机制，支撑设备互联互通、人机高效互动、管理智能决策的落地实现。

创建数字化班组，也是现代数字化设备管理系统的主要内容。班组是生产经营活动的最小单位，是现代智能设备管理工作的最直接参加者，是电力企业生产经营业务的最具体实施者。以数字技术赋能班组，全面开展班级数字化创建，进一步优化班组的作业模式和现代设备管理模式，是企业数字化转型的强力抓手和关键载体，是企业提高运检效益的必然选择，也是企业现代设备管理制度建立和实施企业发展战略的关键措施。深入推动现代数字化班组建设，根据班级实际情况，以“实用、好用”为工作目标，积极推动大数据资源共建共享，进一步提高应用大数据对一线班组的服务水平与保障能力，助力运检工作质效的稳步提高。

数字化已成为各行各业高质量发展的趋势和共识。不论是服务创新发展格局、服务碳达峰碳中和，还是促进企业战略目标的落地，都要求企业立足新经济发展阶段，秉承创新发展理念，把握机遇，推进服务数字化转变，形成创新性发展优势，服务社会经济建设和民众生活，彰显“大国重器”和“顶梁柱”。

数字化转型是推动能源转型、服务碳达峰碳中和目标的迫切需要。随着现代社会的飞速发展、温室效应加具，大量随机性清洁能源接入对电网稳定性带来的冲击等挑战，迫切需要应用数字化智能技术，服务于“一业为主”，聚焦解决安全经济、绿色发展的双重难题，进一步增强电力企业全息感知、灵活管理、系统平衡能力，高效支撑水火风光等清洁能源互补互济、大力推动源网荷储协调互动，使电力企业能够绿色经济、安全环保协调发展，并加快推动传统电网全面向新型能源智慧互联网转型升级。

数字化转型是适应现代数智赋能体系、服务创新发展新格局的迫切需要。国家第十四个五年规划纲要指出，要加快数字化发展，建设数字中国。由此，国资委明确大力推动央企数字化转型升级的要求，并大规模组织策划、实施了央企数字化转型的专项行动计划。数字技术与传统、新型业务深入融合，将塑造一个全新升级版的企业生产运营管理模式，带动新领域、新产业、新模式、新体系的萌芽。目前我国企业数字经济规模占 GDP 的比例已经达到了 36%。随着各类数据要素、数智信息技术以及新能源互联网模式的引入，中国能源与电力发展将迎来崭新格局，亟须运用数字化为手段，推动“四翼齐飞”，积极推动数字经济社会发展，进一步优化升级传统电力企业服务业务、培育发展新兴全能型业务，主动拓展能源数字经营这一重要的庞大市场，服务于数字社会经济高质量发展和创新的新发展格局。

数字化转型是服务于企业战略目标规划落地、实现高质量快速发展的迫切需要。以电力企业为例，明确提出建设能源互联网的新战略目标，并对企业数字化发展定义了新标准。企业战略目标落地实施推进，主要内涵是为促进电力企业现代化数值赋能升级和企业数字化转型升级，亟待有效利用数字信息技术，坚持“全要素发力”，加速推动电力企业生产运营、社会服务等全行业、全环节的现代数字化转变，进一步提升企业管理水平，用更为科学经济、有效的方法提高电力企业供电安全运营和优质服务管理水平，以适应人民群众美好生活用能的需要；亟待企业利用数字化技术推进电力企业专项服务与数字科技深入融合，产生大数据“倍增效应”，发掘大数据价值，为客户提供新经济价值、创造增值业务，促进产业链上下游企业经济共促协调发展，服务于国家的治理体制与管理能力现代化。目前，企业数字化转型基础较好，现已搭建成较为先进的集团级信息系统，新型数字系统雏形初显，业务数字化建设应用初见成效，基本实现电网运营、企业经营、客户服务等核心业务线上化，数字产业化发展态势良好，综合能源、车联网、芯片、大数据、能源电商、能源工业云网等新业务、新产品、新服务不断涌现。当前，公司正处在由信息化到数字化的全面跃迁和加速演变期，需要加快对数字化转型的战略定位和发展重点形成广泛共识，加快释放数字技术和数据要素的强大动力，加快打造互利共赢的能源数字经济体，切实解决公司当前和可持续发展的痛点、难点、堵点问题，助力能源转型和数字中国建设。

电力企业向数字化转型并非一蹴而就的，它是一场牵一发而动全身的重大战略转型。在此期间，电力企业必须要找对路、稳得住脚步、耐住性子，首先抓住经济转型的主要原则，在变和不变中继续寻求新的发展平衡点。

坚持社会价值引导。在现代数字化转型工作中，电力企业要坚持以企业持续健康发展的整体价值绩效为核心评价基础，合理均衡、兼顾企业实效性价值和中长远经济发展社会价值，逐步形成涵盖企业现代数字化转型工作的重大决策、应用决策、绩效评估和绩效考核的制度建设和管理体系，持续激活企业转型动能与活力。

坚持深化改革。电力企业要掌握好生产力与生产关系协调优化、不断变化的基本规律和发展趋势，紧密结合国资国企深入改革步伐，同步推动新型技术运用和组织机制改革，逐步突破传统行业发展的技术瓶颈，加快推动行业数字化改造试验和最佳经验复制，为新科技、产业、模式、新服务的发展完善环境、提供空间。

坚持数据驱动。电力企业要把大数据视为全新的生产制造要素，加快对数据资源的开发利用，积极推动以数据技术为核心的新兴商品和服务的创造，以数据流推动技术创新流、资金流、人才流、物流，在更大范围内促进各种资源聚集和按需流转，推动提升企业全要素生产力和技术创新水平。

坚持创新导向。电力企业要强化数字时代的核心技术与创新能力建设，积极推动新型信息技术与应用产业的集中突破，促进并保障技术创新成果和创新能力的输出，不断加强信息技术与产业迭代优化和技术创新。聚焦于本质的安全需求，推动并实现从企业内部到整体产业链的质量安全。

坚持协调发展。电力企业要引入先进的系统化经营管理模式，并进行整体数字化转型蓝图和发展路线图计划的顶层设计与流程把控工作，以适应企业整体数字化经营所带来的高复杂度和风险性，实现经营策略、服务、管理技能等的一致性与协同互动，以提高企业总体协同效益的发展。

保持开放合作。电力企业要树立开放性、包容性的工作意识，强化资源与力量的共用，合理运用世界先进科学技术和方法，弥补建设中的技术缺陷，推进基于平台的力量社会化输出，形成互惠共赢的协作生态，又好又稳地推进数字化电力工程建设。

班组是生产经营的最小单位，也是数字化和信息化最活跃的实体单元。以数字技术赋能班组，优化班组作业模式和设备管理，是电力企业数字化转型的有力抓手和坚实基础，是提高运检效益的必然选择。

数字化班组建设，是构建现代设备管理系统的主要任务。班组人员是现代设备管理工作的直接参加者，是机械运检业务的具体实践者，因此需要以班组设备实用化为着眼点，进一步提高对电气设备的状态控制力和运检业务管理穿透力，以确保将现代设备管理制度建设的重大任务落到实处。

数字化班组建设，是确保供电安全和可靠供电的关键抓手。一线班组肩负维护设备安全生产工作的重担，因此必须提高设备信息化、智能化及对班组服务能力的支持，提高设备状态认知水平，增强设备故障检测诊断与快速应对的能力，以助力企业营商环境优化。

数字化班组建设，是企业提高工作质量效率效益的关键保障。大部分电力企业目前仍处在以设备规模发展壮大的阶段，在与运检员工总量无法同步增长的大背景下，企业必须推动班组数字化管理，以“易用、好用”为目标，通过加强后台技术对班组前端作业的支持，以减轻班组重复劳动，把班组的减负责任落在实处，从而助力运检工作质效的稳步提高。

三、数字化班组平台建设

（一）建设背景

大数据、云计算、物联网、移动互联网、人工智能、5G通信技术等高新科技的应用正在持续促进生产力的提升，而中国电力行业对新技术的应用和探索缺乏敏感性。由于市场的日趋发达，电网建设规模也越来越大，而电网的运维、检测、方式调节等业务量也日渐变多，传统依托人力资源的变电运检模式难以适应企业和电网发展需求。因此开展泛在电力物联网技术应用迫在眉睫。

全面运用移动网络、人工智能等现代信息以及领先的技术，完成了用电网络系统各个环节的万物互通、人机互动，形成对状况全面了解、消息快捷管理、使用简单灵活的泛在电力物联网。目前，部分电力企业已率先开展基于智能运检的“1+1+*N*”生产指挥体系建设，推进并局部应用设备状态信息智能采集、电力设备大数据分析、机器代替人工等技术，积累了建设经验。不过，目前仍面临着站内设施覆盖不全、没有统一的建设规范、主要智能设备之间尚未完成互联互通、主辅监控体系之间无法高效融合等问题，并亟待通过有效融合互联网、虚拟现实、物联网等新技术，以及通过泛在电力物联网中拓展主设备感知范围、增强数据收集频度、实现运检业务协同和运检设备数据贯通，有效支撑智能电网运行。因此，将全面整合现有的设备管理与运维服务，并计划综合利用“大云物移智”等技术，与设备运维服务互相穿透和深入融入，通过机器人、设备在线监测、视频图像识别、智能传感器等手段，建设具备“终端用户泛在连接、网络平台开放式资源共享、数据驱动业务、应用领域随需订制”等新特点的物联网综合应用体系，提高设备的状态管控力，推动设备巡视、倒闸操作、作业现场管控等工作向更智能、更高效、更安全转变。为电网的安全经济运行、改善运营业绩、以及培育发展战略性新兴产业，提供了强大的数据资源支持，为管理模式创新、服务发展和产品价值创新开辟了新路。

（二）建设思路

为有序推进电力设备物联网大规模应用，进一步提高电气设备的状态控制力和运检管理穿透力，通过泛在电力物联网建设，进一步传承和发挥智慧运检系统建设成效，逐步形成开放、资源共享的物联网生态，进一步转变生产模式，提升运检效率效益，全面提升设备本质安全。泛在电力物联网技术领域深化的总体思路是：统筹规划、试点先行、总结完善、全面推进。

统筹规划：指全省泛在电力物联网应统筹规划，合理调配资源，防止重复建设，做好技术论证，确保建设的合理性、经济性，提高设备状态数据、智能技术应用效率效益的最大化。

试点先行：指遵循“试点一批、成熟一批、推广一批”的原则，试点推进泛在电力物联网建设，以规模化应用带动技术不断成熟和迭代更新，逐步扩大泛在电力物联网成果在设备管理业务中的应用范围。

总结完善：指全省范围内要吸取试点工程中的特色亮点及问题不足，并总结研究今后的努力方向和改进措施，形成可复制、可推广、可考核的泛在电力物联网建设方案，为全省继续推进泛在电力物联网提供完善的参考经验。

全面推进：在先期试点成果和经验的基础上，进一步加强组织领导，优化组织管理体系，以开源、创新、服务用户、迭代发展的总思路，在全国范围内全面统筹协同推动泛在电力物联网，争取早日全部形成业务前面协调、大数据一线贯通和全国统一物联管理系统的泛在电力物联网。

（三）总体架构建设

1. 架构总体介绍

根据设备物联网建设和泛在电力物联网建设的相关要求，结合部分电力企业泛在电力物联网技术变电运维领域深化应用方案，泛在电力物联网辅助一体化监控系统要遵循以下要求：

（1）泛在电力物联网辅助一体化监控系统架构实现省级独立部署，系统部署网络在信息管理大区（信息Ⅳ），主站系统部署在智能云平台上。

（2）泛在电力物联网辅助一体化监控系统的架构设计要具备扩展性和前瞻性，以便后续泛在电力物联网变电相关业务的扩展。

2. 设计原则

泛在电力物联网辅助一体化监控系统架构设计作为行业应用标准化设计的有机部分之一，必须要严格按照电力企业《电气设备物联网建设方案》的总体设计要求，结合电力企业分公司运维辅控、实时监控、机器人等智能化体系建设成果，架构设计中应贯彻的具体准则主要包括：

（1）实用性原则。体系构建时首先要贯彻实用性原则，在实用价值的基础上兼顾科技先进度与前瞻性，并采用符合标准的，先进成熟的产品设计与研发平台，以形成一个切合实际、解决现实问题的产品体系。

（2）标准化原则。系统具备了业务内容繁杂、操作项目繁多、信息量大、运用层面多的特征，通过采用系统的业务能力设计，系统实现了在应用层次上就用电服务标准形成共识，帮助各基层单位按照统一标准开展用电服务。

同时，电力行业应用工程中所使用的信息系统软硬件平台和应用开发工具须满足国标、信息产业部规范、企业的有关技术标准和需求。

（3）统一性原则。坚持信息集中、协调策划、总体设计、分阶段进行的方向，在实际执行过程中表现了四个统一原则：统一领导、统一规划、统一规范和统一组织执行。

（4）适用性原则。系统结构应当具有良好的可配置性和可扩展性，并通过灵活设置满足业务过程和处理逻辑上的变换，适应电力企业业务需要，并至少适应未来3~5年内电力经营与管理新发展趋势的要求。

（5）可靠性原则。软硬件资源必须保证电力服务运行的7×24小时不中断、安全可靠地工作，所以需要具备完整的高可靠性措施设计，以保证整个系统运作的高可靠性，并充分考虑营销关键应用领域的高可靠性需求，其中在数据库系统、服务器、运行部署工作、网络安全等环节，提供各种高有效性方案设计。

（6）安全性原则。电力业务应用体系构建时要严格按照《企业应用软件通用安全要求》的要求，并根据电力业务应用的特性做好安全保护，电力业务应用自身必须具有合理的验证、权限和审核体系，在权限划分和数据分级的基础上，还可以对重要操作、敏感数据等实施重点保护，并对外部入侵和滥用具有相应的监测与防御能力。

（7）节约投资原则。充分考虑电力企业利用现有电力信息技术系统的软硬件设备与设施，继承有价值的软硬件设施资料与数据资源，避免重复投资。

3. 设计思路

遵循“统筹规划、技术标准先行、协同推进、开放共享”的原则，搭建一个“四层总体结构、二维技术标准系统、四项技术突破、三类服务技术应用”的电力设备物联网体系，为电力设备安全可靠经济运营创造强大的数据资源支持，做到设施状况全方位了解、信息快捷管理、服务使用方便灵活多样，进一步形成开放式、资源共享的物联网生态，加速设施运检方式发展，推动能源流、服务流、数据流“三流一体”的现代电力网络构建。

四层总体结构：形成了基于感知层、网络层、平台层和应用层的泛在电力物联网总框架，实现统筹布局、有序建设。

二维技术标准系统：建立基于通信协议与规约、设备及装备标准与规范的标准体系，实现电力设备物联网规范化建设。

四项技术突破：开展传感器、数据处理、物联网平台层与应用层、安全技术防护体系四项关键技术研发，实现自主创新技术突破。

三类服务技术应用：推进电力运维物联网在设备状态管控、作业机器替代、作业现场管控的深度应用，实现电力运维管理提质增效。

4. 系统定位

泛在电力物联网辅助一体化监控系统面向对象主要是运维班（站）、基层管理人员，集成在线监测、视频、动力环境、消防、安防、机器人、压板等子系统，实现设备巡检、倒闸操作、定期切换等作业机器替代，人员车辆、工作许可、作业过程、工作终结等作业现场管控功能。

泛在电力物联网辅助一体化监控系统位于电力综合数据网（Ⅳ区），部署于智能云平台上。系统将从各类感知层收集的数据通过网络层远传到平台层，平台层利用数据中台对在线监测、视频、机器人等海量数据进行存储、计算、加工，数据存储至数据中台（智能云平台数据中心），为智能运检管控平台等外部系统提供统一的数据服务，支撑智能运检管控平台的业务应用。系统直接从主设备监控系统获取主设备监控系统的开关、隔离开关等主设备变位信息或者从省公司数据中台间接获取主设备监控系统相关信息。同时，系统从省公司数据中台获取 PMS2.0 系统的设备台账、两票、设备缺陷等数据，实现多数据融合应用。

5. 总体框架设计

泛在电力物联网辅助一体化系统结构分为：感知层、网络层、平台层和应用层，安全防护贯穿各层次。感知层完成泛在智联，网络层完成全时间涵盖，平台层完成开放式数据共享，应用层实现智能应用。

系统总体架构如下：

（1）感知层。感知层是物联网系统四层的最底层，同时也是向上架构的基石。它主要的功用是负责信号收集与信号处理。利用感知识别技术，使物体与物体之间通过连接。并利用安全、消防、动力环境、机器人、视频监测系统等辅助设备，油色谱检测设备、局放传感器、开关触头测温等智能感知设备，通过规约转换装置、汇聚节点、边缘物联代理、安全防护装置等，实现设备和运行环境的全面感知和数据上送。

（2）网络层。网络层指利用已有的网络平台、移动通讯网、卫星数据通信网等基本网络设备，对源自感知层的数据实现连接与传送。在现代物联网体系中，互联网层接驳感知层与平台层，有着重要的纽带功能。按照公司终端通信接入网统筹建设的工作部署，加快感知设备数据有线和无线网络传输通道的建设，实现感知设备数据标准化接入和快速传输。

（3）平台层。平台层处于感知层和网络层之间，位于应用层下方，是现代物联网的重要基础。而平台层的主要功能是把互联网中海量的信息与数据通过计算力融合形成了一个可以互联互通的大平台。平台层中的大数据中台是指利用信息技术手段，对海量信息进行收集、统计、储存、处理，同时统一的标准和口径。大数据中台将信息整合后，生成标准信息，再加以统一存储，建立大数据资产层，为各类专业提供有效的服务。平台层部署在智能云平台平台上，在智能云平台上实现服务器集群，实现数据存储、检索、使用、挖掘和安全保护等功能。

（4）应用层。应用层是物联网系统的应用接口，处在结构的最顶层，利用分析数据处理后的大数据为使用者创造更丰富多彩的业务。应用层直接接受由平台层传来的信号，对信息内容实现如 Web 网页、移动作业终端等的显示、管理和处理，其控制信息又经由平台层和网络层向设备发送信息，以监控感知层的设备终端。

第二章
数字化班组建设思路及目标

第一节　数字化班组建设思路

为进一步推进智能运检体系建设，不断提升设备状态感知能力、业务管控能力和信息系统支撑能力，高效有序推进数字化班组建设工作，支撑现代设备管理体系建设和公司战略落地，本书基于电力企业数字化班组建设方法的理论基础，依据数字化建设和数字化转型总体线路，提出数字化班组建设相关思路。

一、数字化班组建设理论基础

班组作为企业内开展生产经营活动最基础的组织单位，是企业内部调动员工活力的最小细胞，是其管理能力的改进提升的着重点，建立和谐公司的重要落脚点。班组工作要坚持变革创新，不断完善强化班组建设机制，坚持以重点岗位担当责任制为核心内容，以安全基础实现公司各项要求为总体目标，以提升公司班组管理才能和职工队伍素质为工作重点，进一步提高班组队伍的学习水平、创新性、实战才能，切实加强电力企业的基层组织与基础管理工作，实现职工和企业间的共促进、共提升、共进步、共未来，为增强电力企业核心竞争力奠定了扎实的物质基础，促进了电力企业又好又快地发展。

电力企业的班组建设是企业采用合理高效的措施与途径，通过各类制度构建、体系构建、机制构建等方式方法，最大限度充分调动班组成员工作的主动性，提升其工作的创造力，提高班组成员的生产工作能力和综合素养的活动工程。班组工程是一项具有长期性、系统性的任务。在智能化时代的大背景下，智能化、数字化班组的建设尤为重要。技术创新以超乎想象的速度，对中国电力企业的传统管理和工作模式产生了变革式变化。紧跟新时代脚步，积极运用互联网相关思想，重塑传统作业过程，并进一步深化智能化班组的构建。

（1）提升班组管理水平，打造企业经营基石。提升班组管理水平是做好电力企业的第一步，也是其先决基础条件。从建章立制和建立良好生产记录等基本情况开始，以岗位责任制为核心，逐步建立完善产品经营、安全环保与职业卫生监控、劳动管理、产品质量监控、机械设备安全管理、成本管控、5S管理制度、操作规程、学习训练和政治思想教育管理制度等的规范作业与管理体系。以良好地顺利完成生产经营各项任务和确保班级管理工作的顺利运行为宗旨，逐步提升电力班组执行效力。要将强化管理工作，同时培养好班组员工的工作责任心，提升其制度落实的自觉性，在群众基础之上进行有效的班组管理，实现由被动向主动，由粗放向精益，由传统向现代的员工管理模式的改变，进一步推动电力企业班组管理工作科学有效。

（2）提高班组队伍素质，着力培养“三型”人才。优秀的职工队伍是增强公司核心竞争力的关键，班组也是员工发展成材的摇篮、展现个人才华的舞台。班组作为公司最基本的单元，不仅能实现公司生产经营工作的基本任务，更是公司锤炼个人、培育个人的关键性课堂。从班级工作实践教学活动入手，采用灵活丰富的形式，通过班组员工较易接受的方式方法，持之以恒努力地进行教学实践性教育活动，进一步提高思想道德、文化素养和专业知识水平，促进其向知识型、技能型、创新型的“三型”人才提升转变。推进班组各类科学创新活动开展，积极组织带领电力企业班组成员认真学习新知识、钻研新技能。广泛开展合理化建议、技术革新、发明创造、“五小”（小改进、小发明、小设计、小建议、小革新）、QC小组活动、提高班组自主创新能力，提升工人班组生产自主能力，促进班组成员的互帮互学、共同成长。并热心地组织对班组成员进行教学训练、师徒帮教、专业岗位训练、操作技能比赛、技艺交流等活动，以提高职工的专业技能知识水平。

（3）狠抓班组安全生产，全方位提升企业的安全水平。要始终以身作则，关注职工生命，根据企业和岗位的特点，大力开展班级卫生防疫、健康、环保等宣教实践活动，提高企业职工的卫生防疫、健康、环境保护意识；班组要认真贯彻“安全第一，预防为主，综合治理”方针，全方位深入开展安全教育活动，全面落实有关健康生产的相关法规和职业卫生标准，认真执行企业安全生产责任制，切实加强生产现场监督管理，切实防止职工偏离规章指令、违法作业和破坏劳工规章制度。注重安全生产教育培训预演工作，提高班成员的安全意识和事故预防、紧急处理能力，建立并完善了各种应急措施机制。积极开展各种竞赛项目，精心发挥好安全劳动保护监察检验员的作用，着重把好平安生产的第一道防线，保障职工在生产过程中的生命安全和身体健康。

（4）健全班组民主制度，实现管理的全员化。作为公司民主管理的重要基础，班组民主管理要逐步完善制度机制的建设，不断坚持和健全班组长制度、班组工会管理制度、民主生活会管理制度等制度。班组中所有员工，特别是各类职工代表要充分行使自己的权利和职能，履行自身的义务。同时，需积极探索班组提升和发展的新途径和新方法，使班组民主管理进一步符合企业发展的新特点。要重视职工的主人翁地位，保障职工的知情权、参加权和监督权。在充分听取班组成员的基础上，完成对于班组的各项决策部署，对班组长的相关工作要实行监督。

（5）做好班组思想工作，加强班组精神文明建设。做好思想工作是提高班组凝聚力和战斗力的关键要素。班组思想工作要以习近平新时代中国特色社会主义思想为引领，始终以党的理论知识武装头脑，以工人阶级的崇高品质和革命劳模精神鼓舞人，主动引领成员树立科学的三观，强化社会主义信念，积极培育班员工优秀的职业素养和社会道德。精准了解班级人员的思想动态情况，真实准确地表达班组人员的需要，将搞好思想工作的工作生活紧密结合在一起，做好心灵引导，重视人文关怀。做好班级文明建设，参与各类精神文明建设的社会活动。培育工人员工爱岗敬业精神、争创一流水平，团结互助精神，文明和谐的团队精神。构建健康和谐的人际关系，争取将电力企业班组建设成一个精干有效的工作队伍。

（6）深入开展班级构建管理工作创先争优竞赛，努力实现电力企业发展总体目标。为充分发挥和调动班组成员工作的积极性、创新的主动性，深入开展班级管理工作创先争优竞赛是充分调动和充分发挥班级员工积极作用，实行创新性工作方式的高效表现形式，是员工主人翁奉献精神的集中体现，更是推进班级构建管理工作的高效手段。班级构建管理工作大赛要以建立“工人先锋号”等社会活动为载体，以安全保障、效率提升、品质改善、科技革新和节约减排为重心，将班组建设与各类社会活动品牌建设工程密切联系起来，激励员工争创一流，积极推动社会科技发展的典范。

（7）制订班组长制度，强化班组长综合能力。作为班组的引导人和带头人，要针对企业实际，形成班组长竞选、竞聘、培训、试用等流程机制，并选择具备相应文化程度、社会责任感较强、作风正派、技能娴熟、勇于管理、善于团结人的企业优秀员工来担任班组长一职。班组长的产生由公司按照实际情况，可通过公开招募、上级委任和民主选举等方法。重视班组负责人岗前培养与工作技术培训，构建相关培养管理体系和培养计划，强化负责人内部的培训与沟通，组织负责人出国培训和与国内知名企业进行对口交流学习，掌握班组建设的先进经验和管理理念，不断提升工作能力与综合素养。按照新时代社会和企业发展的要求，科学合理地制订任职资历要求和职业标准，积极构建班组成员招聘、培训、使用、考评等工作激励机制，既要保障履行职责、职权行使的权利，也要强化管理考核与监督。要开辟好电力企业班组长的发展途径，为其全面发展提供有利条件，优先将成绩优异的班组长推荐到管理岗位。

（8）加强班组数字化、信息化、智能化建设。

1）建设班组信息管理系统。技术创新以超乎想象的速度，变革了中国电力企业的传统工作模式和班组管理现有模式。为了紧追时代脚步，就需要以互联网思想重塑传统班组管理过程，以移动互联网技术打通工作流程，并深入推动智能班组构建，具体思路包括：①技术应用的便利化。班级信息管理系统要实现应用集中、一次记录、多次复用、语音记录等功能，并减少在录入端工作，以缓解部分老职工电脑记录的困难，真正地为班级减负。在PC服务器端的同时配合开发了手机客户端App，以实现班组随时随地开展工作。②信息共享化。全方位打开与现有的隐患系统、公司资产管理系统、人力资源培训开发平台、人力资源一体化服务等信息系统间的数据壁垒，以促进双方信息数据的整合与资源共享为目标，做到数据多走路、项目不走路。③功能定制化。采用集中分布式部署模型，以适应企业各个层级的不同要求，并针对各个班组工作特征实现功能定制化部署，以适应各个班组的个性化要求。④评价工作自动化。将《星级班组建设管理标准》的要求引入管理系统，以实现对班组管理的自主评估和远程查评等工作。自主评分系统根据班组填写内容，形成自主打分体系并提供扣分理由。将远程查评工作通过技术线上的方法进行，得分结果按照专家打分的平均为最终成绩，从而降低了人工查评的难度，提升了查评效果，也降低了企业生产成本。⑤应用模块化。借助企业互联网大数据分析平台，构建和丰富了班组数据资料的大数据库系统，同时依托行业需求，通过微应用架构、模块化的研发模式，进一步加强了大数据挖掘能力和大统计分析功能，最大限度实现数据分析价值，让大数据分析在企业班组的各种管理工作中真正发挥重要作用。

2）搭建班组资源共享平台。互联网+信息时代是一种资源共享的网络时代，班级在进行建设管理工作的期间，必须能够合理运用当代网络资源，为成员们搭建能够自主开展培训的有利平台，从而使得成员可以随时利用空余时间，从互联网当中掌握与企业工作有关的专业知识、参加网上技术训练、共享企业单位内的最新科技理念、掌握与其他工作领域有关知识等，从而使当代班组的建设工作真正地变成了一种可以培养企业人才并成长进步的优质平台。网络共享的主要优点是：能够针对各个成员的各种感兴趣的点，允许成员们从网络资源中选择最受自己喜欢或与自身想法最接近的网络资源加以学习，在实际资源共享阶段，班组负责人就能够合理地把共有的网络资源统筹分类，细化清楚各种网络资源的实际用途，使成员们在筛选网络资源期间能够更好地了解自己的学习方向，为班组内部建设和成员们长期发展提供了重要保证。

3）建立班组互动式学习平台。在网络环境下的班组建设求创新，必须充分发挥网络的功能。强化班组成员间的信息共享，形成多样化的沟通网络平台，增强班组员工相互之间的感情，引导员工爱岗敬业。随着互联网的发展，班组也需要海纳百川，减少新老职工间观点的不同与偏差，寻求共同点融合新老职工间的价值观。电力企业班组必须积极适应互联网带来的变革，主动倾听和回答员工的真心话，综合利用网络载体，积极开展思想沟通。综合利用各种网上沟通载体，增强思想沟通的广度。最大限度地完成了社会化网上信息的可选择空间、平等主义，拓展成员的教学途径，实现优质教材有效资源共享，并将学到内容进行交流讨论，合理使用碎片化的时间，提升教学效果。

在互联网+时代的影响下，人人都有属于自己的物联网设备，包括平板电脑、智能手机等，是人们相互联系、交流情感的主要工具。班组的工作机制可融入手机互联相关技术，由班组技术人员建立相应网络交流平台，从而允许班组员随时随地在网络平台中表达自身的观点。而班组负责人能够从网络平台中及时发现存在的问题，从而有效掌握班组员的工作热情、思想状态、身体状况等，从而为缩短各小组员间的工作距离奠定了良好基础。

4）提升班组数字化业务能力。逐步健全信息化应用管理体系，细化健全各单位的信息化应用有关规章制度，明晰组织结构、职能分工、职责标准、运行要求，形成配套的管理体系，实现信息化建设成果的高效运用。建设规范化的管理制度体系，确定各种终端设备的通信协议、资料管理、网络安全和资源共享等规定，并制定规范的有关规定和管理工作措施。各单元均以公司经营、业务蓬勃发展要求为主导，并进行信息化规划与建。公司的信息化建设规划致力于推动公司在主营板块行业的蓬勃发展，以增强公司的综合业务实力为主旨，实现公司信息资源整合，公司利用数据中心建设，对各项经营信息进行收集、综合、分类，及时更新、互动资源共享，实现信息资源全面整合。促进大数据分析的有效运用，提升政府决策分析能力。一方面，充分发挥利用互联网信息技术，利用关联分析、虚拟现实仿真、主题模型等高科技手段，全方位建设大数据决策分析模型。另一方面，通过搭建富有针对性、专题性强的大数据挖掘可视化体系，将公司重要的管理数据、经营指标、监测视频等进行可视化呈现，从而实现综合统计分析，为公司管理层决策提供科学的参考依据。根据电力企业管理、经营等方面的实际需要，主要针对新一代人工智能、5G 移动通信、区块链信息、增强现实（AR）等尖端技术，开展了应用前景分析和拓展实际应用。

二、数字化建设总体路线

（一）数字化发展思路

当今时代，以信息技术为核心的新一轮科技革命正在孕育兴起，互联网技术作为驱动科技创新的力量，深深影响着人类的工作和生活，并有力促进了经济社会发展。我国目前正大力构建“数字中国”，在互联网+、人工智能等领域获得了若干创新性研究成果，需要进一步发展壮大中国数字经济，加速推进数字工业化，并通过技术创新的驱动，进一步催生新产业、新业态、新模式，用新动能促进经济创新发展。

电力企业的数字化建设以企业的战略目标为支撑，通过激活大数据资源，升级数字科技，发掘数字生态要素潜力，促进全行业、全环节的数字化转型，推进电网和企业智慧化升级，推动企业治理体系优、业绩评价优、服务品质优，服务能源转型、服务“双碳”目标，服务新发展格局，为数字中国贡献行业方案和企业力量。

为有序推进中国电力企业数字化工程建设，有序推动运检设备物联网规模式应用，提高设备状态控制力和运检管控的执行力，进一步传承和发挥智慧化运检系统建设优秀成果，逐步形成开放式、资源共享型的物联网生态，进一步转变生产模式，提升运检效率效益，全面提升设备本质安全做到统筹规划、试点先行、总结完善、全面推进。

（二）数字化转型推进思路

数字化转型将成为企业数字化班组构建的重要赋能手段，是建设具有中国特点的能源互联网企业战略的重要部分。其立足于公司发展 2035 年远景目标，核心是推动数字技术与能源业务、数字经济与电力企业主业深度融合，充分激活数据要素价值作用，升级和释放电网生产力，优化调整能源电力生产关系，打造能源互联网生态。公司数字化转型承担着电网和公司高质量发展“引领者”和价值创造“整合者”的双重角色，推动电网向能源互联网、公司向能源互联网企业转型升级。当前，正处于从信息化支撑向数字赋能和价值创造发展的阶段。

以某电力企业数字化转型推进思路为例，其数字化转型以“三融三化”为总体思路，全力推动公司全业务、全环节数字化转型。即主动融入电网业务、融入基层一线、融入产业生态，推进架构中台化、数据价值化、业务智能化，赋能电网和企业高质量发展。

“三融”是理念的转变，其本质要求是避免数字化建设与业务发展脱节，要形成发展合力，要实现价值创造。“融”的关键是提升数字化服务公司发展大局的能力，提升解决现实难点问题的能力。“融”的途径是打造数字化氛围，提高全员数字化意识和能力，建立横向协同、分工明确，纵向联动、双向发力，业务和技术相互促进、迭代发展的工作机制。

“三化”是手段的升级，即架构中台化、数据价值化、业务智能化。架构中台化，着力构建企业级共享平台，通过中台架构消除管理、业务和数据壁垒，促进企业级共建共享，重塑业务、技术和数据供给方式，逐步推进组织架构中台化，服务能源互联网企业建设。数据价值化，着力构建数据驱动的创新发展模式，释放数据对公司提质增效和数字经济的放大、叠加、倍增效应，用数据驱动企业运营，推动公司高质量发展。业务智能化，着力构建电网和公司智慧运营体系，增强电网、设备、客户物联感知、智能互动和移动交互能力，提升作业、管理和服务智能化水平，满足新能源和需求侧智能互动需求，支撑智慧能源系统建设。

数字化转型以能源电网数字化、运营服务数字化、能源数字产业化为工作主线，进行深入推进和转型，以服务电网并保证公司高质量发展。

能源电网数字化重点围绕电网全环节自动化转型、全面数字化提升，进一步增强全息认知、灵活管理和智能响应能力，逐步建立涵盖输变配全环节的全面数字化设备管理系统，以实现能源网荷储多元化运营，有效解决高比例新能源并网消纳问题和多样化用能设备的便捷连接需求，促进电网功能向能源互联网提升。

运营服务数字化重点围绕数字信息技术广泛渗透到企业公司经营管理的各领域，以数据驱动流程重塑和企业组织架构优化，促进企业人、财、物等核心资源科学有效合理配置，增强企业级决策支撑能力，促进线上线下智慧业务的全渠道融合，为企业各级客户提供多样化、互动化、个性化的高品质用能业务，促进企业从传统能源公司向互联网能源公司的转型提升。

能源数字产业化项目重点围绕企业主责产业，依托电力企业主导产业业务、客户、信息等各种资源优势，利用数字化信息技术和网络理念，大力发展能源转化新业务、能源数字新产业、能源平台新服务，促进企业整体产业结构转型升级，形成互惠共赢的能源网络生态圈，促进产业链上中下游协同发展。

以某电力企业为例，其公司数字化转型总体框架如图 2–1 所示，可概括为“3–6–4–2”，即依托三大要素驱动，实施六大核心任务，强化四个战略保障，瞄准两大目标方向，全力打造智慧公司，支撑公司战略落地，服务数字中国建设。

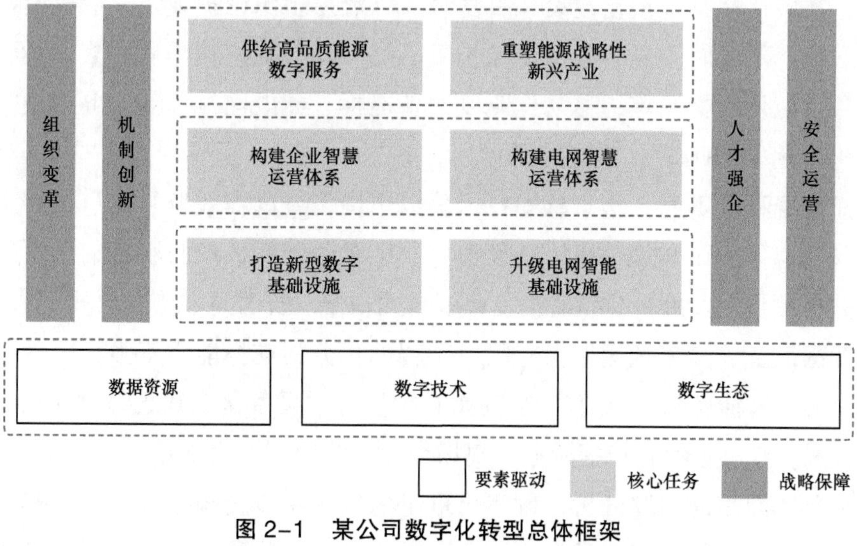

图 2–1　某公司数字化转型总体框架

三、数字化班组建设思路

自“十三五”以来，中国电力企业积极推进智慧运检系统建设，推动了现代信息通信技术、控制技术与新能源技术的深度融合运用，进一步增强了电力企业的全息认知能力、控制灵敏性能，为现代电气设备企业的数字化转型打下了牢固的基础。在现代信息化建设工作领域，通过建立和运用电力服务指挥、智慧运检控制等信息管理系统建设，全面组织部署信息资源服务平台，打造以设备管理为中心的信息化应用体系。在物联网领域，将借助标准传感网络等关键性技术，建立面向基层业务的开放式物联网技术应用系统，推动智慧变电站（换流站）、智能化线路试验示范平台的建设，建立供电物联网示范园，开发实施新型智能融合终端技术，覆盖专业技术装置现场实物 ID 源头赋码。在发展新一代人工智能方面，重点推进了输电线路智能监拍、无人机巡视图像智能辨识、变压器设备远程自动智能巡检、变压器设备瑕疵及故障声纹辨识，并试验运用于主电气设备技术标准知识基础，为人工智能技术辅助电气设备管理工作打下了基础。在智能运检方面，引入了输电线路无人机巡检，利用无人机等先进设备进行线路异物清除，并试点机器人进行线路修补、外悬式绝缘子检查等。使用变电站（换流站）工业机器人，进行红外测温、特殊巡检等工作，以做到机械巡查和人工巡逻的相辅相成。在智能装置方面，通过融合状态感应、一键顺控、智能联动、数字化仪表等关键技术，成功开发变压器、断路器、电缆、开关柜等十个余类的智能装置，以增强电气设备自检、自测、自校的能力。

智能运检体系建设已初步实现设备状态、运维和环境数据的收集，支撑运检专业的分析决策，但与一线班组的实际应用存在差距：①生产信息系统易用性不足信息系统架构扩展性不足，功能设计“重管理、轻业务”，与班组业务贴合度不够、体验不佳、易用性不足。基层存在系统重复建设、重复录入、数据多源维护现象，造成设备台账、缺陷数据不准确、不及时，班组信息化负担重。②移动作业应用受各因素制约，包括 App 开发不统一、内外网交互等，移动作业以设备巡检、配电网抢修等业务为主，修试、两票等作业仍采用书面填写、系统补录形式，数据无法实时回传，业务难以全流程贯通。③状态感知实现程度不高，场景感知技术仍以中国传统的在线监视信息技术主导，全国统一的物联网通信协议和规约尚未全面推广，装置的运行数据与状态信息之间无法融合沟通，从机器人、无人机、视频监拍设备获取的缺陷、异常等状态信号也无法及时回传，状态感知数据散乱，预警预测效果有限。④智能化分析支撑能力不强标准规范数字化工作刚起步，人工智能图像识别算法准 确率有待提升，设备状态缺乏综合评估手段，难以深入开展状态研判、远程管控等业务，现场作业无法得到有力支撑。

根据对上述面临的问题分析，数字化班组的构建将以资源服务中台为基础，遵循贴近基层、贴近设备、贴近客户的原则，积极推进“大云物移智”等信息通信新技术和传统电网信息技术融合，形成统一完整的信息技术交互、作业标准规范，开展业务体系的整体应用和数据贯通应用，推动电力企业班组业务管理模式的数字化转变，在安全、技术、作业、信息管理等方面进行数字化赋能，推进设备自动化提升、管理模式的数字化转变。运用实物 ID、带电检测、移动终端、物联传感器等新型装备，提高工业机器人、无人机等新型智能装置的场景使用率，积极推进设备状况可视化、班组服务在线化、运检作业移动化，做到装置状况智慧研判、现场作业精确控制、管理决策协调有效。

要坚持问题导向、目标导向、成果导向，以设备为核心，立足输变配专业优势，围绕本班组的常规业务管理、核心业务，贯彻中台策略，坚持“建平台、促共享、强应用”的工作路径，贯通专业信息系统，推进企业状态信息感知，推进移动终端应用，加强企业智能数据分析支持，发掘大数据资产经济价值，以数字技术实现企业精益管理。根植于统计学思想，以数据技术促进企业管理量化，使企业数字化管理成为精益手段，做到企业生产管理、商业运营等各项行为的即时监测、动态分析与风险控制，全方位保障企业的科学决策能力。以大数据分析驱动企业成长。围绕实时化、量测化、移动化、智能化、增值化的发展战略方向，以数据驱动业务流程再造，推进跨部门、跨行业的有效协同，更加优化资源配置。以数据分析信息赋能电力企业班组建设工作。以加强班组建设工作为抓手，深度发掘企业潜能，努力实现全员上线、服务数字、过程数据，以数据赋能提高基层单位效率效益。

为有序推进运检设备物联网规模应用，提高设备状态控制力和运检管控穿透力，通过数字化班组的构建，传承和发挥智慧运检系统建设成效，逐步形成开放、共享的物联网生态，进一步转变生产模式，提升运检效率效益，全面提升设备本质安全。

下面，将以某电力企业数字化班组建设为例，介绍其总体思路。

（一）以“感知”为基础，搭建数字化班组建设基础

以“感知”为基础，构建数据状态感知机制数据智能感知是班组数字化建设的重要前提和基础。随着物联网等信息技术快速发展和深入应用，建立端到端的数据流程管理规范，完善具有“实时感知、在线融合、敏捷输出”特征数据感知机制。

充分应用移动互联、人工智能等现代信息技术和先进通信技术，实现电力系统各个环节万物互联、人机交互，打造状态全面感知、信息高效处理、应用便捷灵活的泛在电力物联网。依靠数字化转型延伸主设备感知范围、提高数据采集频度、实现运检业务协同和运检设备数据贯通，有效支撑智能电网运行。

综合运用“大云物移智”等新技术，与运检业务相互渗透和深度融合，通过机器人、设备在线监测、视频图像识别、智能传感器等手段，建设具有“终端泛在接入、平台开放共享、数据驱动业务、应用随需定制”等特征的电力运检物联网综合应用系统，提高设备的状态管控力，推动设备巡视、倒闸操作、作业现场管控等工作向更智能、更高效、更安全转变。

（二）以“在线”为手段，改变数字化班组工作方法

以“在线”为手段，构建业务和管理流转机制受 App 统一开发、内外网交互等因素制约，移动作业覆盖范围和业务深度仍需提升。依托 PMS3.0、业务中台、互联网大区等信息工程建设，建立两票、修试数据、作业任务等线上流转机制，推进无纸化、零报表

业务管理。

坚持中台战略，结合公司能源互联网建设实际需求，以电网资源业务中台为核心，对涵盖输、变、配、用全过程的物理电网进行数字化建模，对与中台相关的业务系统进行中台化改造，整合公司分散在各专业的电网资源、拓扑等数据，构建电源、电网到用户的电网一张图，实现全网数据统一标准、同源维护、集中管理，为电网规划、建设、运行、调度、营销、物资采购和安全保障等业务开展提供全面支撑。

认真贯彻落实公司数字化转型建设工作要求，依托智慧变电站、集控站、电网资源业务中台建设，有序推进智能运检管控平台、变电站辅助设备监控系统、移动作业平台等重点业务的中台化演进和改造，构建灵活智能的设备管理新架构，打造实用高效的数字化班组新平台，建立设备安全质量管控新模式，完善挖掘增效的资产管理新策略，提升高效协同的服务新生态，实现“全面监控、数据融通、智能运检、精益管理、安全可靠”的变电数字化体系建设目标，全面推进变电、输电、配电等专业管理及业务数字化转型，全面开创公司设备资产精益管理新局面。

（三）以“智能”为目标，推进数字化班组建设流程

以“智能”为目标，构建数据应用深化机制结合班组业务实际和业务及管理的线上流程工作推进，不断开展特色应用实践探索，着力推动管理机制优化、业务创新提升和资源精准配置，在精益生产、精细作业、精准激励等价值实践场景中，持续助力生产质效提升。

增强数字化班组应用。数字化班组建设是一个生态体系的建设。一线班组是设备运维检修的主人，也是设备数据的主人、数据应用的主人。设备数据应遵循“分层分级、就地处理”的原则。数字化班组建设，硬件抓手是丰富的设备状态感知终端及移动作业终端，数据信息交互需要标准化的开放接口，应用架构层面需要轻量化、模块化和可衍生化的数字化业务应用体系。

数字化班组的建设工作，应深入基层一线，了解其在日常生产工作中的各项需求，从源头出发，按照“谁使用、谁研发”的思路，充分发挥一线班组人员的主观能动性，分步实施、化整为零、逐步转型，让数字化班组建设真正起到提升设备状态管控能力、提升业务开展工作效率、赋能设备管理提质增效、为班组减负的作用。

（四）以“三位一体”为支撑，构建数据化班组建设机制体系

以“三位一体”为支撑，构建实施保障机制持续优化管理机制，形成组织、技术和人才“三位一体”的支撑体系，以提质增效、基层减负为内因，大力推进公司数字化班组建设的思维认同与实施保障。

（1）加强组织领导，强化顶层设计，建立“统一标准、分级管理、专业协调”的管控

机制，推进智能化升级、数字化转型、精益化管理，赋能基层班组，提升工作效率。加强数字化班组建设的组织协调，强化业务和技术协同，优化完善管理模式和组织架构变革，促进资源优化配置和共享增值，协同推进产业数字化转型、数据价值挖掘等重点工作。对重大项目实施、成果评估推广、基础资源保障、技术标准更新等方面强化推广和宣贯。

（2）加强人才培训，全面开展生产信息化系统应用培训，加强无人机等新装备技能培训，加快培养既懂设备管理业务又懂信息技术的复合型人才，适应设备管理智能化、数字化转型对专业队伍的新要求，赋能传统电网业务。打造适应数字化班组建设的战略管理、业务、技术和运营等专业化人才队伍，保障数字化班组建设的常态化和持续性迭代更新。提高全员数字化思维、素质和能力，提升一线业务人员对数字化班组的认识。加强数字化科研创新能力建设，培育和招揽核心技术人才，攻关数字化班组建设的关键问题。

（3）加强制度建设，加强制度建设规范数字化班组技术标准和管理制度体系，制订设备运检管理办法和实施细则，引导公司设备管理数字化转型，有序推进数字化班组建设。探索建立虚拟股权、岗位分红等激励机制，激发数字化创新内生动力。优化计划预算、绩效考核等，满足数字化班组建设持续迭代过程中的创新空间、资金保障、监察审计等需求。推进业务流程优化，促进业务协同和数据共享。建立数字化班组建设重大问题研究协同机制，发挥内外部智库决策咨询价值。

充分认识数字化班组建设重要意义，深入调研班组业务应用、I/IV 区数据贯通等需求。发挥设备侧数字“新基建”柔性工作组作用，加强过程管控，建立任务分解、计划执行、考核评价的闭环工作机制，做好工作督导与问题跟踪，确保建设工作有序开展。

构建和落实工作保障和考评激励机制，把数字化班组建设绩效作为年终绩效评定标准，将数字化班级建设成果作为重要的工作内容，通过完善工作队伍、强化专业配合，构建工作督导和考评激励机制，形成与主要责任部门、员工业绩相关的工作督导考评激励机制，以保证各类工作按时优质进行。

电力企业与各科研机构加强合作，充分发挥技术支撑作用，加强产研结合，统筹优势资源，通力合作、强化协同，助力数字化班组建设。加强设备技术专业人才培养，打造专家型技术团队，提高核心技术自主能力。

第二节　数字化班组建设原则

为进一步把控数字化班组建设方向，指引数字化班组建设落实，本节以班组建设基本原则为指导，以电力企业数字化转型基本原则为基础，对数字化班组建设原则进行阐述。

一、班组建设基本原则

班组在建设工作开展过程中，要严格贯彻领导引领、系统思考、以人为本、全员参与、群策群力、循证决策、风险预控、创标建模、三公透明、持续改善等十项准则。

（1）领导引领主要涵盖领导重视、领导支持、领导赋能、领导参与、领导兑标、领导评价等基本要素和基本动作。将领导作用根植于工作的每个流程，根据每个流程不同的工作性质、工作目标和工作内容，突出领导作用发挥的侧重点，全面带领、促进并保障班组建设各项工作的高效开展。

（2）系统思考指参与班组建设工作的所有人员为系统思考主体，促进每个人立足于自身的工作岗位和工作内容，从整体上对影响系统行为的各种力量及其相互关系进行思考，并经常性阶段化进行交流、互动，以此提升参与人对动态变化、复杂的系统性问题的理解和应对能力，整体促进班组建设工作的成效。

（3）以人为本指在班组建设管理工作的全过程中要时刻体现以人为本教育，并以促进人的全方位成长为宗旨。在各项工作设计中，要做到以职工利益为中心，关注职工的实际需要与诉求；在各项工作实施中，要立足于培训职工的能力、提高职工的素养，激励职工、赋能优秀员工，做到以职工的全方位提升促进班组工作的全面提高。

（4）全员参与指班组建设涉及的领导层、推进层、执行层等各层级全部人员都参与到班组建设工作中来，建立健全相应的责任机制，各人根据各自的工作岗位、工作内容和工作性格各司其职，全面夯实班组建设各项工作基础、全面提升工作质量水平。

（5）群策群力是在班组建设规划、推进、执行等各阶段工作中，注重凝聚各方面智慧，聚合各方面力量，汇智汇力，共同推进各项工作。在面对工作过程中出现的问题时，坚持团结一致，共同面对、主动担责，凝心聚力、共同解决问题。

（6）循证决策所需确认、计算和跟踪证实有关班组建设工作绩效的重要数据，使有关管理人员可以及时掌握必要的全部数据，并建立健全的制度保证数据和信息足够精确、可信和安全，采取适当的手段对数据和信息加以分析和评估，并采取相关有力的措施。

（7）风险预控是以风险危险源为对象，展开班组建设各个流程、各个环节的分析与研究，在找到产生危险源的原因之后，采取有效的措施去防止事故的出现，从而将风险降到最低，以此提高班组建设工作的水平和质量，以此保证公司经济效益和社会效益的全面提高。

（8）创标建模是对班组建设工作各阶段产出的各种成果进行标杆化、模型化管理，注重总结提萃，通过创标建模固化工作成效、推广工作成果，既形成班组建设工作的良好势头，又提升班组建设工作的成效与水平。

（9）三公透明是在班组建设工作的开展、宣贯、总结、激励等各个流程实行公平、公正、公开的透明化原则，做到一切工作让所有参与者清晰，一切工作接受所有参与者监督，并接受所有参与者针对任意工作内容的评判反馈。

（10）持续改进指班组建设工作坚持成果成效无止境，对各项工作进行持续改进，不断提升各项工作向深度、广度拓展，不断提升各项工作的工作成效，精益求精，持续提升、不断改善。

十大原则贯穿于班组建设工作的各个流程、各个阶段，同时各原则之间相互支撑、相互促进。坚持十大原则是全面推进班组建设工作高效运行的理念基础和基本保障。

二、电力企业数字化转型基本原则

电力企业的数字化转型是为打造智慧电网，为能源革命注入数字动力，为能源互联网企业建设打造数字引擎，是数字化班组建设的基础和支撑，其基本原则对于数字化班组建设原则的制定具有一定的借鉴意义，具体如下：

（1）坚持战略引领。积极对接国家有关政策，服务党和国家发展大局，着眼于能源发展根本，着眼于企业发展全局，实现策略与实施兼顾、科技与服务兼顾。完善顶层设计，强化总体策划，加强各项任务系统化、整体性地协调工作。

（2）坚持价值导向。数字化转型关键是服务发展、满足需求、创造价值。聚焦核心业务应用，深化已建系统应用，坚定推进系统应用单轨制。以客户为中心，聚焦为客户创造价值、为基层一线服务、提升获得感，提高管理效益也是创造价值。

（3）坚持企业级建设。强化需求、技术标准、项目管理和成果整合，按照统一的技术标准路线、架构设计与刚性实施。在数据管理源头上强化统一的数据模型设计与应用，统筹开展平台、服务体系的构建和企业级数据处理工作，为服务整个行业、全环节数字化转型提供服务支撑。坚持跨专业协同，建立健全上下沟通、横向协同的协作共享体制，切实破除行业和信息壁垒，加强行业合作，推动服务、信息和人才的资源共享。优化完善业务流程和组织架构，促进资源优化配置和共享增值，确保工作协同推进。

（4）坚持全要素驱动。统筹利用科技、管理、大数据和人力资源等各类要素驱动，同时推动企业文化理念、体制机制、经营模式变革，并做实激励举措，以驱动企业创新发展。将技术创新放在数字化转型的核心地位，增加研究投入，提高自主创新能力。

三、数字化班组建设原则

（一）流程规范，应用贯通

数字化班组建设要遵循公司统一的技术规范、通信协议、安全规定等要求，依据数据标准规范和生产业务流程，同步开展电网资源业务中台和班组应用建设，推动数据采集、传输、应用标准化，实现班组数据共享和应用融合，解决规模发展和系统贯通难题，提升班组工作质效。

系统的互通、数据的共用是数字化班组建设必须打通的壁垒。要充分做好共用共建系统和自建自用系统的数据互通。数据要基于统一标准，做到一个源，在一个系统录入后可以贯通其他系统，避免重复录入。数字化班组建设，最终是减少系统数量，基于统一标准，构建模块化嵌入式应用。

数字化班组建设要强化标准引领，避免数据烟囱，通过标准化实现更大程度的开放化。要建立系统化的通用标准，从源头实现班组内部数据的融通共享，从底层数据采集、传输、应用的标准化，以标准化来提升互联互通和数据共享共用。标准化不是限制系统开发、应用研发的自由，而是要在建设初期，确定基础数据格式、应用软件接口、多源信息交互标准，从而一方面赋予后期研发更大的自由度，另一方面减轻后期系统交互迁移的开发工作量。

（二）聚焦业务，统筹兼顾

围绕班组常规业务、核心业务，剖析班组职工工作的痛点难点，并指导其深入参加数字化班级建设。分析输变配各专业间的不同数字化服务要求，协调好“共性”与“个性”之间的耦合联系，以班组成员需求为着眼点，积极推动适用于行业、企业、班组的数字化应用，提高班组的整体作业能力，努力建设成具有专业性、个性化的数字化班组。

数字化班组建设需围绕并聚焦班组的常规业务和核心业务，需求要从下往上收集，并且针对性分析，因地制宜、注重实效、区域自治，要重视班组主观能动性。每个班组都有共性的、个性的需求，要差异化对待。以某电力企业变电班组为例，通过调研发现如同样是变电班组，对同样的事物需求都有差别。以高清视频为例，同样是高清视频的需求，特高压站对此的需求和县公司110kV班组的需求不同。110kV班组管辖变电站数量多且分散，巡视时间浪费在站与站之间的路上，需要借助视频来辅助远程巡视；而特高压站有人驻站，对视频的需求不是很高，但是全站有一千多只表计，更需要数字化表计，来减轻表计抄录工作量。

数字化班组建设，要充分认识到班组人员是设备的主人，也应当是数据和应用的主人。作为设备的主人，必须拥有所管辖设备的各种数据获取和处理的权利，才能更加便捷的按照自身需求，开发自己想要的应用，从而提升班组设备管理的效率。调研发现，现场班组在设备数据的获取方面还存在问题，例如某运维班想开发一个辅助管理微应用，需要批量化导入内网数据，但是数据需要层层审批，环节流程过于复杂，班组只能人工手动录入，耗时费力，时间一长，这个微应用也就做不下去了。

积极引导班组员工投身数字化班组建设工作，以基层经验说好为评判准则，逐步建立上下互动、协调发展的良好工作模式。要积极推动推进实施方案的制定与落地，高效实施设备运检及数字化班组的“首域、首面”建设推进工作。班级员工的参与程度非常重要，数字化班级建设必须深入调研现场一线班组人员的想法，赋予班组充分自主研发想要应用、系统、或运检装备的权利。必须把数字化班组的建设落地到企业班组层面，班组层面按照需求，结合工作痛点难点，做自己的数字化转型研究。

（三）分层分级，协同推进

引导各单位在行业贯通、移动作业、人工智能等领域方面主动寻求技术创新，并协调好统推与自建、创新与实用之间的关系。电力企业应分级分层，协同推进数字化班组建设。电力企业总部主要承担平台建设、规范建立和服务体系完善，二级公司则发挥主要责任，进行平台建设落地、应用研究和服务亮点发现，基层公司主要负责班组梳理需求、推广应用和反映服务效果，建立上下互动、协调推动的完善工作模式。

在数字化班组建设初期，必须允许甚至鼓励自建系统或应用，后期选择适合推广的系统，做好模块化嵌入工作。通过调研发现，在班组或电力企业管理层面，普遍存在一些自建系统。自建系统相对能较好地满足班组某一些方面的工作需求，且维护及时。数字化班组建设必须面临这样的问题，如何协调好统推系统和自建系统的关系，建议是正视自建系统，但是要做好和统推系统的标准化接口。在适当的时候，可以组织进行自建系统的评比，对于班组都认可的自建系统，统一转接统推系统或者在统推系统中增加新的模块化应用。

数字化班组建设必然是一个系统化、长期化的过程，需要分阶段、分层级实施。数字化班组建设要基于目前现状，分层级来逐步建设。可以分为短期可见成效的、加以改进可以实现的、难度较大需要顶层专业协同推进的，梳理共性、个性需求，建立短期、中期、长期工作计划，分步实施，化整为零，逐步攻克，逐步积累数字化转型成效，不断增强班组成员数字化建设的信心和动力，只有班组层面真正用心参与到数字化班组建设中，数字化班组建设才能真正地建好。

数字化班组建设，需要部门间的相互联合、共同协作。班组各类数据的汇集之后，必然面临数据流、信息流的处理过程。数字化班的建设，数据必须要做到自下而上、逐层处理、区域自治，需要平行部门的相互支撑，充分理解设备专业需求，辅助数字化班组建设。同时，班组业务的日常管理可能涉及多个部门的管理要求，例如省、市公司层面在开展工作票业务在线办理方面功能应用推进时，设备运检部门要求基层班组开展数字化工作票或操作票的应用，但是工作票相关的工作还涉及安监部门的审查，工作票全流程在线办理了安监部门是否认可、现场检查时怎么做是不违章的等，这些都需要沟通协调明确好。这就需要两个部门间相互协调、充分沟通，如何在开展数字化应用的同时不影响日常班组的工作考核等，因此跨部门管理上也需要互相支撑配合，共同推进数字化班组的建设。

第三节 数字化班组建设目标

为进一步指引数字化班组建设方向，激励基层班组数字化建设的动力，凝聚企业各部门的力量，本节以电力企业数字化转型的总体愿景和战略目标出发，提出数字化班组建设的相关目标。

一、数字化转型总体愿景

电力企业数字化转型的发展愿景是打造智慧企业，为能源革命注入数字动力，为能源互联网企业建设打造数字引擎。

下面以某电力企业为例，阐述数字化转型发展愿景的具体内涵，供读者参考。

打造智慧企业的核心是坚持“一业为主、四翼齐飞、全要素发力”总体布局，建设以电为中心、电网为平台的能源互联网，为客户提供高可靠、高品质、高效率的智慧能源服务，具有数字化、生态化、智慧化特征的能源互联网企业。2021 年该电力企业在“两会”上提出坚持“一业为主、四翼齐飞、全要素发力”总体布局，全面推动产业升级和高质量发展。“一业”是指电网主导产业，“四翼”主要包括金融业务、国际业务、支撑产业、战略性新兴产业，“全要素发力”是指在强化传统要素投入的同时，更加注重知识、技术、管理、数据等新要素投入，提高全要素生产率，推动企业内涵式增长。一业为主，加快电网向能源互联网升级；电网业务是该企业的“基本盘”，是该企业赖以生存与发展的基础，电网向能源互联网升级是必然趋势，建设更加智慧、更加绿色、更加安全、更加友好的能源互联网至关重要。四翼齐飞，提升企业核心竞争力、业务盈利水平和服务保障水平；布局决定全局，该电力企业明确提出金融业务、国际业务、支撑产业、战略性新兴产业是推动该企业发展质量效益提升的重要力量，要准确把握各类业务发展定位、方向和重点，分类指导、精准施策，补短板、锻长板，齐头并进、相互促进，不断提升核心竞争力、业务盈利水平和服务保障水平，为企业发展作出更大贡献。全要素发力，为企业高质量发展提供不竭动力；技术、管理、数据、人才是推动企业高质量发展的关键生产要素，该电力企业“两会”提出，要充分发挥全要素驱动力，大力提高自主创新能力，持续优化管理模式和运行机制，挖掘电力大数据价值，激发各类人才积极性、主动性、创造性，为企业高质量发展提供不竭动力。

为能源革命注入数字动力是发挥“三数”要素驱动作用，支撑电网智能化，推动电网向能源互联网转型升级，促进能源互联互通、共享互济，助力构建清洁低碳、安全高效的能源体系，服务“四个革命、一个合作”国家能源安全战略，服务“双碳”发展目标。“三数”是指数据资源治理应用、数字技术融合创新以及数字生态合作共赢，共同构成三大要素驱动，是数字化转型发展的战略重点之一。“四个革命、一个合作”是2014年6月13日习近平总书记在中央财经领导小组第六次会议上明确提出的国家能源安全新战略。“四个革命”是指推动能源消费革命，抑制不合理能源消费；推动能源供给革命，建立多元供给体系；推动能源技术革命，带动产业升级；推动能源体制革命，打通能源发展快车道。“一个合作”是指全方位加强国际合作，实现开放条件下能源安全。

为能源互联网企业建设打造数字引擎是发挥“三数”要素驱动作用，推动电网生产、企业经营和客户服务数字化转型，助力金融、国际、产业数字化转型，发展战略性新兴产业，催生能源数字经济新业务、新业态、新模式，服务经济社会高质量发展，服务新发展格局。

二、数字化转型战略目标

为满足电力企业数字化转型发展的需求，分阶段制定战略目标，以某电力企业为例，战略目标如下。

第一阶段是全面提质阶段，在这一阶段基本建成覆盖能源互联网生产传输、消费交易、互通互济各环节全场景的信息支撑体系，融通能源流和信息流共筑价值创造体系，初步实现“三个转型、两个升级”。数字化发展基本达到国际领先水平。

三个转型是指坚持“一业为主”，电网生产数字化转型方面，实现“电网一张图、数据一个源、业务一条线”，源网荷储智能互动能力大幅提升；企业经营数字化转型方面，实现电网核心业务智能精准洞察和人财物等核心资源科学高效配置，企业级决策支持能力大幅提升；客户服务数字化转型方面，实现线上线下智能服务全渠道融合，多元化、互动化、个性化服务能力大幅提升。企业数字化综合效益贡献率大幅提升。

两个升级是指坚持“四翼齐飞、全要素发力”，创新能力升级方面，数字化连接感知、高效处理和共享服务能力大幅提升，企业级数据管理和应用水平成熟稳健，形成以用户为中心、安全高效的数字化运营体系，推动企业核心业务向赋能型数字化架构转型升级；新兴产业升级方面，技术密集型和高附加值产业营收比重显著提高，规模增长、价值贡献和产业带动效应明显，形成互利共赢能源互联网生态圈，推动企业整体产业结构转型升级。企业新兴产业年产值大幅增长。

第二阶段是卓越领先阶段，在这一阶段电力企业数字化发展达到国际领先水平，实现全方位、全过程数字化转型，建成智慧型企业。

（1）建成全球领先的能源新型基础设施体系。企业新基建体系深度融入国家新基建体系，能源技术和数字技术深度融合、自主可控，对内、对外服务支撑作用凸显，社会效益、经济效益持续释放。

（2）产业数字化和数字产业化价值提升。企业传统产业数字化发展水平大幅提升，数字产业市场竞争力增强，产业集群形成发展合力，企业数字化综合效益贡献率达领先水平。

（3）能源数字生态蓬勃发展。构建能源数字生态圈，推动能源互联网新业态、新模式不断涌现，实现资源共享和平台开放，为上下游赋能，引领能源产业高质量发展，形成互利共赢的新格局，企业产业带动能力大福提升。

三、数字化班组建设目标

电力企业数字化班组建设的总体目标为贯彻现代设备管理体系建设任务，落实“放管服”工作要求，充分发挥电力企业省级、地市级单位、班组的积极性、主动性和创造性，以数字赋能班组业务，深化现代信息通信技术与传统业务技术融合，以资源业务中台为基础，建立统一、完善的信息交互、作业标准规范，拓展业务系统集成应用和数据贯通应用，打造面向班组全业务的移动集成应用，提高班组工作质量、工作能力、工作效率，增强基层班组“获得感”，实现班组减负和提质增效，支撑企业设备管理数字化转型。

以某电力企业为例，现代设备管理体系建设要贯彻该企业“两会”和某季度工作会议暨“一体四翼”发展工作会议精神，统一思想，交流经验，积极作为，加快推进企业现代设备管理体系建设工作。设备是保障企业高效发展、促进电网转型升级的重要物质基础。当前国内外局势已出现深层次变革，步入全新阶段，站在时代新起点，现代设备管理将面临新的要求与挑战，需要科学研究当前形势，统一思想、提高站位，充分认识现代设备管理体系建立的重要性、必要性与紧迫性。建立现代设备管理体系是进一步贯彻落实企业战略、坚持“一体四翼”发展布局的重要措施，是进一步突破主责主业、促进企业高质量发展的战略需要，是进一步实现提质升级、落实国企改革三年行动计划的具体实践。要深刻领会、准确把握，努力落实现代设备管理体系建设的中心内涵，围绕实物和价值“两个运动”，推进设备实物价值综合管理，坚持全要素发力，固技术之本、借数据之力、扬人才之帆、强管理之基，推进设备管理进一步迈向新的台阶。要抓好“八个强化”，实现“八个提升”，一步一个脚印、一年一个台阶，以高质量高标准推进现代设备管理体系建设工作：强化安全保障，提升本质安全水平；强化全寿命管理，提升资产运营质效；强化技术监督，提升设备质量水平；强化模式转型，提升业务运转效能；强化精益管理，提升专业工作质效；强化赋能赋智，提升业务数字化水平；强化队伍建设，提升核心竞争力；强化保障落实，提升体系建设实效。

“放管服”是简政放权、放管结合、优化服务的简称，“放”即简政放权，降低准入门槛；“管”即创新监管，促进公平竞争；“服”即高效服务，营造便利环境。2019 年 2

月 13 日，某电力企业总部员工大会在北京召开，将集团“放管服”改革列为 2019 年该企业重点工作任务之一，集团“放管服”改革被放在了更加突出的位置上。这是一项重大改革，该企业定义了其内涵要求：“放”即要按照合理方式放权授权，坚持应放尽放、能放则放的原则，把总部管不了、管不好的权力放下去，压紧压实各单位推进企业新时代战略落地实施的责任。“管”即是要精准有效管控，任何职权都不可缺少监督和约束，有“放”就有“管”，“放”“管”需紧密地结合。要在加大总部放权授权力度的同时，进一步加强总部对各单位权力运用的监督，改进总部对各单位的管控模式。“服”就是要着力提升服务质效，服务是更高级的管理。作为企业的首脑机关，总部要强化服务意识，提升服务基层的能力水平，当好贯彻落实企业党组决策部署的“推进器”和服务企业基层的“大后方”。那如何全面推进“放管服”改革，有效保障改革措施精准落地呢？这便需企业总部各部门从企业发展战略和全局高度，深刻意识到改革的重要性和紧迫性，拿出必要的决心和魄力，积极主动对接协调基层需求，做好简政放权的“减法”、加强监管的“加法”、优化服务的“乘法”，统筹处理好放、管、服的关系，坚持放管结合、管服互融、放服并进，切实地将企业各层级的积极性和主动性调动起来、将各层级的活力和创造力激发出来。

数字化班组建设以新一代设备资产精益管理系统（PMS3.0）和电网资源业务中台为支撑，遵循贴近基层、贴近设备、贴近客户的原则，积极推进“大云物移智”（大数据、云计算、物联网、移动互联、人工智能）信息通信新技术和传统电网技术融合，建立统一完善的信息交互、作业标准规范，拓展业务系统集成应用和数据贯通应用，推进班组业务管理模式的数字化转型，从安全、技术、作业、管理等方面数字化赋能班组，加快设备智能化升级、管理数字化转型。应用实物 ID、带电检测、移动终端、物联传感器等新装备，提升机器人、无人机等智能装备现场利用率，推进设备状态可视化、班组业务在线化、运检作业移动化建设，实现设备状态智能研判、现场作业精准管控、管理决策协同高效。在全面提质阶段，业务数字化初见成效；到卓越领先阶段，设备智能化率、业务数字化率分别达到领先水平。

第四节　数字化班组建设内容

数字化班组建设按照“依靠基层、面向基层、建设基层”的原则，注重基层的首创精神，激发班组的创造力，提出满足业务实施的应用 App 需求，充分利用实物 ID、无人机、机器人、移动终端等建设成果，推动数据采集、共享，切实发挥信息系统、先进装备作用，推进数字化与班组高频次业务有机结合，有效提高班组工作质效。本节以电力企业数字化转型建设基本内容为基础，从省级和地市级企业两个角度简要概括数字化班组建设的基本内容。

一、数字化转型基本建设内容

（一）数字化转型的六大核心任务

1. 打造新型数字基础设施

聚焦企业中台、物联感知和云网融合等领域，打造适应电力企业数字化转型发展需要的新型数字基础设施，提升能源互联网全息感知和泛在互联能力，推进全局共享和开放服务，支撑业务快速创新。

打造企业中台。打造电网资源、客户服务、项目管理和财务管理等业务中台，将基础、共性、稳定功能沉淀为共享服务，支撑前端业务快速灵活构建。打造数据中台，汇聚分散在各系统中的数据，提供便捷应用服务。打造技术中台，提供地理信息、移动应用、人工智能等共性技术能力服务。

构建智慧物联体系。打造统一管理、共建共享的智慧物联体系，实现内外部、各专业、各单位终端设备统一接入、管控和应用，统一终端和接入标准。推动跨专业数据同源采集和感知层资源共享共用，支撑业务即时处理和区域能源自治，重塑能源互联网泛在连接。

推进云网融合建设。构建一体化电力通信网络，全面覆盖、实时连接能源电力全环节基础设施。建设“资源全域调配、业务敏捷支撑、开发运维一体”的电力企业云平台，实现统一管理、全域调配和业务系统全面上云。开展电力企业云资源对外开放服务，实现云间能力对接与资源互动。

2. 升级电网智能基础设施

推动先进信息通信技术、控制技术和能源技术深度融合应用，提升电网全息感知、灵活控制和系统平衡能力，支撑水火风光互补互济、源网荷储协同互动，助力构建清洁低碳、安全高效的能源体系。

提高全息感知能力。加强重点区域输变电电气状态、设备状态和环境状态的实时感知，提升可观可控能力和实时交互水平，推动能源电力全环节状态全感知、业务全穿透。健全用户感知手段，促进电力供需的动态平衡和弹性控制。

推进电网智能升级。开展用电负荷、发电能力、输送潮流的精准预测，推动电网方式优化、故障研判，规避电网风险，实现主动寻优、自动调度和区域能源自治，推动各类分布式电源、储能、负荷的“即插即用”和有序协同控制。

推动源网荷储协同互动。打造能源数字经济平台，构建新能源云共享服务新生态，服务新能源高质量发展。深化数据驱动的可调节负荷资源应用，激发需求响应潜力，建立源网荷储多元协调控制的运行模式，推动各环节在线互联、实时交互，提升能源配置效率。

3. 构建电网智慧运营体系

围绕设备运维和电网运营，推动业务协同、流程贯通和数据共享，推动构建智慧、绿色、安全、友好的电网智慧运营体系。

深化数据驱动的规划建设。打造图数一体、在线交互的规划应用，构建“能源一张图”，推动规划更科学、前期更高效、投资更精准、统计更真实、管理更精益。打造敏捷易用数字化现场施工监管体系，健全设计、采购、施工等环节数据标准以及移交流程，推动电网建设全过程数字化。

推动设备管理现代化。利用无人机、直升机、卫星遥感等手段，动态跟踪输变电、配电设备运行状态，推动信息全采集、状态全感知、业务全穿透。推进智慧变电站（换流站）、智慧线路建设，实现主辅设备全面监控、倒闸操作一键顺控、缺陷异常主动预警、故障处理智能决策。

助力智慧城市建设。建设能源大数据中心，打造面向多元应用场景下的产品服务，服务政府决策、社会治理、民生改善。打造多级联动、协调运营的智慧能源服务平台，提供能效管理、需求响应等智慧能源服务，支撑智慧城市建设。

4. 构建企业智慧运营体系

建设数据驱动的企业运营能力，提升业务洞察，优化资源配置水平，构建高标准、高质量、高效率的企业数字化治理模式。

推动构建人力资源管理新服务。构建员工数字画像，满足员工服务、绩效考核、社会保险等差异化应用需求。打造新型数字化员工赋能体系，实现数据、算法、算力、服务共享开放，推动业务在线化、信息透明化、支撑智能化。

推动构建财务共享管理体系。打造端到端的资金和风险数字化管控模式，提升全链路数据化、透明化程度，实现资金风险管理及全链路成本在线监控。打造企业经营智慧应用，推动核心资源优化配置、高效运作和业财深度融合。

深化现代智慧供应链。推动物资全环节全流程融合贯通，深化现代智慧供应链建设，提升供应链流程效率。通过大数据、人工智能技术应用，推动供应链运营中心建设，提升供应链水平。打造智能审计及非现场数据分析模式，推动远程 审计监督与风险防控。

构建企业级智慧决策体系。打造数据驱动的企业精益管理模式，推进数据深度共享、资源最优配置、业务高效协同，实现企业资源精益化调配。打造企业级智慧大脑，实现公司内外部运营的动态感知、预测预警、自主决策和精准执行。

5. 供给高品质能源数字服务

以客户为中心，提升用户体验，为新一轮营销业务变革植入数字基因，推动客户服务数字化转型，助力改善营商环境。

打造全渠道多维服务体系。加强营业厅、线上平台、移动应用与外部联动，推动服务、沟通、交易全过程数字化。优化交互界面，丰富服务内容，提高客户黏性。通过营业厅非接触式服务、沉浸式体验服务、远程可视化服务等，构建客户服务新模式，提升“一网通办”支撑能力。

推动构建全面洞察精准服务体系。构建统一的客户全景视图和精准画像，推进服务社交分享、在线互动，推动客户价值准确识别，打造新型客户交互关系。深化电力大数据应用，满足个性化、便捷化、极致化用能需求。

构建“供电 + 能效”服务。构建以电为中心、多能互补的能源产品和服务体系，推动电、气、热、冷等各种能源互通互联和灵活转换，拓展延伸“供电 + 能效”服务。统筹营销、交易、产业、金融等客户资源和服务需求，打造数据驱动的一站式服务，实现客户服务全周期闭环管理。

推动构建电力市场服务体系。构建全国统一电力市场服务体系，打造全域数字化电力市场交易模式。强化大数据、区块链等技术应用，推动中长期与现货衔接、省间与省内协同、批发与零售统一的电力交易业务创新。

6. 重塑能源战略性新兴产业

立足能源根本、数字赋能、资源禀赋，聚焦能源数字新业务、新产品、新服务，加快发展战略性新兴产业，培育基业长青新动能，推动公司产业结构性升级。

做大能源新兴业务。聚焦综合能源、多能供应等业务领域，拓展综合能源服务业务能力。打造智慧车联网平台，建设绿色出行服务体系，推进人、车、桩、网协同互动。统筹站址、杆塔、沟道等基础资源综合利用，优化共享运营模式。

做大能源数字新产品。强化能源互联网核心数字产品和能力建设，推动核心产品迭代升级和国产化替代。加强能源生产、企业经营管理、能源消费服务、基础软硬件集成创新与商业化推广，推动能源数字产品与实体经济深度融合。

做大能源平台新服务。拓展能源电商新零售规模化应用，提升智慧商旅、跨境交易等服务品牌影响力。推动金融科技创新，健全渠道、产品和客户运营体系。构建能源工业云网运营服务体系，为产业链上下游企业提供上云用数赋智服务。

（二）数字化转型的三大要素驱动

1. 数据资源治理应用

推动数据管理体系化、规范化，强化数据治理和运营，提升企业级数据管理能力，深化大数据应用和价值挖掘，释放数据价值。

推动数据化治理。建立数据质量闭环管控机制，加强源头数据整治力度。建设规范高效的数据共享开放体系，推动企业数据开放共享。健全企业级数据标准体系，强化统一数据模型完善应用。

推动数据资产运营。建立数据内部模拟市场，探索构建新型数据交易机制。明晰数据运营权、收益权、使用权等权责归属，构建按贡献决定报酬的数据产业收益分成机制，推动数据产品规模化开发、契约化管理。

推动大数据应用。围绕业务智能分析和精准预测，推动企业精益化管理和智能化协同。强化企业级、跨专业、跨层级、全流程覆盖的大数据应用，开辟多元化数据增值服务新空间，服务经济发展、社会治理和民生改善。

2. 数字技术融合创新

聚焦高端芯片、智能传感、边缘计算、区块链和人工智能等关键核心技术，加强融合创新，推进各领域应用，推动科技创新与产业升级相互促进。

加强技术研发攻关。强化前沿技术研发布局，开展人工智能算法等基础性、前瞻性研究，引导和鼓励创新探索。强化关键共性数据技术攻关，攻克高端芯片、区块链等关键技术，突破强关联数据集成、等共性技术，形成自主知识产权。强化运营服务技术研发，聚焦应用需求和工程问题，打造支撑运营全过程的技术应用体系。

加强数字技术创新应用。深化图像识别、音频分析等技术应用，推动设备缺陷自动识别、诊断等智能服务。推进区块链在电力交易、可再生能源消纳、能源金融等业务场景的示范应用。积极推进新一代信息通信技术在源网荷储协同互动等方面应用，形成实用化解决方案。

构建数据技术创新生态。建设数字化创新体系，形成层次清晰、分工明确、协同高效的有机整体。依托重点项目、示范工程和实验室建设，加快培养涵盖数字技术研究、产品研发和运营服务的专家团队。加强与高等院校、科研机构、知名企业和产业联盟的深度合作，实现优势互补、资源共享。

3. 数字生态合作共赢

加强平台赋能和数据流动，推动与产业链上下游、生态各相关方的广泛连接，布局跨界创新业务，培育生态文化，构建互利共赢、开放共享的能源数字生态。

以平台赋能打造协作体系。打造能源互联网平台集群，提供多元化、差异化的能源产品及服务，吸引和聚合能源产业链上下游合作伙伴，推动实现技术赋能、资源共享、优势互补和协同发展。

以数据连接推动跨界创新。以能源生产、传输、存储、消费全价值链为主线，强化与政府部门、行业协会、运营商、服务商等合作，推进线上线下联动及跨界业务融合，推动供需对接、要素重组、交易撮合和融通创新。

构建能源互联网生态。强化资源整合，加强与政府、行业、企业等交流合作，开展能源互联网产业链联盟及国际生态建设。加强标准、市场、政策等前瞻性研究，提升话语权 与影响力，形成共商共建共赢的能源数字生态。

（三）数字化转型的三大实施路径

围绕“一业为主、四翼齐飞、全要素发力”的总体布局，落实落细六大核心任务，分层分类推进数字化转型，同步推进组织变革、机制创新和流程优化。既要按专业分类推进，也要在企业省级单位、直属单位等层面统筹推进。

核心业务转型，围绕数据驱动的规划建设、设备管理、营销客服、调控运行、共享财务、现代供应链等方面，分专业推进数字化转型，助力核心业务高质量转型。

企业省级单位转型，围绕电网主营主业和能源互联网建设，以推动电网和企业转型升级为重点，分级推进涵盖电网生产、企业经营和客户服务等领域数字化转型，赋能电网转型升级、赋能经营管理提升、赋能客户服务优质、支撑业务创新发展。

直属单位转型，金融、国际、产业、科研教培等单位，围绕金融、国际、战略性新兴产业、支撑产业等领域，分类推动数字化转型，服务电网和企业高质量发展。

二、省级电力企业数字化班组基础建设

根据电力企业总部统一部署，结合班组实际业务需求，企业省级单位重点从平台建设、技术保障、应用开发、制度完善、优化评估等方面，打好班组数字化建设基础，做好支撑保障。

（1）开展电网资源业务中台、新一代设备资产精益管理系统（PMS3.0）、统一移动门户、设备侧物联网等基础建设，支撑班组数字化应用。

（2）强化与互联网部、调控中心等部门横向协同，制订网络通信、信息安全等基础技术保障措施，建立安全、高效的数字化应用通道，实现跨区信息交互共享。

（3）强化业财协同，基于设备资产一体化、基础数据规范化和作业成本标准化，贯通业财数据链路，实现组织层、站线层、设备层生产成本精准量化，开展生产成本统计分析，助力生产成本显性化。

（4）根据班组高频次业务需求，基于统一入口、平台、模型和架构，统一组织开发具有专业特色的班组数字化应用，促进数据源端采集、作业移动办理、现场实时管理，满足班组生产实际需求。

（5）科学评估班组数字化应用有效性，结合班组数字化转型要求，持续优化工作流程和作业规范，适时完善安全生产、设备运检管理制度、标准，推动数字化应用与生产实际紧密结合。

（6）强化数字化班组建设评价，做好典型经验总结，形成具备推广价值的应用成果。及时提炼建设经验，持续优化改进，促进班组应用。

三、地市级电力企业数字化班组建设

按照“依靠基层、面向基层、建设基层”的原则，注重基层的首创精神，激发班组的创造力，提炼现场业务需求，以电力企业地市级单位为基础开展数字化班组建设。

（1）台账资料有序管理。加强数据治理核查力度，对于治理过程中发现的问题技术组织整改闭环。依托业务中台部署应用，在前期试点应用基础上，推进电网资源业务中台数据治理及迁移，基于同源维护工具开展设备台账图形维护，实现“电网一张图、数据一个源”工作目标。实现班组报表自动化，提高劳动效率。

基于智能运检管控平台和新一代设备资产精益管理系统（PMS3.0），开展设备图形、台账、三维模型、设备履历信息的数字化移交，实现设备数据的全数据、全周期、全过程的管理。融合移动终端、实物ID等先进技术应用，实现增量设备台账厂家源端维护、现场匹配采集、人工辅助生成、系统自动校核等功能。基本型、领先型均应实现基础图形、台账准确率、及时率100%、设备履历信息完整率100%，新建、改扩建变电站、换流站、变电所、配电房等设备台账源端维护100%

（2）实物ID深化应用。实现主设备实物ID源头赋码，基本信息完整正确。应用实物ID现场扫码，获取设备资料，自动生成到位信息，辅助设备巡检作业和资产盘点。实现备品备件、工器具、仪器仪表在线管理，自动生成采购需求，自动推送仪器仪表校验提醒。

实现主设备实物ID标签全覆盖，基本信息完整正确；实物ID应用于设备巡检移动作业和资产盘点；深化实物ID在基础台账管理工作中的支撑应用；充分深挖实物ID的应用潜力，将实物ID应用于仪器仪表、备品备件等管理。实现物资采购、基建工程、设备管理等信息贯通，不断提升专业管理精益化和智能化水平。

（3）技术资料在线共享。构建电网主设备知识库，开展标准规范数字化，支持资料在线检索。现场利用移动终端，实时调阅设备台账、图纸档案、运行检修规程、作业标准流程、精益化评价细则、典型故障案例等技术资料，支撑运检作业在线办理。

基于移动终端、实物ID和管控平台，通过业务数据实时交互，实现巡检作业工作任务自动推送、作业指导书自动编制、巡检记录自动生成、缺陷/隐患信息现场登记、巡检报告自动生成、工作开展情况自动分析。实现运维班组设备主人业务流程线上化、检测结果就地上传、检修监管信息、关键点见证信息实时上传、试验数据自动录入分析、检修记录现场填写、设备主人业务报表、技术资料自动归档，实现技术资料在线共享。

（4）运检作业移动管理。基于企业统一移动门户，深化移动作业应用，实现运检任务主动推送，作业指导书自动编制，运检过程自动记录，检测装置、表计数据自动采集，缺陷、隐患信息现场登记，作业报告自动生成，作业记录在线回传PMS。

基于移动终端，开展作业工作票签发、许可、变更、终结等操作，实时记录工作票执行情况，将线路重合闸状态、自动化设备状态、现场温湿度等融于工作票，实现强制性智能校验安措落实情况，并回传供电服务指挥系统、PMS 系统。

（5）两票业务线上办理。融合 OMS、PMS 应用，以工作任务为载体，实现作业全流程贯通、停役计划联动、历史记录自动关联。基于电网拓扑和实时状态，实现图形辅助开票、安措辅助校核。基于移动终端，自动记录作业过程、安全措施、许可汇报信息，并回传 PMS。

依托移动终端及管控平台，基于电网拓扑和实时状态，以工作任务为载体，实现两票线上办理、辅助校核和在线流转；实现两票智能化管控，为数字化班组管理、人员绩效评价等提供辅助数据支撑；基于移动终端，自动记录作业过程、安全措施、许可汇报等信息并可靠回传。实现现场两票作业无纸化，作业过程可视化、作业管理流程化、数据统计智能化。

（6）设备状态智能感知。打通Ⅰ/Ⅳ区、内外网数据交互通道，实时获取设备运行、状态和环境数据，融合 PMS、统一视频平台等业务系统，实现设备状态在线评估、运检策略智能制定，支撑班组对设备状态、作业现场的实时管理。

结合“作业机器替代”应用需求，部署在线监测、无线传感器等感知层设备。标准化接入变电站辅助设备监控系统（辅控系统 2.0）、数字化换流站系统等感知系统，实现设备状态信息的智能感知、站内环境远程获取，实现全景展示、精准评价、主动预警和智能研判。进一步提升设备状态的管控力，提升电网设备本质安全。

（7）兼顾班组专业特色。充分考虑各专业班组的差异化需求，应用先进装备和数字化技术手段，变电（直流）班组实现特高压设备远程智能巡视、倒闸操作安全高效、主辅设备全面监视、故障处理快速高效；输电班组实现设备状态及环境状况全景监控、无人机自主巡检、带电作业智能辅助、电缆及通道数字化立体管控；配电班组实现负荷转供有序智能、抢修过程主动可控、故障信息智能分析。

数字化班组建设涵盖变电、直流、输电、配电四个专业，基本分为变电（直流）运维班、变电（直流）检修（试验）班、输电运检班、带电作业班、高压电缆运检班、配电运检班、配电抢修（操作）班七类班组。考虑到各单位基层班组设置差异性，可根据实际班组设置情况，在确保涵盖所有建设内容的前提下，增加数字化业务班组类型或在班组间进行数字化建设内容调整。

第五节　数字化班组建设计划

为保障电力企业数字化班组建设，需制订相应的建设计划，主要包括试点建设阶段、扩大试点阶段以及全面推广阶段，分三阶段完成数字化班组建设。本节以某电力企业为例，介绍数字化班组建设计划。

一、试点建设阶段

在试点建设阶段，结合 PMS3.0 和电网资源业务中台建设，电力企业选定 2 个重点省级单位实现数字化班组覆盖 50% 的本省地市级单位，另外选定 8 个省级试点单位实现数字化班组覆盖 20% 的本省地市级单位。

选定的这 10 个试点省级单位根据本省各地市信息化建设基础，确定本省首批试点建设地市，组织地市级单位按照企业数字化班组总体建设方案编制具体实施方案，梳理数字化班组技术标准和管理制度体系，总结提炼本省班组特色，完善本省设备运检试点班组数字化建设方案、专业建设实施方案等相关规范，并进一步确定试点单位阶段建设目标和工作计划。试点建设地市级单位推荐确定本单位数字化班组建设打样班组，按照每个专业至少一个打样班组的原则确定具体打样班组数量，着重对打样班组开展数字化班组建设。按“事前把关、事中监控、事后分析”模式，省级单位组织试点建设情况进行中期督导。省级单位对打样班组进行初步验收，各单位打样班组根据验收情况进行改造完善和企业验收准备。

10 个试点省级单位根据企业总部统一部署，结合各地市班组建设实际业务需求，重点从平台建设、技术保障、应用开发、制度完善、优化评估等方面，打好班组数字化建设基础，做好支撑保障。试点省级单位所辖各地市级单位按照“依靠基层、面向基层、建设基层”的原则，注重基层的首创精神，激发班组的创造力，提炼现场业务需求，以地市级单位为基础、以打样班组为单元开展数字化班组建设。

设定数字化班组试点建设阶段的建设计划时限为 1 年，全年的具体建设计划时间点如下：

（1）1~3 月，10 个试点省级单位根据数字化班组建设方案以及企业总部输变配专业数字化班组试点建设任务，结合自身信息化建设基础，编制省级单位数字化班组建设试点方案；

（2）4 月，企业总部完成 10 个试点省级单位数字化班组建设方案评审；

（3）5~9 月，10 个试点省级单位完成对本省试点地市及单位数字化班组建设情况的中期督导，对打样班组进行初步验收，各单位打样班组根据验收情况进行改造完善和企业总部验收准备。

（4）10~11 月，10 个试点省级单位完成数字化班组建设，企业总部编制数字化班组验收评估标准；

（5）12 月，10 个试点省级单位编制数字化班组建设评估报告，企业总部组织完成数字化班组建设验收。

二、扩大试点阶段

在扩大试点阶段，试点建设阶段选定的2个重点省级单位实现数字化班组覆盖100%的本省地市级单位，另外选定的8个省级试点单位实现数字化班组覆盖60%的本省地市级单位，其他17个省级单位实现数字化班组覆盖50%的本省地市级单位。

选定的10个试点省级单位组织相关部门和地市级单位专家对试点地市单位建设情况进行督导检查，形成各地市督导报告和建设问题清单，并对打样班组建设成果和亮点工作进行总结提炼，对打样班组建设成果进行推广应用。各地市级单位将打样班组的建设及应用经验、企业总部评价情况等进行总结提炼，省级单位组织编制完善本省数字化班组推广建设方案，组织开展数字化班组建设经验交流分享会、实地参观考察等推广建设工作，建立健全数字化班组"一制度、一标准、一体系"工作体系，全面开展建设和成效评估，全面提升班组数字化业务和管理能力，按照企业总部各试点省级单位覆盖率建设要求，完成非打样班组的数字化班组建设。

其他17个省级单位学习总结这10个试点省级单位数字化班组建设的经验，结合自身信息化建设基础，编制本省的数字化班组建设方案，开展试点地市及打样班组的数字化班组建设。

设定数字化班组扩大试点阶段的建设计划时限为1年，全年的具体建设计划时间点如下：

（1）1~2月，企业总部根据试点省级单位数字化班组建设情况，编制数字化班组推广建设方案；

（2）3月，27个省级单位根据数字化班组建设方案，结合自身信息化建设基础，编制形成满足企业总部覆盖率要求的省级单位数字化班组建设方案或推广建设方案，方案应涵盖数字化班组建设类型的全部班组；

（3）4月，企业总部完成27个省级单位数字化班组建设方案或推广建设方案评审；

（4）5~11月，27个省级单位完成数字化班组试点建设或推广建设；

（5）12月，27个省级单位编制数字化班组建设评估报告，企业总部组织完成数字化班组建设验收。

三、全面推广阶段

在全面推广阶段，基于PMS3.0、电网资源业务中台等系统深化建设，各省级单位总结建设经验，全面推进数字化班组建设，深化基于PMS3.0、电网资源业务中台的数据共享与业务应用，持续提升班组数字化水平，实现业务标准化、分析数据化、工作平台化，各省级单位实现数字化班组覆盖 100% 的本省地市级单位。

建立长效组织保障机制，修订完善数字化班组的管理制度和相关技术标准，实现班组管理制度化。优化资源分配，提高基层班组装备配置数量。制定科学规划分批次开展其他班组人员的培训工作，使基层班组员工熟悉相关系统和移动应用。推广业务应用和系统功能应用范围，落实在生产环境的业务在线化、作业移动化应用成果，实现各单位基层数字化班组建设全覆盖。

设定数字化班组全面推广阶段的建设计划时限为 1 年，全年的具体建设计划时间点如下：

（1）1~2 月，企业总部根据 25 个未实现数字化班组 100% 全覆盖的省级单位数字化班组建设情况，编制数字化班组全面推广方案；

（2）3 月，25 个省级单位根据数字化班组建设方案，结合自身信息化建设基础，编制形成覆盖全省范围的省级单位数字化班组推广建设方案，方案应涵盖数字化班组建设类型的全部班组；

（3）4 月，企业总部完成 25 个省级单位数字化班组推广建设方案评审；

（4）5~11 月，25 个省级单位完成数字化班组推广建设；

（5）12 月，25 个省级单位编制数字化班组建设评估报告，企业总部组织完成数字化班组建设验收。

第三章
数字化班组建设方案

第一节 数字化变电班组建设

一、数字化变电运维（运检）班

（一）变电运维（运检）班主要职责

变电运维（运检）班主要承担变电站运维巡视、倒闸操作等传统运维业务，开展工程项目管控、设备状态评价等设备主人业务，覆盖运维、检修、检测、评价、验收等设备全寿命周期管控。

负责变电站的安全管理、运维管理、设备管理、技术管理、设备巡视、事故及异常处理、现场倒闸操作、工作许可（终结、验收）、定期切（轮）换试验、接地线管理、现场安全措施落实等运行维护工作。负责变电站设备台账、设备技术档案、规程制度、图纸资料等的管理。参加新建、扩建、改造变电站工程的验收和各项生产运维准备工作。负责变电站消防、保卫、车辆、站容站貌等管理。

（二）数字化变电运维（运检）班建设方案

1. 基础台账有序管理

梳理完善变电设备台账模板，补充关键组部件、关键参数信息，开发管控平台台账数据校核功能，基于原有 PMS 台账信息，做好存量设备台账信息即时维护、补充完善，保障基础台账（含图形）及履历信息准确完整；结合移动终端应用，通过实物 ID 源头赋码，实现增量设备扫码建档，确保账卡物一致；试点开展基建工程资料数字化移交，完成管控平台信息同步，实现台账资料源端维护。

基于 PMS，完善数据维护、核查机制，实现基础台账（含图形）及履历信息准确率、及时率 100%，确保账卡物一致。基于移动终端和实物 ID，实现增量设备扫码建档、设备位置自动采集和系统辅助校核。开展建设阶段设备图形、台账等资料数字化移交，实现源端维护。

2. 技术资料在线共享

构建电网主设备知识库，开展标准规范数字化，支持资料在线检索。现场利用移动终端，实时调阅设备台账、图纸档案、运行检修规程、作业标准流程、精益化评价细则、典型故障案例等技术资料，支撑运检作业在线办理。

持续完善电网主设备知识库，拓展管控平台“一站一库”功能应用，在变电站运规、典票等电子化审批、数字化应用的基础上，补充图纸、说明书、标准作业卡、应急预案、故障案例、试验报告等常用资料。

持续推进移动终端设备智慧专家（钉当）应用，实现技术资料在线检索、实时调阅，支撑运检作业在线办理、设备管理辅助决策。

3. 两票业务在线流转

融合 OMS、PMS 应用，以工作任务为载体，实现作业全流程贯通、停役计划联动、历史记录自动关联。基于电网拓扑和实时状态，实现图形辅助开票、安措辅助校核。基于移动终端，自动记录作业过程、安全措施、许可汇报信息，并回传 PMS，实现设备运检成本自动分摊归集。

开展管控平台数字化两票（工作票、操作票）功能建设及应用，以工作任务为载体，实现编制、签发、许可、变更、终结、归档等工作票流程和停役计划、停役申请、调度任务令、拟票、审票、执行、闭环、评价、归档等操作票流程的贯通，结合移动终端应用，实现两票业务数字化应用。

以工作任务为载体，串联两票流程，采集设备实时状态，实现操作准备提醒、安措辅助校核；基于辅控系统 2.0、移动终端，管控两票业务执行过程，自动记录并回传管控平台，为设备运检成本自动分摊归集、班组数字化管理提供辅助支撑。

4. 倒闸操作安全高效

基于监控系统终端延伸，远程控制开关遥控、重合闸远方投退等单一操作，缩短操作时间、降低操作风险，提高工作效率，实现倒闸操作安全高效。

完成运维（运检）班组监控系统终端延伸工作，结合站端图像监控补强等辅控系统建设工作，实现远程执行开关遥控、重合闸投退等单一操作。

具备一键顺控技术条件的变电站，除远程执行开关遥控、重合闸投退等单一操作外，还可远程执行其他程序化操作。不具备一键顺控技术条件的变电站，可按照一键顺控技术规范，结合变电站改造计划，逐步开展一键顺控改造，将传统倒闸操作模式转变为一键顺控操作模式，缩短操作时间、降低操作风险，提高工作效率，实现倒闸操作安全高效。

5. 日常巡视人机协同

基于移动终端、实物ID，实现巡视过程自动记录，巡检报告自动生成，作业记录在线回传PMS，实现日常巡视移动化。对特高压等重要变电站、偏远变电站开展远程智能巡视，实现人机协同。

开展变电站智能化提升改造，完善工业视频、在线监测等站端感知类装置配置，推进智能巡检机器人安全接入内网，依托变电站辅控系统2.0，开展变电站远程智能巡视功能的部署应用，部署图像智能识别、大数据分析等技术应用，实现例行巡视等业务的机器替代。

按照“人机协同”工作原则，借助移动终端和实物ID应用，将管控平台巡视任务分别推送至辅控系统2.0及移动终端，实现巡视过程自动记录，巡检报告自动生成，作业记录在线回传，实现缺陷异常现场登记。通过管控平台将定期切换任务，推送至移动终端，调取标准作业卡，实现定期切换无纸化作业。

6. 主辅设备全面监视

基于监控系统终端延伸，增加火灾消防和交、直流等主要信息，实现主辅设备关键信息监控，打通Ⅰ/Ⅳ区数据交互通道，实时获取主要设备的运行、状态和环境数据，加强设备监控强度。

通过调度终端延伸，采集一次设备、继电保护及稳控装置、自动化设备、站用交直流系统等遥测、遥信、遥控和遥调数据，实现主设备关键信息监视。融合变电站图像监控、设备在线监测、消防监视、安防监控、动力环境、机器人等技术手段，实现辅助设备关键信息监视。

结合集控站建设工作，新一代集控站设备监控系统建设投运后，结合站端设备改造，按照《自主可控新一代集控站设备监控系统系列规范》，逐步将变电站主设备、辅助设备监控信息接入新一代集控系统，实现主辅设备全面、智能监控。

二、数字化变电检修（试验）班

（一）变电检修（试验）班主要职责

变电检修（试验）班负责变电设备现场检修、消缺、事故抢修、试验检测、检修物资管理等工作，开展生产计划编制、技改大修项目管控、检修过程管控、设备状态评价等重点业务。

（二）数字化变电运维（试验）班建设方案

1. 检修物资智能管理

基于移动终端和实物ID，实现备品备件、工器具、仪器仪表在线管理，自动生成采购需求，自动推送仪器仪表校验提醒。

完善管控平台与移动终端应用功能，做好实物ID与移动终端数据贯通，分类维护检修物资（备品备件、工器具、仪器仪表）基本台账、检测周期、检测记录、最低配额等信息，实现检修物资出入库、送检提醒、质量跟踪、采购需求等业务数字化管理。结合设备运行情况、缺陷信息、使用寿命、使用频次等数据，完善备品备件等检修物资配置标准。

2. 知识库实时调阅

依托变电主设备知识库，利用移动终端实时调阅变电站设备履历信息、台账数据、图纸档案、技术标准、作业标准流程、典型事故案例，辅助班组快速制定检修策略。

持续完善电网主设备知识库，拓展管控平台“一站一库”功能应用，在变电站运规、典票等电子化审批、数字化应用的基础上，补充图纸、说明书、标准作业卡、应急预案、故障案例、试验报告等常用资料。

持续推进移动终端设备智慧专家（钉当）应用，实现技术资料在线检索、实时调阅，支撑运检作业在线办理、设备管理辅助决策。

3. 检修作业在线办理

基于移动终端，实现计划性检修任务100%在线办理，作业指导书（卡）现场调取，检修和试验结果自动采集，检修记录和试验报告辅助生成，作业数据在线回传PMS。

基于管控平台和移动终端，完善检修业务全流程管控功能，实现检修计划任务流转、现场勘察、检修方案会审、工作票执行、二次工作安全措施票执行、作业指导书（卡）调用、修试记录填写和试验报告录入等工作移动办理，作业数据在线回传，探索实现数据辅助计算、数值判断分析、辅助决策等功能。

4. 工作票移动办理

基于移动终端，实现变电第一、二种工作票、事故应急抢修单在线办理，远程办理工作票各流程环节，自动关联检修计划、工作任务单、事故抢修单，并同步回传PMS，实现设备运检成本自动分摊归集。

开展管控平台数字化工作票功能建设及应用，以工作任务为载体，实现编制、签发、许可、变更、终结、归档等工作票流程的贯通，结合移动终端应用，实现工作票移动办理。

以工作任务为载体，串联工作票流程，采集设备实时状态，实现安措辅助校核；基于辅控系统2.0、移动终端，管控工作票业务执行过程，自动记录并回传管控平台，为设备运检成本自动分摊归集、班组数字化管理提供辅助支撑。

5. 故障处理快速高效

基于移动终端，实时上传抢修过程图像、影音，通过专家远程会诊、协同指导，实现事故处理流程全过程管控，提升抢修工作效率。

优化管控平台和移动终端现有应急抢修功能，融合智能穿戴设备、布控球、工业视频等装备应用，实现抢修过程图像、影音资料实时采集、回传，用于远程诊断和抢修指挥，强化前后端信息交流互动，为抢修作业提供支撑。基于应急抢修功能，联动辅控系统 2.0、电网主设备知识库，快速调取图档资料、故障记录信息、实时气象等支撑资料，快速、准确定位并调配备品备件、生产车辆等抢修资源，提升应急抢修效率。

第二节　数字化输电班组建设

一、数字化输电运检班

（一）输电运检班主要职责

负责输电线路（含高压电缆）运检管理；负责输电线路（含高压电缆）通道维护、清障和防外破工作；负责设备的状态检（监）测、动态评价、缺陷管理、隐患排查治理、通道防护、计划检修及故障抢修管理；负责输电专业技术监督管理；负责组织相关退役设备技术鉴定；负责提出设备技改大修项目需求；负责设备技改大修项目及运检业务外包实施管理、工程验收及生产准备管理；负责 PMS 系统等信息化系统所辖配网基础数据、运行数据的现场收集、维护；负责输电设施安防、安保、防汛设备的运检管理；负责输电线路作业方案、检修工艺、带电作业、航巡作业、现场标准化作业管理。

围绕“人员、设备、装备”班组管理核心三要素，以数据互联互通为基础，以业务线上流转为驱动，以智慧输电线路为蓝本，深入融合“大云物移智链”等先进信息通信技术，全面推进 PMS、直升机及无人机巡检、可视化监控、设备状态监测等成熟输电运检技术广泛应用，着力推动人工智能识别、智能辅助决策等前沿技术迭代升级，努力打造具备“精益化管理、立体化巡检、全景化监控”特点的数字化输电运检班组。

（二）数字化输电运检班建设方案

1. 基础台账有序管理

基于 PMS 实现基础台账（含图形）及履历信息全面维护，设备变更在线办理；基于移动终端，结合实物 ID，实现设备台账现场采集、辅助生成、自动校核。

基本型应实现基础图形、台账准确率、及时率 100%；领先型应实现基础图形、台账准确率、及时率 100%，基于实物 ID 实现物资采购、基建工程、设备管理、资产价值等信息贯通。

2. 运维业务在线流转

输电线作为电力系统重要电能运输组成部分，其直接关乎于电力输送运行情况，一旦输电线路出现故障，将会引起大面积区域停电。这给人们的生活、工作带来极大不便，因此必须做好输电线路的运维工作，尽可能确保线路稳定、安全可靠运行，为人们正常生活、生产提供保障。在传统运维模式下，电网规模增长与运检人员配置的矛盾日益突出，信息获取方式传统、来源单一，设备状态感知以停电检修、离线巡检为主，在线监测、无人机等先进手段的数据利用率不高、纸质化记录等问题带来的不适应性愈加明显。

推动业务流程标准化，串联输电运检六大业务，实现计划制定、任务派发、作业管控、数据归集、辅助决策的业务全程管控：全面普及实物ID，深化移动巡检作业系统应用，通过标准化的数据和业务操作流程，实现巡视、检修、消缺、检测、验收等业务全流程在线流转。基本型应涵盖输电线路计划工作，领先型应基于移动作业实现输电线路计划工作全流程在线流转。

3. 输电线路立体协同巡检

目前在电力企业的输电线路巡检当中，主要有直升机、无人机和人工等三种不同的巡线方式，为保证输电线路的安全运行发挥了重要的作用。采用最广泛的巡线方法仍是人工定期巡线，发现杆塔基础缺陷能力强但技术含量低。传统的地面人工巡检工作量大、效率偏低，部分地区无法开展地面人工巡检，线路红外检测难度大，巡检作业人身伤害风险高等。因此，传统的人工巡检方法不仅工作量大，耗时长、效率低，而且受人为因素制约，一些线路缺陷或故障点不容易被发现。在常规运维体系下，运维人员数量难以满足日益增长线路巡视任务需求，同时运维人员巡视效果及效率同样受到地形环境的制约。采用直升机、无人机等智能装备和巡检技术，构建协同立体化巡检模式成为现阶段提升巡检效益、保证线路运维质量的主要任务。

随着输电线路专业新技术、直升机和无人机巡检技术的快速发展，国内输电线路运行巡检方式已趋向多样化。但是，目前国内尚未对上述三种巡检方式进行统一规范，各类巡检技术标准化作业体系尚未完全建立，巡检效益未充分发挥，各类巡检技术应用相对独立、分工不明确、多手段协同作业程度不高，增加了输电线路的运维成本，巡检资源未实现统一调配，应用效益未得到充分体现。

传统的输电线路巡检方式在实际应用中也存在一些问题：①巡检效益未充分发挥。直升机巡检存在作业成本较高、巡检数据利用率低、数据分析链条长等问题；无人机巡检存在续航能力不足、缺陷智能识别程度低等问题；人工移动巡检存在携带装备种类繁多、功能单一、信息采集规范性差等问题。②各类巡检技术分工界面不明确，未建成统一高效的协同巡检体系。存在各类巡检技术应用相对独立分工不明确、协同巡检管理规范和技术标准体系尚未完全健全、多手段协同作业程度不高等问题，巡检资源未实现统一调配，应用效益未得到充分体现。③智能化和信息化程度有待进一步提高。存在巡检数据融合性差、海量数据处理分析困难、利用率低等问题。因此，为进一步提升直升机、无人机和人工协同巡检效率和效益，降低输电线路运维成本，根据当地地形条件及线路运维环境，结合不同线路运维手段的实际效果、成本、巡视周期等历史数据，开展直升机、无人机、人工三种巡线方式综合效益研究分析，提出具有实际应用效果的协同巡检解决方案，指导直升机、无人机和人工三种巡线方式的实际应用。

输电线路立体协同巡检就是推进可视化监控、无人机自主巡检在所有线路全覆盖、驻塔机器人在空管区域全覆盖、直升机巡检在重要线路全覆盖，构建“空塔地”协同作业的全方位立体巡检体系，并深化温度、微气象、杆塔倾斜等物联感知装置应用力度，全方位、无死角巡视、监控设备本体、通道环境；深化分布式故障诊断、可视化监控以及雷电、台风、微气象监测预告预警等信息应用，强化图像智能识别技术，提升异常发现、定位速度、精度，指导开展故障特巡和事故抢修。

输电线路立体协同巡检要求基本型无人机配置率不低于 15 架 / 百千米，500kV 以上线路无人机自主巡检比率不低于 50%、500kV 以上线路无人机缺陷智能识别率不低于 80%，一线班组 40 周岁以下青年员工无人机取证率不低于 50%，特高压线路可视化全覆盖。领先型在基本型基础上一线班组 40 周岁以下青年员工无人机取证率不低于 70%；重要输电通道、所有“三跨”区段、110kV 及以上输电线路保护区内大型固定隐患点可视化装置覆盖率达到 100%；重要输电通道分布式故障诊断装置覆盖率达到 100%。

4. 基础数据维护管理

基于 PMS，完善数据维护、核查机制，实现基础台账（含图形）及履历信息完整准确，台账准确率和及时率 100%。贯通发展、基建、物资及运检的系统数据，实现新、改、扩建输电线路设备台账的同源维护，设备履历信息的完整正确。

利用 PMS 系统实现了输电运检四大中心功能，如图 3-1 所示。

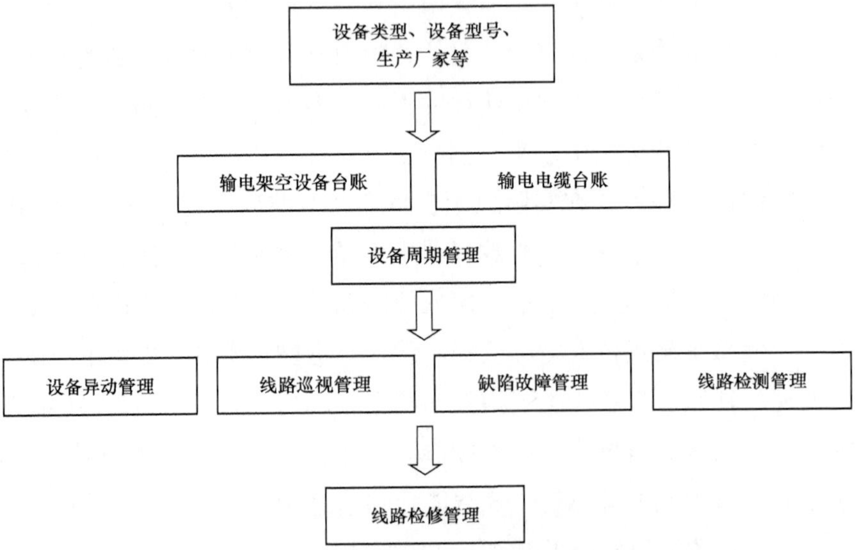

图 3-1 利用 PMS 系统实现了输电运检四大中心功能

（1）标准中心包含设备类型、设备型号、生产厂家等内容；

（2）设备中心包含输电架空设备台账、输电电缆台账、设备周期管理等内容；

（3）运行工作中心包含设备异动管理、线路巡视管理、缺陷故障管理、线路检测管理等内容；

（4）计划任务中心包含线路检修管理内容。

设备台账信息是运检工作的基础，数字化班组通过 PMS 系统建设标准化设备台账库，如图 3-2 所示。

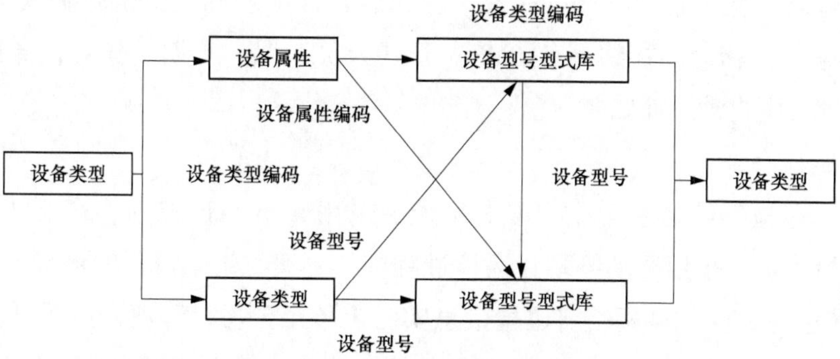

图 3-2　通过 PMS 系统建设标准化设备台账库

其中设备属性分为空值、确定值、参考值三种，空值是指这种属性的值在型号标准库中确定不了，必须在台账中维护；确定值是指这种属性的值在型号标准库中完全可以确定，台账中不需要也不能维护；参考值是指这种属性在型号标准库可以提供一个参考的值。型号标准库更新时，对于确定值，会更新所有台账的值；对于参考值，只会更新台账中这个属性没有修改过的值，因为这个值如果修改了，说明用户已经对这个参数值核对过了，就不再进行修改了。

输电运检四大中心的结构关系如图 3-3 所示。

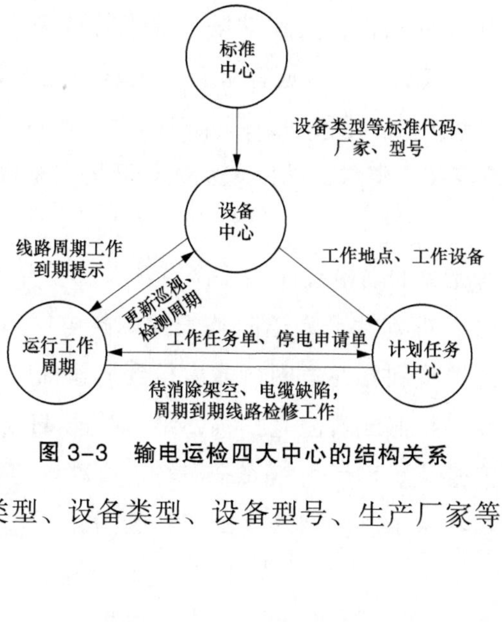

图 3-3　输电运检四大中心的结构关系

标准中心提供设备类型、设备类型、设备型号、生产厂家等信息给设备中心；设备中心进行分析确定后将线路周期性工作到期情况提供给运行工作中心，提供工作地点、工作设备给计划任务中心；运行工作中心将设备巡视、检测情况反馈给设备中心，更新线路履历，将需要消缺的线路以及周期到期的线路检修工作提供给计划任务中心；计划任务中心下发工作任务单和工作许可命令。

5. 工作票在线办理

基于PMS系统，以工作任务为载体，实现工作票在线办理、人员资质在线校核、职责确认在线流转。基于移动终端，完成工作票各环节办理和安全措施确认等信息，远程完成各环节办理，移动端在线回传PMS，开展人员工况、工期、作业任务的自动统计，实现设备运检成本自动分摊归集。

6. 移动巡检作业

智能移动巡检系统是基于生产GIS系统、采用GPS定位技术、3G通信技术建设而成的智能巡检系统。采用移动终端在巡检过程中，可实时记录设备的运行、缺陷、图片、音频视频等信息，通过3G网络将巡检信息实时上传至公司，管理人员通过公司生产GIS巡检模块，实时查看指导现场工作，监督漏检、错检，第一时间掌握并处理现场故障缺陷。移动巡检系统将原有的信息系统延伸到了工作现场，实现了在任何时候、任何地点随手获得工作所需要的信息的目的，解决了现场工作人员对大量、精确图纸的查询需要。巡检掌上电脑配置了GPS（全球卫星定位系统），可以卫星定位的手段记录定位作业的路线，这带来了另一个作用是加强了具体工作人员的责任心，解决了原来缺乏手段考核工作人员是否按路线及时检查电力线路等问题。系统的业务操作采取规程方式，真正实现业务的标准化与信息化。系统提供的业务管理功能，能把现场工作人员的工作和企业内部的业务信息管理系统整合在一起。实施本系统能真正提高工作效率、提高工作准确性。

基于公司统一移动门户及实物ID，依托互联网大区开展移动巡视业务，围绕线路检修、检测、验收等现场作业移动化，实现缺陷、隐患等业务一次性录入、规范化登记，逐步替代传统线下纸质管控模式，实现巡视业务全流程线上流转率60%。利用移动巡检App，掌握外协人员巡视动态。依托移动终端及时调用设备台账履历、运行状态等信息，调取法律法规、运维规范等技术资料，辅助现场人员开展安全宣传。

7. 无人机自主巡检

长久以来，我国电网庞大的输电线路网络巡检工作主要依赖人工巡视方式进行。巡检成果的时效性、安全性、准确性是人巡时代长期困扰电网运维部门的难题。近些年，无人机作为一种高科技的巡检利器在电网行业中得到迅速推广与应用。飞控手通过操作无人机沿线路飞行，并同步拍照或者激光扫描，结合智能AI数据处理软件，可以快速、准确地发掘线路中的隐患缺陷。当无人机安全飞行、高精度定位、三维信息采集（倾斜摄影与国产激光雷达扫描技术）这些技术逐渐成熟的同时，电力无人机的应用逐渐开始了新的时代。这个时代以基于激光雷达电力扫描的全自主巡检、基于固定机场 / 移动机场的无人机全自主巡检、巡检图像人工智能缺陷识别等为主要特征。电力巡检无人机依据“航线规划——自主飞行——飞行监控——数据整理”的全流程管理模式，按设定路线开展精细化巡检作业，通过搭载的高清摄像头，多角度、近距离地巡检输电线路走廊、杆塔本体，大到绝缘子，小到金具，厘米级的可视精度，任何一个细微的变化都逃不过巡检无人机的“火眼金睛”。

无人机根据收到的不同任务指令，可在固定机场内自动完成图片和视频拍摄、红外测温、高音喇叭播放安全警示、扫描设备与周边物体的空间距离等功能的更换，并通过自主充换电，满足不同场景下的任务需求。同时，固定机场的建立，有效解决了输电巡检班组存在的结构性缺员问题。

“智巡”是一种更高效、更安全、更便捷的标准化电力巡检作业方式。

“智巡”时代的无人机全自主巡检是一套建立在标准的输电线路无人机巡检作业规范的基础上，使无人机无论基于何种起飞平台，均可实现全自动起飞、数据采集、降落、数据导出和后期数据处理等一系列自动化过程，全程无须或较少的人工干预，高效完成输电线路巡检作业的标准化作业方式。其实现过程大致可分为：输电线路全息三维信息采集、全自主航线规划及航点库建设、精细化全自主飞行采集、缺陷识别与巡检报告输出等四个主要过程，如图 3-4 所示。

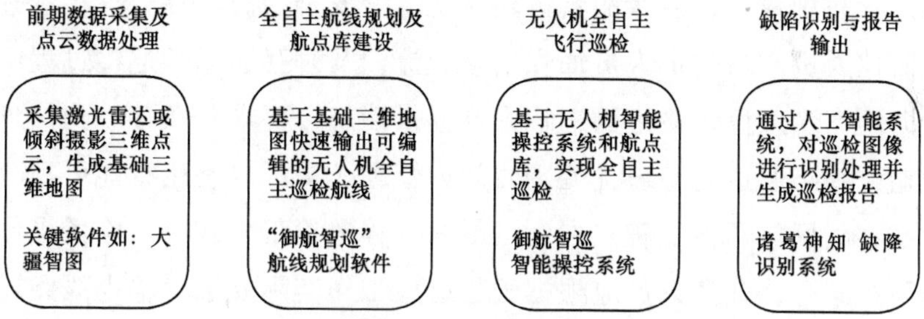

图 3-4 “智巡”无人机全自主巡检过程

作业人员登录无人机操作控制系统，通过前端 App 操控系统与平台的对接，可接入后端“自主巡检航点库”进行自主飞行任务规划、并通过平台下载任务航线；之后控制无人机进行精细化自主巡检作业；飞行过程中无人机实时状态可实时通过操作控制系统发回管控平台，实现后端飞巡监控；飞行完成后，将图像上传至缺陷识别系统实现巡检图像的缺陷识别、分析、审核等相关操作，最终实现从巡检任务的制定、巡检全过程实时监控，到巡检成果的汇总工作闭环，实现输电线路巡检的综合管控。

人工操作无人机不仅巡检强度大、时效差，而且巡视效果差，受外界客观因素局限性大。无人机巡检日工作效率较传统人工操控无人机提高了 30% 左右，同时使用无人机全自主巡检又在此基础上提升了 30% ~ 50% 的工作效率。并且对于人员的工作技能水平要求也大大地降低了。无人机全自主作业飞行，减少了人工操作干预，使纷繁复杂的线路巡检工作变得更具条理化、简单化、智能化，形成巡检工作的标准化、信息化，实现以电网安全为目标的结果导向。精细化巡视采取标准化作业流程与拍摄标准，提高了无人机巡检拍摄图像的全面性与有效性；规范无人机操作，避免人为操作无人机产生的安全隐患。

推动无人机自主巡检规模化应用，实现线路本体，特别是高空部位的人工巡视替代。充分应用人工智能、大数据分析等相关技术，高效处理可见光、红外、激光点云等数据，打造作业互补、信息互联的人机协同巡检模式。应用无人机开展检修作业和非紧固类验收工作，推进无人机精准检测（红外、X 光）规模化应用，减少人员登塔次数。实现无人机配置率不低于 1.5 架 / 百千米，无人机自主巡检率不低于 60%。

8. 输电通道远程智能巡视

依托输电全景监控平台，综合应用可视化、移动巡检和在线监测等手段，及时获取设备本体及通道状态信息，对现场山火、异物等突发隐患及时进行预警，并立即通知就近运维人员开展现场处置，实现有效应急联动。综合应用点云数据、可视化、在线监测等数据，开展线路通道保护区内的树竹隐患、交叉线、跨越物等安全分析和工况模拟，实现输电线路通道环境动态预警分析。

在利用智能技术构建可视化远程巡检系统时，需要工作人员全面推进输电线路通道可视化巡检线路，但实现该目标需要完成基准定位与防控结合等准备工作，前者的主要作用是提高巡检防护效率，后者的具体功能是降低安全隐患、提升巡检管理质量。对于基准定位，监控人员应与防护人员加强信息交流，及时互通远程巡检过程中发现的隐患信息，同时向距离隐患位置最近的巡检人员提供消息，要求其在接收到信息的第一时间处理，缩短输电线路通道应急事件处理时间；管理人员可以利用智能可视化远程巡检系统实时监控与在线回放巡检过程，右利工提高远程巡检工作效率，降低操作失误的发生概率。针对防控结合，开发人员应根据远程巡检工作实际要求对输电线路通道智能可视化远程巡检系统模块进行划分，通过充分发挥巡视记录、隐患处理、监督市杳等模块的作用，为实现“实时上传故障信息（巡检人员：故障定位，信息上传，电子表单制作）、线上确认故障处理内容（管理人员：分配工作，上传故障消除信息）、故障监督现场核实（监督人员：对已消除故障处进行监督性检查）”闭环管理提供强有力支持。

9. 状态智能感知

充分应用在线监测、分布式故障诊断、可视化等成熟可靠感知装置，依托“六大中心”实时报送环境监测预警信息，融合 PMS、统一视频平台等业务系统，实现设备状态在线评估、运检策略智能制定，支撑班组对设备状态、作业现场的实时管理。

输电线路智能感知系统就是为输电线路装上数以千万计的感知末梢，自动、实时、在线地感知线路运行状态及基础设施参数的微小变化，汇聚传感设备采集的大量监测信号并传输给中心站系统；中心站系统依据海量的监测数据，结合对象建模、历史信息及大数据分析等对输电线路运行状态做出动态评估，对可能发生的故障进行智能判断和主动预警。一整套系统充分、高效协作，实现输电线路的实时全景监测，可帮助线路运行运维人员及时发现、消除隐患，避免重大事故的发生。

输电线路分布式监测终端可以实现线路异常定位与诊断功能的感知终端，分布式的安装导线上并实时采集导线里的行波信号，通过中心站系统对异常行波信号的提取及分析处理，可提供异常点位置的精确信息，同时基于自学习信息库进行波形比对可准确判断异常原因，针对性的指导线路的运维和抢修。2018 年至今，该监测终端已在新疆、陕西、安徽、江苏、北京、辽宁、河北等 10 余个省市的 100 余条输电线路上推广应用，涵盖 110~1000kV 各电压等级。

10. 智能检修检测

按需配置无人机等成熟度高的智能作业装备替代人工登杆 / 塔消缺，降低人员作业风险，提升作业效率。建立检修检测数字化档案，实现作业指导书智能自动编制，工器具及智能化装备配置清单自动推送，利用无人机红外技术开展复合绝缘子憎水性检测、绝缘子零值检测。

二、数字化输电带电作业班

（一）输电带电作业班主要职责

输电带电作业班组负责组织 110kV 及以上输电线路的带电作业标准化检修消缺；负责落实带电作业技术监督工作；负责带电作业安全工器具备品备件计划申报、送检、保管、报废工作；负责推广应用带电作业新工器具、新技术；负责安全技术培训和岗位练兵；负责组织班组制定事故应急预案，开展反事故演习；负责设备技术台账、图纸和技术资料档案的建立；负责编写、审查各项带电作业工序、工艺标准卡，检查安全技术措施的执行。

（二）数字化输电带电作业班建设方案

1. 作业装备智能化

探索应用绝缘斗臂车、无人机、智能化成套绝缘操作杆等智能装备，实现异物隐患快速处置、强电场环境辅助进入，合理配置智能装备，提升作业效率。

2. 安全防护智能化

应用智能安全帽、无人机等装备对作业现场进行全方位监控和指挥，应用智能穿戴装备实时监测作业人员体征状态，实现作业人员安全实时监护。

3. 作业方案辅助决策

融合监测数据、三维激光雷达点云图等多源数据，精准掌握现场信息，实现检修任务单、工作票、作业指导书（卡）在线办理，实施方案智能化编制。建立典型杆塔模型数据，模拟典型带电作业工况，实现数字化安全评估。

4. 工器具质量管控

建立工器具数字化台账，实现工器具性能、试验记录、使用记录等信息在线管控，实现工器具试验提醒、采购需求自动推送，工具取用自动化等功能，建立特殊带电作业工器具数字化档案，根据作业需求实现多地区工器具共享。

三、数字化高压电缆运检班

（一）数字化高压电缆运检班主要职责

数字化高压电缆运检班的职责负责辖区内电缆及通道的巡视工作、状态检测工作、停电维护和检修工作、消缺工作、抢修工作、诉求处理工作、电缆基建工程过程管控和竣工验收工作，负责落实电缆六防工作，负责辖区内电缆及通道台账（包括电缆及通道的地理信息）的登记和维护工作。

（二）数字化高压电缆运检班建设方案

数字化电缆运检班负责电缆设备及通道资产管理、运维检修、技改大修工作。

数字化电缆运检班主要建设内容如下。

1. 巡检作业移动化

应用实物 ID，配合探测器、智能移动终端，实现高压电缆及通道移动巡检，自动采集作业信息，巡检数据接入高压电缆精益化管理综合平台及 PMS，实现电缆与通道巡检及时率、到位率监控，巡检轨迹展示；自动推送巡视、检测等周期性工作计划，自动预警巡检超周期情况。

巡检作业移动化应覆盖所有计划性巡检工作。

2. 业务协同线上办理

贯通 PMS、电缆精益化管控平台等系统应用，基于移动终端，实现地下管线施工交底卡审批、电缆停役 / 投运申请等对外业务线上办理，实时追踪流程进度，实现闭环管理，减少外部人员业务办理周期；基于实物 ID 应用，实现工程验收线上流转。

基本型应覆盖 220kV 及以上电缆业务，领先型应覆盖 110kV 以及上电缆业务。

电缆试验班负责电缆设备试验作业、故障抢修工作。数字化电缆试验班主要建设内容如下：

融通 OMS 停役管理、PMS 工作票管理和电缆精益化管控作业信息，在线办理停役申请和工作票；基于移动终端，自动记录作业过程、安全措施、许可汇报等信息并回传 PMS，实现现场两票作业无纸化。基于移动终端，现场调取作业指导卡，智能检索技术标准和典型案例，自动采集录入试验数据，实现修试报告自动生成并回传 PMS；结合人员定位、排班信息，实现试验任务智能下达，现场作业标准、施工安全、质量控制等作业过程关键节点实时反馈。

基本型应覆盖 220kV 及以上电缆计划性工作，领先型应覆盖 110kV 以及上电缆计划性工作。

3. 数字台账管理

基于 PMS 系统等应用系统，完善数据维护、核查机制，整合通道经纬度、竣工资料等资源，基于移动终端和实物 ID，实现增量设备扫码建档、设备位置自动采集和系统辅助校核，实现基础图形、台账准确率和及时率 100%。开展建设阶段设备图形、台账等资料数字化移交，实现源端维护。

在电网公司相关文件的指导下建立设备台账数据核查机制，整合通道经纬度、照片、竣工资料，构建电缆数字化通道。班组在 PMS 系统中录入电缆长度、电缆型号、电缆厂家等关键字段信息后，在 PMS 和高压电缆精益管理应用群中可进行查看，如图 3-5 所示。建设阶段设备图形、台账、试验报告等无纸化数字化移交和竣工资料无纸化移交，则在生产准备及验收模块中可以查看。

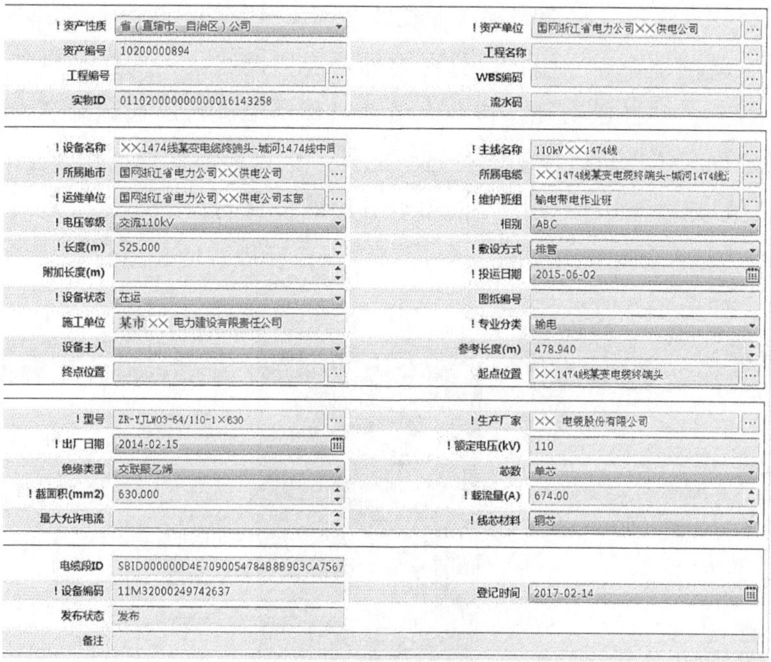

（a）

图 3-5 通过对通道经纬度的录入实现平台电缆图形数据的显示（一）

（a）竣工资料

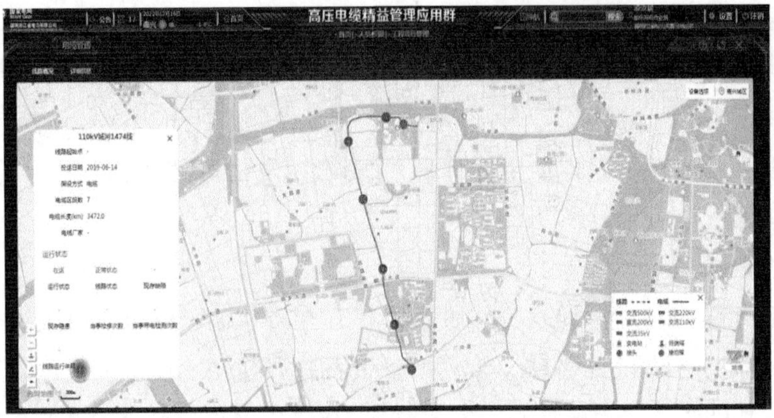

（b）

图 3-5　通过对通道经纬度的录入实现平台电缆图形数据的显示（二）

（b）电缆管理

4. 智能移动巡检

基于公司统一移动门户、移动终端和移动巡检模块，实现监控后台与巡检现场智能联动、巡视任务主动推送、作业指导书自动编制、巡视路径智能规划、缺陷、隐患信息现场登记、作业报告自动生成、巡视记录一键上传，覆盖电缆周期巡视和特殊巡视。现场利用移动终端，实时调阅图纸档案、运行检修规程、作业标准流程、精益化评价细则、典型故障案例等技术资料，实现移动作业在线办理。

依托高压电缆精益管理应用群，打通内外网通信链路，实现在平台端进行巡检任务编制及下发、任务主动推送功能，作业人员通过移动端进行巡视记录登记、缺陷隐患登记，并且现场定位和巡视轨迹能实时查看。此外，平台端还实现了作业指导书辅助编制、缺陷 / 隐患信息跟踪管理、作业报告自动生成功能。目前，电缆运检班人员移动终端安装覆盖率 100%，依托移动应用作业人员能够调取检修规程等技术资料，给现场处理相关问题提供依据，如图 3-6 所示。

（a）

图 3-6　移动终端处理现场问题（一）

（a）巡视计划与隐患管理

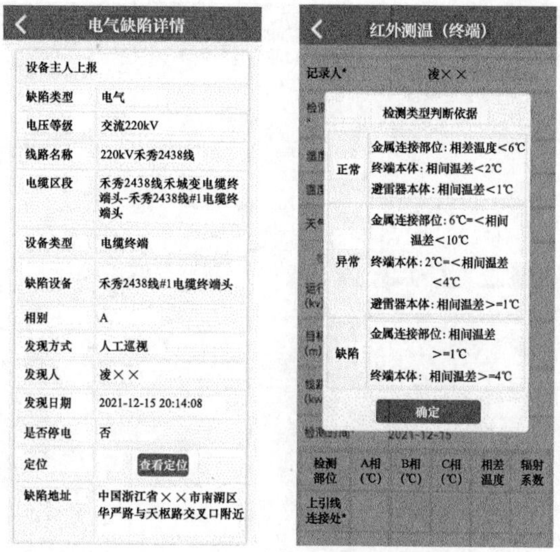

（b）

图 3-6 移动终端处理现场问题（二）

（b）电气缺陷详情与红外测温（终端）

5. 智能运检管理

基于高压电缆精益化管理平台，强化在线监测管理，深化监测数据分析应用，提高运维智能化水平；建立外协队伍人员电子档案，实现线上校核施工人员；检修记录、试验数据一键上传，实现检修现场远端监控；建立备品备件库，配置电缆快速接头，数字化检修方案、故障抢修单自动生成，实现电缆检修人员、物资数字化管理。

智能运检管理方面，能够通过高压电缆精益管理应用群对 315 套电缆在线监测装置进行查看，如图 3-7 所示。在线监测装置在线率持续保持在 96.5% 以上。平台实时报送监测预警信息，一旦有告警信息提醒，监控人员立即汇报，班组人员前往进行现场巡查，提高运检效率。（展示完在线监测后）为加强检修智能管控，目前高压电缆精益管理平台已实现检修计划任务流转、检修方案辅助编制、人员资质在线校核的功能，检修记录、试验数据都能从移动端和平台端进行上传，如图 3-8 所示。（展示完检修）目前，高压电缆精益管理应用群已实现数字化台账录入、出入库登记功能，如图 3-9 所示。电缆运检班可以利用该功能建立备品备件台账清单，实现电缆物资数字化管理。

6. 工作票业务在线办理

应用数字化工作票，从计划申报、工作票办理、工作许可到工作结束全过程线上办理，实现运维计划全面线上管控、检修作业计划、人员、措施线上运行，实现电缆作业数字化管控，实现设备运检成本自动分摊归集。

高压电缆精益管理应用群已实现工作票编制、签发、许可、执行、终结、归档等全流程在线办理功能，平台端和移动端均可实现以上功能。电缆运检班已开始使用相关功能进行工作。

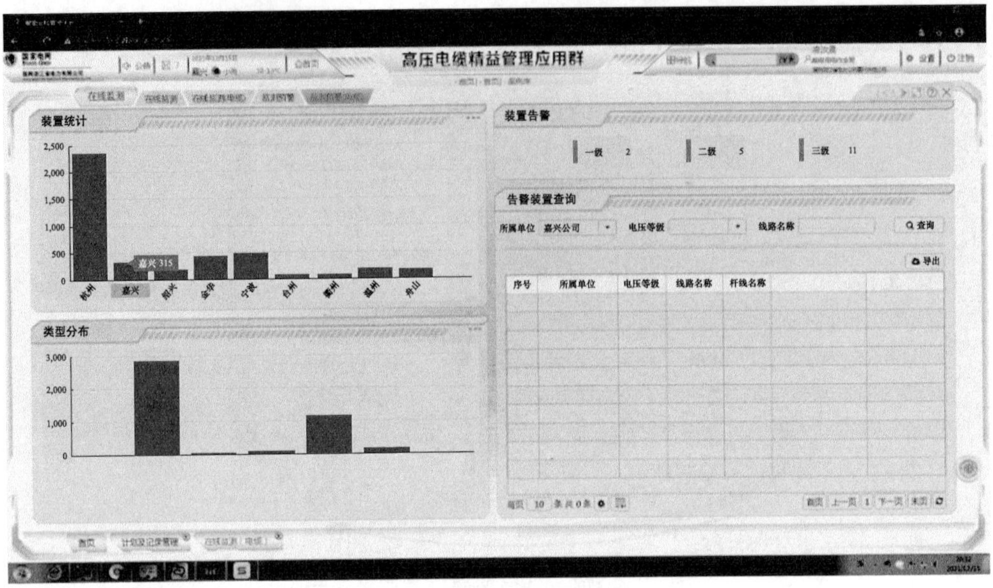

图 3–7　电缆在线监测装置

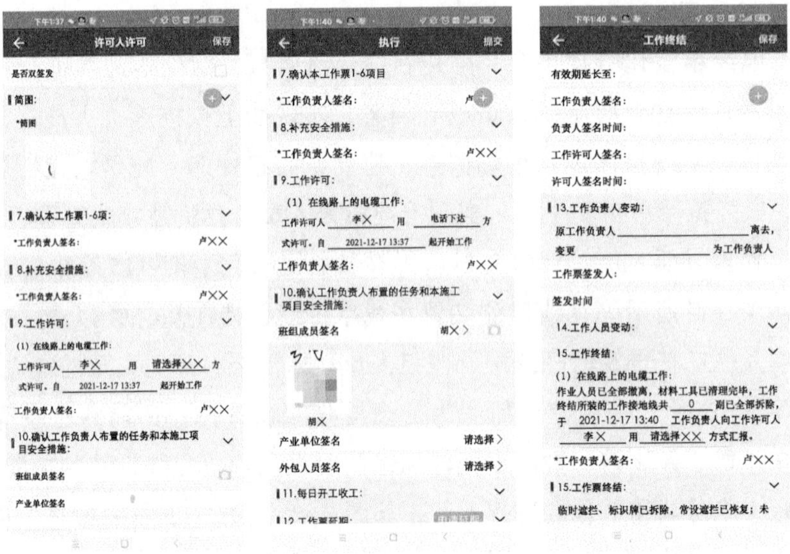

（a）　　　　　　　　（b）　　　　　　　　（c）

图 3–8　检修智能在线管控

（a）人员资质在线校核；（b）在线许可；（c）检修工作终结

7. 隧道立体管控

基于电缆精益化管理平台，构建隧道安全准入、远程巡视、隐患缺陷计划管控的智能运检模式，有效实现技术替代，覆盖 220kV 及以上电缆隧道。有条件的单位可探索电缆隧道“机器巡视、集中检修”模式，减少人员出入频次，降低作业风险，实现提质增效。

智能感知终端，实现了通道及设备状态全感知，包括通道环境监控、电缆本体状态监测、智能巡检3个功能大类。通过平台实现对隧道内电缆台账维护、在线监测状态查看、巡检机器人自主巡检等功能。隧道可研、初设、验收及运检工作均可在高压电缆精益管理应用群中进行管理。隧道监测系统集成环境监测和电器监测功能，可以在平台上实时查看设备状态。此外，隧道具备人脸识别功能，对进出人员进行审核、准入。隧道还配备了巡检机器人，基层班组人员可在平台中发起巡视任务，实现隧道机器人远程巡检，机器人具备视频监控和红外测温功能，能够减少人员出入频次，降低作业风险。

8. 通道资源管控

基于电缆数字台账，建立电缆通道管孔管理模块，立体展示断面资源使用情况，规范电缆通道断面管理，实现电缆通道断面数字管理、台账及时率100%。建立健全高压电缆通道准入机制，线上办理断面审批，如图3-9所示，实现通道准入业务数字化管理。有效处置通道占用异常情况，同步规范新敷设电缆线路、低压电源及通信光缆的防火防爆措施，科学使用通道资源，提升电网基础资源利用效率。

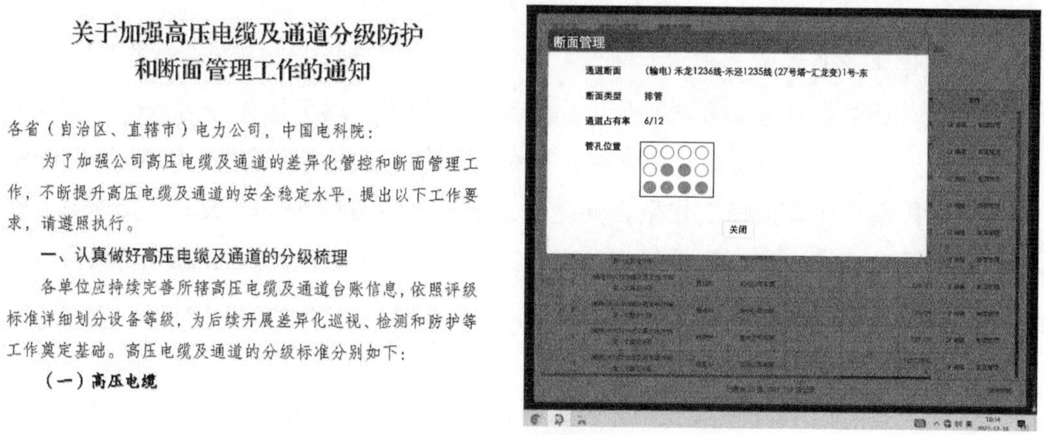
关于加强高压电缆及通道分级防护和断面管理工作的通知

各省（自治区、直辖市）电力公司，中国电科院：

为了加强公司高压电缆及通道的差异化管控和断面管理工作，不断提升高压电缆及通道的安全稳定水平，提出以下工作要求，请遵照执行。

一、认真做好高压电缆及通道的分级梳理

各单位应持续完善所辖高压电缆及通道台账信息，依照评级标准详细划分设备等级，为后续开展差异化巡视、检测和防护等工作奠定基础。高压电缆及通道的分级标准分别如下：

（一）高压电缆

图3-9 线上办理断面审批

第三节 数字化配电班组建设

一、数字化配电运检班

（一）数字化配电运检班主要职责

数字化配电运检班的职责主要负责配电的运维和检修，负责辖区内配电室、环网柜、箱式变电站、低压电缆分支箱电站设备及站房的运维工作，主要包括巡视、验收、清扫、许可、抢修等工作；并作为设备主人负责PMS2.0设备台账信息的录入及维护工作。

（二）数字化配电运检班建设方案

1. 台账有序管理

基于 PMS 和电网资源业务中台，实现基础台账（含图形）及履历信息同源维护，基础图形、台账准确率和及时率 100%。基于移动终端和实物 ID，实现设备信息现场采集、增量设备扫码建档和系统辅助校核。基于电网资源业务中台实现营配调“电网一张图”的一源维护、同源存储，推进营配调多源系统数据融合，结合配电自动化实用化、“阳光业扩”全流程线上作业等业务应用，实现班组营配调图模数据异动流程贯通。

2. 移动巡检作业

基于公司统一移动门户和移动终端，完成设备台账、缺陷等相关信息查询，巡视作业任务线上管控。依托供电服务指挥等系统，根据设备履历、巡视检修策略自动生成巡检工单，在终端侧实现巡检路径自动规划、巡检过程自动记录、轨迹自动记录、作业报告自动生成，缺陷、隐患等信息在线登记并回传。应用带电检测设备等智能装备与移动作业终端实时交互，实现检测装置、表计数据自动采集，实现以状态检测为基础的精益化运维。

3. 工作票业务在线办理

结合班组承载力生成停电及带电作业工作计划表。以工作任务为载体，实现两票在线办理、人员资质在线校核、职责确认在线流转，整合配电自动化、调控云（OMS）、供电服务指挥系统实现抢修工作票自动生成，基于电网拓扑和实时状态，实现图形辅助开票、安措辅助校核。基于移动终端，完成工作票各环节办理和安全措施确认等信息，远程完成各环节办理，移动端在线回传 PMS。

4. 配电网工程资料数字化移交

深化实物 ID、移动终端应用，覆盖项目可研、设计、施工、竣工等环节。以数字化归档资料为基础，开展无纸化结算，完成验收过程的设备台账、现场图形采集辅助生成及自动校核，实现配网工程建设态电网与运行态电网的数字化移交。

5. 在线状态监测

基于配电物联网云边协同技术，推广配电一、二次融合，台区智能融合终端等设备建设应用，依托配电自动化、供电服务指挥平台等系统，实现设备状态及环境信息的实时采集，完成设备状态评估在线化、运检策略制定智能化，支撑移动端的设备状态实时查询及运行风险辅助分析，提升班组设备感知管控能力。

二、数字化配电抢修（操作）班

（一）数字化配电抢修班（操作）主要职责

数字化配电抢修（操作）班的职责主要负责配电网的低压抢修等工作，主要涉及

10kV 及以下配电网的计划操作及设备抢修工作，借助 PMS2.0 查询设备图形并开具倒闸操作票、主动工单、110 联动工单、数字城管工单、政府热线工单的处置及管控；负责停电信息报送等工作。

（二）数字化配电抢修（操作）班建设方案

1. 操作、抢修业务线上办理

基于电网资源业务中台，融合 OMS、PMS 应用，打通业务系统和移动终端数据通道，通过工单驱动，实现设备运检成本自动分摊归集，实现配电抢修任务下达、接收、许可、执行、反馈全过程信息数字化交互，完成抢修、操作工单智能派发在线流转。基于电网拓扑和实时状态，实现图形辅助开票、安措辅助校核。

2. 操作票移动作业

基于移动终端，实现操作票线上办理、辅助校核和在线流转，完成自动记录作业过程、安全措施、许可汇报等信息并回传 PMS。

3. 抢修过程主动可控

依托供电服务指挥等系统，及时推送异常和故障信息至移动终端，辅助班组制定检修策略、合理安排人员、车辆和工器具。利用移动终端完成抢修现场情况实时采集、记录、回传。应用可视化等技术手段，实现抢修同步指挥，实时掌握配电网抢修进度，支撑配电网抢修全过程状态管控。

4. 故障信息智能分析

依托配电自动化、供电服务等系统，应用基于智能融合终端的台区大管家等模式，实现故障精准定位、停电通知精确到户的主动抢修。根据故障特征片段数据，基于电网资源业务中台，结合设备台账、运维周期、运行状态、历史故障等信息，辅助完成故障在线诊断和辨识，提高故障抢修效率。

5. 负荷转供有序智能

基于配电智能终端，依托配电自动化、调度侧等系统，生成非故障区域转供电方案，完成故障区段自动隔离和非故障区域的快速转供电并推送移动终端，支撑班组完成现场设备操作情况、转供电情况、执行失败原因分析等信息反馈工作。

第四节　建设目标和思路

（一）建设目标

认真贯彻落实电网企业数字化转型建设工作要求，依托智慧变电站、集控站、电网资源业务中台建设，有序推进智能运检管控平台、变电站辅助设备监控系统、移动作业平台等重点业务的中台化演进和改造，构建灵活智能的设备管理新架构，打造实用高效的数字化班组新平台，建立设备安全质量管控新模式，完善挖掘增效的资产管理新策略，提升高效协同的服务新生态，实现“全面监控、数据融通、智能运检、精益管理、安全可靠”的班组数字化体系建设目标，全面推进变电、输电、配电专业管理及业务数字化转型，全面开创电网企业设备资产精益管理新局面。

（二）建设思路

1. 建设思路

以保障设备精益高效管理为核心，以电网资源业务中台建设为基础，树立设备资产战略管理理念，准确把握电网企业内外部形势和设备管理业务体系发展需求，借鉴行业内外领先实践和经验成果，深入剖析变电、输电及配电管理业务体系及信息化支撑面临的问题，继承当前设备专业信息化、数字化建设成果，坚持实物与价值并重，强化资产全寿命周期管理业务协同，加快自动化和信息化融合，赋能基层班组、赋能管理决策、赋能产业生态，保障现代设备管理体系高质量运转，推动资产管理全要素、全业务、全链条的数据资源共享，打造电网企业班组管理“在线化、移动化、透明化、智能化”体系，实现“设备、作业、管理、协同”的四个数字化，提升电网企业班组核心业务能力，全面支撑电网企业更为安全、更高质量、更有效率、更可持续发展。

2. 建设原则

按照“统一组织、专业主导、稳步推进”的原则，依据电网数字化转型总体技术架构，梳理变电、输电、配电班组管理模式及业务流程，编制专业技术架构，明确业务需求，结合现有业务系统演进路线和阶段性目标，制定班组数字化转型建设方案，并全面协调推进。

第五节　整体设计规划

（一）专业管理体系

1. 班组数字化现状

近年来，电网率先开展“1+1+N”智能运检体系建设，推进并局部应用了设备状态信息智能采集、电力设备大数据分析、机器人作业等技术，积累了许多建设经验。构建了以智能运检管控平台、变电站辅助设备监控系统等为核心的设备管理业务系统，初步实现了设备状态自动感知、自动识别和智能分析等功能应用。但是目前仍存在设备基础信息错漏缺、设备信息覆盖不全、缺少统一建设标准、智能设备未实现互联互通、主辅监控系统未能有效融合等问题，亟须通过整合大数据、云计算、物联网等技术，依靠电力物联网延伸主设备感知范围、提高数据采集频度、实现运检业务协同和设备管理数据贯通，有效支撑智能电网运行。

（1）设备图模维护方式有待改进。一是操作便捷性问题。如我们设备台账图模信息主要维护手段是采用PMS2.0的维护方式，PMS2.0采取的是设备卡片单张方式维护，没有批量维护功能，操作较烦琐，只能先维护图再维护设备台账，维护周期长，差错多并不能快速整改，智能化程度低，难以满足快速更新应用的要求。二是数据质量问题。PMS2.0存在设备维护存在不及时、内容不完整规范、关键字段逻辑性错误、图数不一致及图形逻辑性和完整性、数据连通性等问题，数据质量问题较多。三是维护功能不全问题。如数据编辑没有锁定，共同维护时形成异常数据无法回撤等。这些问题造成设备基础维护工作量成倍增加，难以满足设备管理的及时、准确、完整性要求，应用可信度较低。

（2）设备状态监视手段有待完善。传统感知设备其监控信息覆盖尚不完全，缺少统一建设标准，智能设备尚未能完全实现互联互通，接入信息未能有效组网，主辅监控系统有效融合整合度不高，可视化实时视频监控多运用于事后追溯。虽依托图像智能识别、大数据计算初步实现了设备状态自动感知，但设备缺陷和故障仍缺乏有效的快速发现、预警手段，图像智能识别类型尚未达到设备状态全面感知、信息高效处理、应用便捷灵活的远景目标。

（3）业务管理协同程度有待提高。各系统平台间技术标准、数据接口、通信协议等有待规范，PMS2.0、智能运检管控平台、主辅设备监控系统功能零散，内外系统间未有效贯通和互通互联不顺畅，基础数据维护准确性和其他系统接入采集信息准确性难以满足应用要求或未得到有效利用。移动作业覆盖面窄，内外网涉密数据问题有待明确，移动应用模块化、轻量化不足，未实现全业务在线化、业务流转移动化，设备管理多层次、多维度应用场景受限。传统输电线路作业前，要办理工作票、准备巡线任务单和操作程序卡；巡线中发现设备缺陷，又要填写危险点及安全措施单据等记录单，程序烦琐。

（4）管理决策支撑能力有待提升。大数据价值挖掘不够，未构建基于各状态量的设备全景信息模型和设备健康状态评价，智能运检、状态检修尚未得到有效支撑。基于大数据分析的主动预警、智能研判还未得到充分应用，应对突发设备故障和自然灾害时，无法准确掌握设备故障或受灾现场的详细情况。

2. 面向数字化的业务模式

为适应电网企业新时代高质量发展的新形势、新任务和新要求，推动设备管理向数字化、网络化、智慧化转变，构建管理协同、多源融合、共建共享的业务发展模式，全息感知、智能分析、精益管控的业务管理模式，精准预测、科学决策、高效互动的业务服务模式，对数字化建设和运转提出更高要求。

（1）提供灵活的维护管理方式。按照“两梳理、上下通”的原则，开展蓝图设计工作。①综合考虑各种可能涉及的内部和外部关联信息和作业内容，重新梳理设备管理业务内容及层级关系流程。②提供新的智能化便捷维护方式和流程。按照设备维护作业场景，采用创建引导操作方式提供简单、直观、明了的操作界面，使每一位维护人员按照界面引导即可完成需要内容的维护工作，确保在不增加基层台账维护工作量的前提下，做到维护的设备台账图形数据齐全规范完整，满足各专业应用要求。③立足专业数字化管理要求，满足专业属性设置要求，提供灵活的可扩充可编辑调整功能。

（2）现场作业智能替代。建设状态管控全在线的信息化集控站，实现变电站主辅设备全面监控，强化在线监测和带电检测数据的智能传输与分析，扩展带电检测和在线监测新技术应用。突破现有单一物理量检测手段，多元化监测设备实时状态，试点应用温度、局部放电、超声、压力等综合监测技术，提升运检人员对变电设备的状态感知能力、缺陷发现能力、设备管控能力、主动预警能力和应急处置能力。基于主辅设备集中监控、设备状态智能巡视与感知技术、变电业务和移动作业微应用全在线，实现倒闸操作顺控化、信息采集自动化、远程巡视无人化、业务流程标准化、现场作业移动化、诊断分析智能化，全面提升班组精益化管理水平。扩展无线 Wifi、ZigBee、LoRa 等无线网络的应用自由度，确保各类业务和终端接入更加灵活，为移动作业、实时采集、数据传输等提供便利性。

（3）业务管控集约高效。规范整合 PMS、移动作业、在线监测、巡检机器人等内外系统数据，增加基础数据和采集接入数据的校验功能，确保基础数据可信好用。建设业务中台，挖掘全方位数据价值，构建设备状态全景模型，将设备台账信息、运行工况、在线监测、带电检测、检修试验数据、故障信息、缺陷隐患等数据全景化展示。在变电“五通”深化应用及管理标准化的基础上，持续完善移动作业微应用开发，实现变电基础业务微应用全上线，推进现场作业模式转变。基于互联网大区信息通信技术推动实物 ID 与移动作业深度融合，自动上传作业数据，与电网资源业务中台信息实时交互。实现作业信息数字化、数据流转自动化、巡检管控痕迹化，全面提升电网企业各班组作业标准化、在线化、数字化、移动化水平。

（4）指挥决策精准穿透。大力开展智能分析决策技术研究及智能研判策略研究，推进基于电网资源业务中台的变电智能分析决策微服务微应用建设，实现检修业务全过程管控、运维业务全过程管控、设备健康管控中心、生产指挥管控中心等高级应用功能。

（二）系统建设架构

1. 总体架构

系统总体架构按照数字化转型建设工作方案要求，遵循电网总体架构体系，依托云平台、企业中台，实现变电专业数据的集约化、规范化管理和互联互通应用，结合生产信息大区、管理信息大区、互联网大区，实现与各部门、各专业间资源和数据共享应用，深度挖掘数据价值，提升状态信息实时感知、电网自主预警及智慧决策能力，支撑省、地、县、班组多级的现代设备管理体系的系统框架。

2. 功能定位

（1）智能运检管控平台以提升设备状态管控力和提升运检管理穿透力为总体目标，依托运检部、生产指挥中心及作业班组，面向各级运检业务管理人员及现场作业人员，围绕电网设备和现场人员的全面管理，以“互联网 + 电网智能运检”为建设理念，构建集状态监控、智能分析和生产指挥为一体化的综合性管控平台。在智能运检管控平台现有业务和功能的基础上，完成 PMS2.0 原有业务、流程及功能逐步向智能运检管控平台的迁移部署，并依托智能运检管控平台中台化改造和演进，打造省级电网企业新一代设备资产精益管理系统（PMS3.0）变电业务、流程及功能应用。

（2）集控站设备监控系统主要包括主设备监控系统和辅助设备监控系统，作为变电专业智能信息采集类系统，主要进行设备状态的实时采集、实时监测事件分析、告警智能联动等应用。①主设备监控系统主要包括一次设备、继电保护及稳控装置、自动化设备、站用交直流系统等遥测、遥信、遥控和遥调数据。实现变电站主设备信息全面监控，故障信息分析、推送、设备智能操作，监控信息智能联调，设备实时状态智能管控，智能交互等，为提升运维监控强度、设备管理细度、生产信息化程度和队伍建设力度提供技术支撑。②辅助设备监控系统，融合变电站图像监控、设备在线监测、消防监视、安防监控、动力环境、防误管控、机器人巡检等技术手段，充分利用变电站智能感知设备采集数据，以变电运检业务为导向，面向集控站、运维班（站）、基层班组人员，实现变电站设备巡视、倒闸操作、定期切换等作业机器替代，人员车辆、工作许可、作业过程、工作终结等现场安全管控，实现主变压器，GIS 设备，直流电源，压板等一、二次设备状态自动感知，达到变电运检业务机器替代、提质增效、强化管控的目标。

3. 业务架构

变电、输电及配电业务架构遵循智能运检管控平台原有五大业务域的架构，包括现场感知、运营管控、业务过程、保障支撑、生产指挥及专业支撑等，同时将原有 PMS2.0 的业务内容按照五大域的划分进行了补充完善。

（1）现场感知域借助电网运行状态和设备状态感知、智能巡检和移动作业等设备状态感知手段，实现变电设备运行状态的多维精准感知。

（2）运营管控域将运营成本、项目管理、实物资产管理等前期基础工作纳入重点进行管控。

（3）业务过程域包括计划管理、一站一库、任务管理、抢修作业、检修作业、运维作业、设备资产全寿命周期管理等现场作业全过程业务。

（4）保障支撑域主要有知识管理、技术标准、运检资源、人员评价等内容。

（5）生产指挥及专业支撑域主要有生产指挥、设备专业管理、业务评价、指标管控等内容。

4. 互联网大区架构

互联网大区前端装置主要分为数据采集类和移动作业类，通过互联网 4G/5G 的数据传输，接入至互联网大区的中转服务，通过 SQL 穿透的方式，与管理信息大区的中转服务进行交互，实现互联网区数据的穿透接入。同时管理信息大区的业务中台与互联网大区的业务中台进行定期的数据同步，实现互联网大区同构子集的业务中台。互联网大区采用与信息内网相同的微应用门户构建互联网大区的微应用群，调用互联网大区的业务中台，实现信息交互。互联网大区应用整体架构如图 3-10 所示。

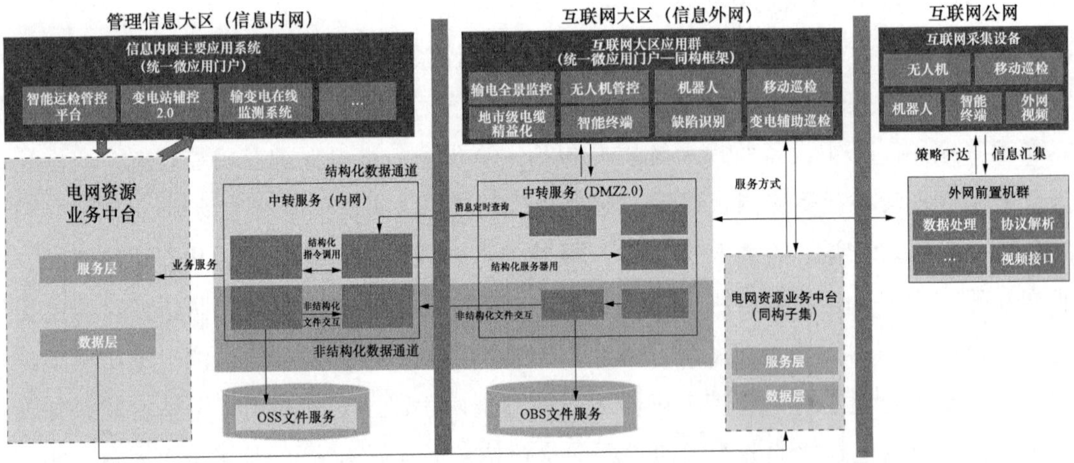

图 3-10 互联网大区应用整体架构

在互联网大区部署电网业务中台同构子集（架构与信息内网的业务中台相同，根据业务应用需求部署一部分数据和服务），人员信息、组织权限、设备台账等实时性要求不高的数据采用定期增量同步方式。任务单、缺陷信息反馈、任务执行结果等信息采用实时服务调用的方式进行交互。监测数据、机器人巡视过程等在互联网大区应用内部自传的数据存放在互联网大区的各应用数据库中。

5. 微应用集成架构

基于统一的微应用集成门户，各基层单位可以按照统一的业务规划，遵循微应用门户的开发框架进行各业务的微应用开发，微应用门户提供了统一的界面风格、统一的权限管理、统一的菜单调用、统一的标准组件、统一的登录界面、统一的工作待办。开发单位基于基础应用平台和基础移动平台，在统一的开发框架下，运用标准化的组件库、依托电网资源业务中台的模型和数据服务，进行个性化微应用的开发，从而实现微应用的统一管理和集中应用，形成了统一管理、个性应用的微应用建设新格局。微应用集成架构如图 3-11 所示。

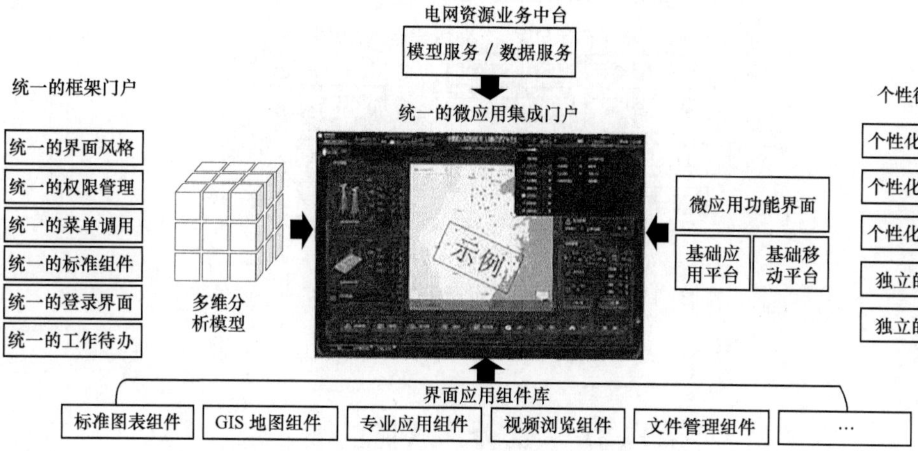

图 3-11　微应用集成架构

6. 移动应用架构

依托统一移动开发框架，采用统一的移动应用建设方案，实现统一的移动微应用、小程序的统一管理，各基层单位可以借助移动应用框架，根据业务相关要求，个性化开发模块插件，通过 App 应用管理可以进行模块发布，实现界面风格、技术体系的统一，同时又保证了应用开发的灵活性。移动应用技术及开发框架如图 3-12 所示。

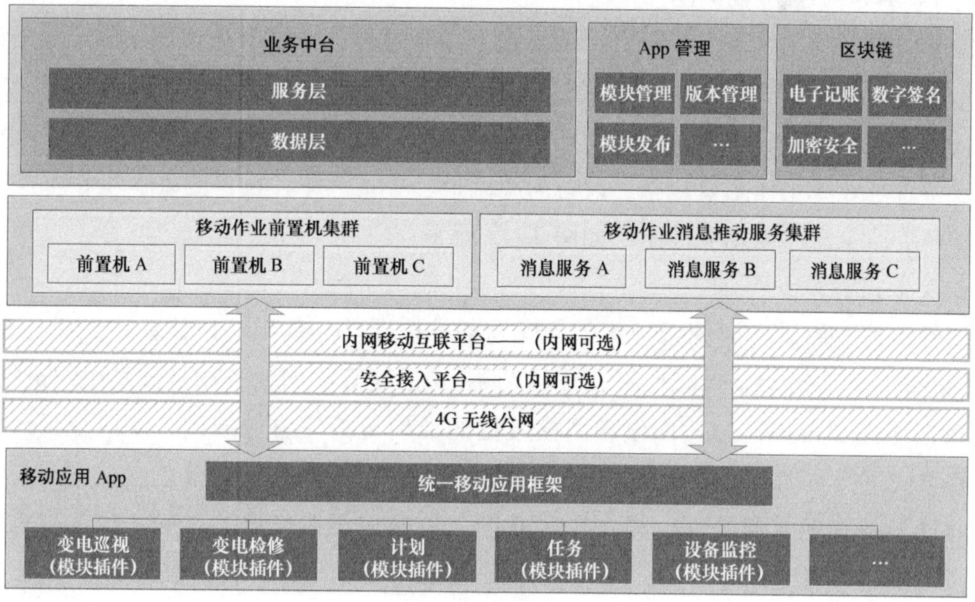

（a）

图 3-12　移动应用技术及开发框架（一）

（a）技术框架

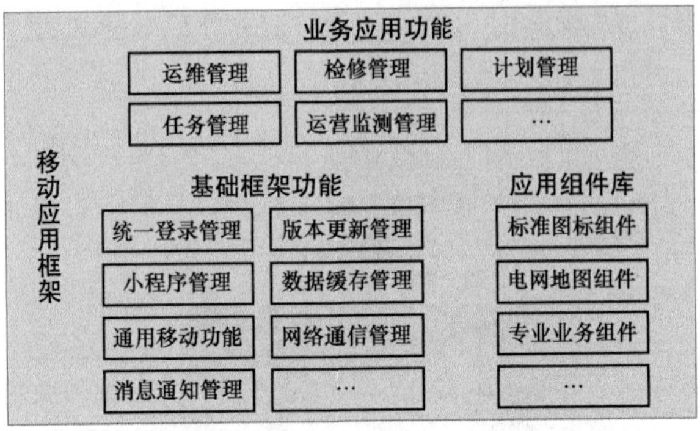

（b）

图 3-12　移动应用技术及开发框架（二）

（b）移动应用框架

第六节　业务规划蓝图

数字化班组管理业务蓝图规划建设工作以班组管理的实际需求为导向，结合应用系统建设情况，按照设备管理、检修、运维、生产指挥、综合计划、项目管理、技术管理、知识管理等业务主线，基于业务中台的微服务、微应用建设方式，覆盖电网企业变电、输电、配电等专业全数据、全业务、全流程，分阶段进行应用功能的统一规划和建设，保障数字化班组整条业务链应用的可用性、完整性、连贯性。

（一）设备管理业务主线

设备管理业务主线基于设备资产全寿命周期管理模式，统筹考虑设备的规划、设计、采购、建设、运维、检修、技改、报废全过程设备资产管理内容。在满足安全、效益、效能的前提下追求设备资产全寿命周期成本最低，提高投资效益，提升专业化管理水平。

设备管理业务主线主要包括：设备同源维护、一站一库、设备健康管控等内容。

设备资产全寿命周期业务主线如图 3-13 所示。

1. 设备同源维护

设备维护按照设备同源维护体系，以设备维护套件为基础，按照新建工程、改扩建工程 / 租赁、设备命名 / 台账变更、转移 / 调拨 / 报废等不同业务场景分别组织进行设备图模数据的同源维护，并按照设备图模数据的准确规范完整性规则，采取全量、增量、指定等方式进行自动或手动校验，对于不满足校验条件的数据退回修正。

通过设备管理业务管理，进一步提升设备台账、图形信息的准确、规范、完整性，支撑设备全过程管理闭环、资产全寿命周期全过程联动贯通，满足信息化建设的“数据一个源、规范一体系、业务一个流、全网一张图”的全寿命设备资产管理的应用要求，为各专业管理应用提供可信、可靠、可用的设备台账信息，为设备管理在线化、管控手段移动化、业务数据透明化和技术应用智能化提供强大的基础支撑。

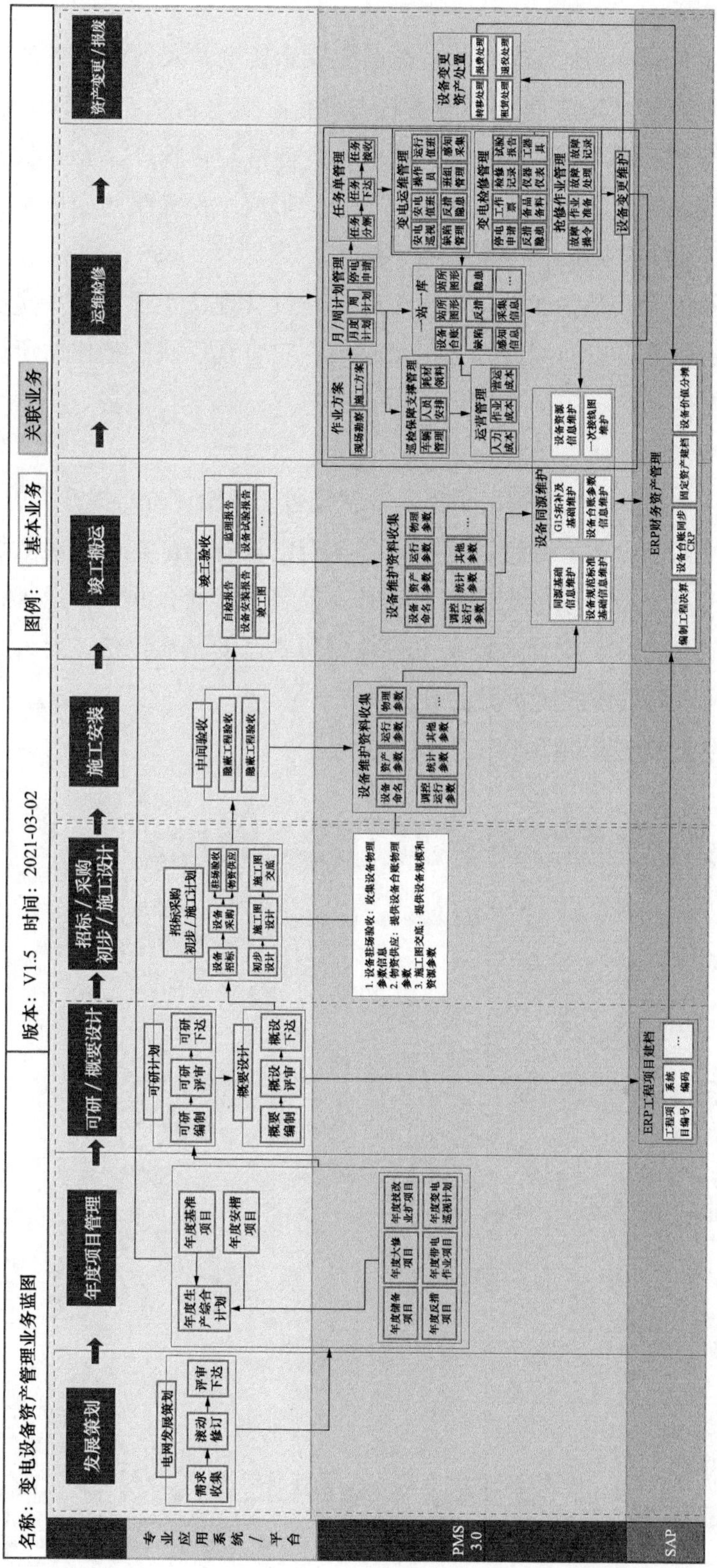

图 3-13　设备资产全寿命周期业务主线

2. 一站一库建设

一站一库是以变电站/所为单位，通过汇聚展示变电站及站内设备的台账信息、历史履历信息、计划及项目实施信息、设备状态评价、变电运维、检修作业、值班管理、缺陷、抢修、反措/隐患、风险防范、问题库、设备精益化管理、设备状态评价、站所监控采集等动态管理信息以及重点跟踪关注信息，形成一份完整的变电站运检管理信息履历库，以便更好地掌握变电站的整体运行情况。

一站一库业务，大大促进变电站（所）综合建设管理，实现设备从建设生成、运营过程、停役报废的整个全寿命周期管理的活字典，它直观反映了整体站所班组建设管理的全部生产资料内容。

3. 设备健康管控

设备健康管控业务主要包括数据采集、数据校验、健康评价、提升措施等内容。

设备健康管控通过收集、分析所辖范围各类变电设备的全寿命健康数据，采取针对性的提升措施，开展设备健康状态的实时评估、预警、诊断，并基于运维检修措施建议和相关工作闭环管理流程，实现对设备全寿命健康状态的精准评价，对设备运行风险的准确评估，最终实现对设备健康状况的有效管控。

设备健康管控业务规划蓝图如图 3-14 所示。

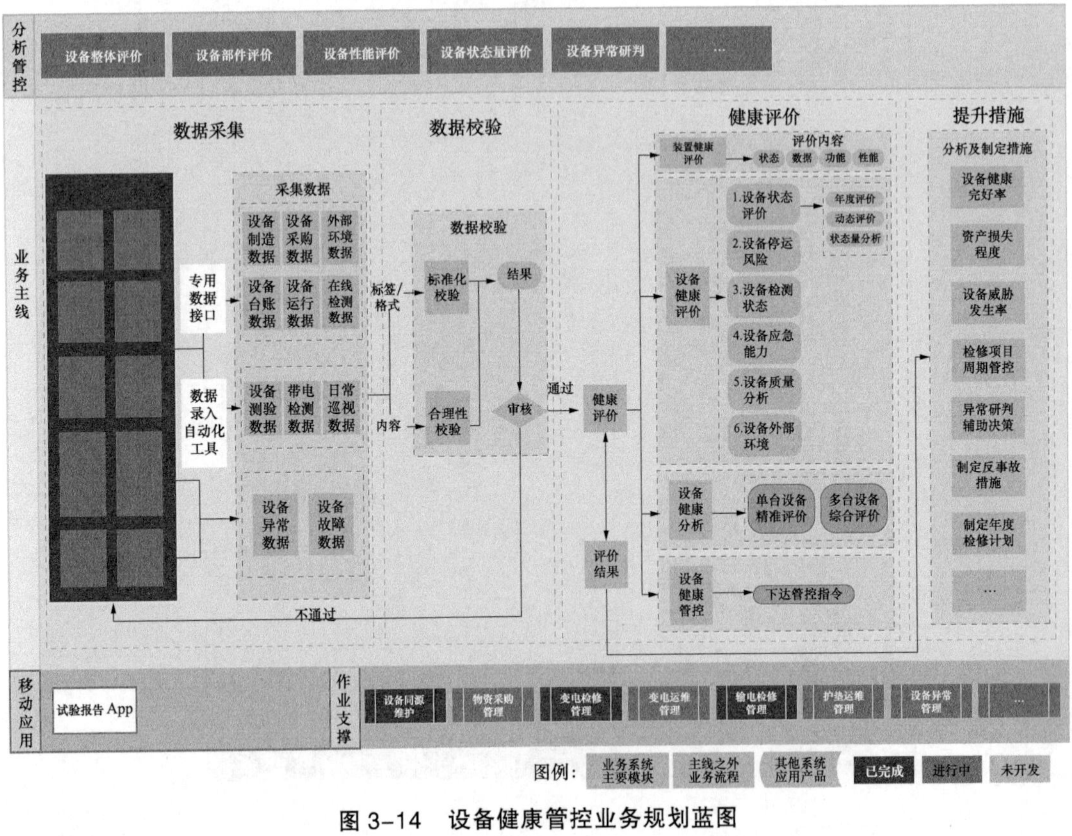

图 3-14 设备健康管控业务规划蓝图

（二）检修业务主线

检修业务主线包括检修策略、检修计划、检修作业、检修记录、验收评价等五部分业务环节内容。

检修业务以检修计划为基础，以检修业务过程为纽带，实现检修计划、任务单、现场勘察单、试验报告、工作票、修试总结、移动 App 等检修业务模块的业务串联，通过业务中台与“调控云”实现数据互通，打破专业壁垒，进一步提升设备管理、检修管理的数字化、流程化、精益化管理，确保电网设备安全健康稳定运行，同时减少设备损坏率，降低维护成本。

检修全业务主线规划蓝图如图 3-15 所示。

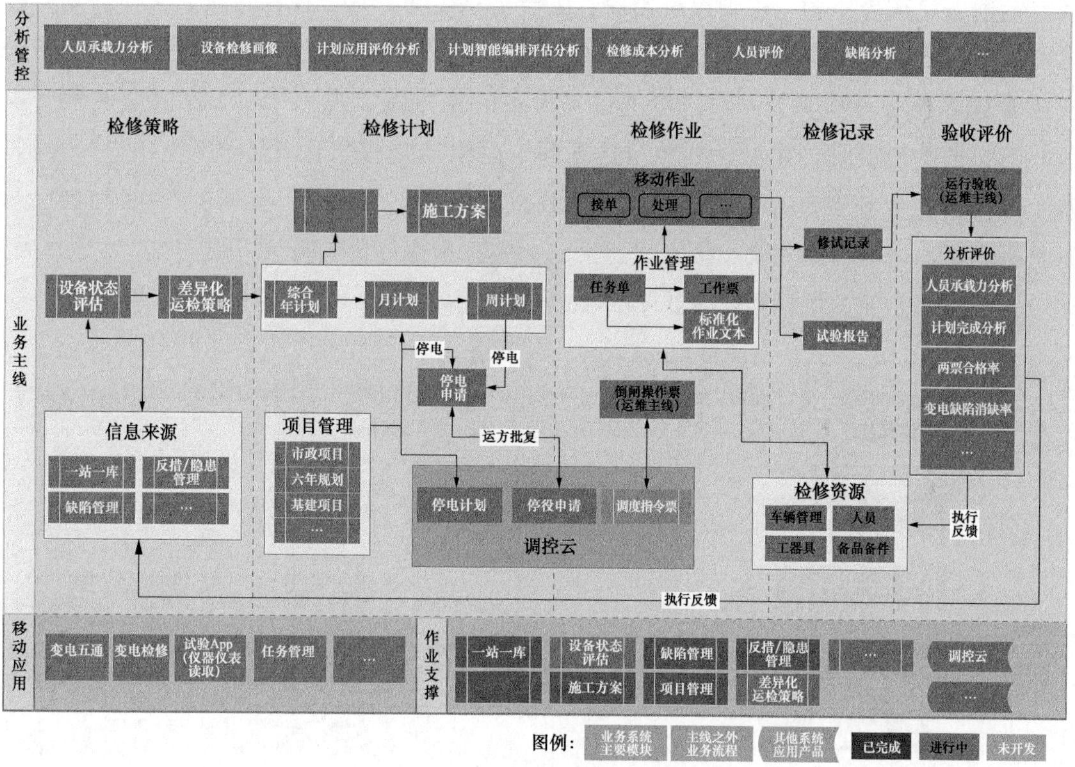

图 3-15　检修全业务主线规划蓝图

（三）运维业务主线

运维业务主线主要包括班组管理、运维计划、运维作业、运维记录、运维评价等五部分业务活动内容。

根据公司设备主人工作指导意见以及运维业务实际需求，运维业务以班组管理为基础，以运维计划为主线，以运维业务过程为纽带，围绕设备巡视、倒闸操作、设备维护、检修过程管控、异常及事故应急处置、工程项目前期管控、设备状态评价等运维核心业务，实现运维计划、任务单、现场作业、运维记录、运维评价等业务环节的串联，并结合移动作业平台，提高设备管理强度和细度，不断拓展设备全寿命周期管理和设备状态全过程管控等“全科医生”业务，实现运维班组管理、运维计划管理、运维作业管理、设备状态管控、检修过程管控、工程项目前期管控、事故应急处置等核心运维工作的全业务、全流程、全数据的数字化、透明化、精益化管理。

（四）生产指挥业务主线

生产指挥业务主线主要包括日常管理、实时业务和非实时业务。

生产指挥业务主线通过建立基于电网态势全面感知的管控体系，在完成日常管理的同时开展应急指挥协调、主辅设备监控、生产信息汇集、远程视频督查、工作计划管控、电网风险管控、作业风险管控、工程项目管控、检修全过程管控、设备状态管控、运检资源管理等核心专项管控，促进电网主辅设备的全方位监视、专项工作的全流程管控、事故的快速响应处理、生产计划的精益管理、运检资源的统筹调配等工作，进一步推进基于电网资源业务中台的变电智能分析决策微服务微应用建设，实现生产指挥总览、设备状态预警、运检辅助决策、报表智能生成、应急指挥评价等高级应用。

生产指挥业务主线规划蓝图如图 3-16 所示。

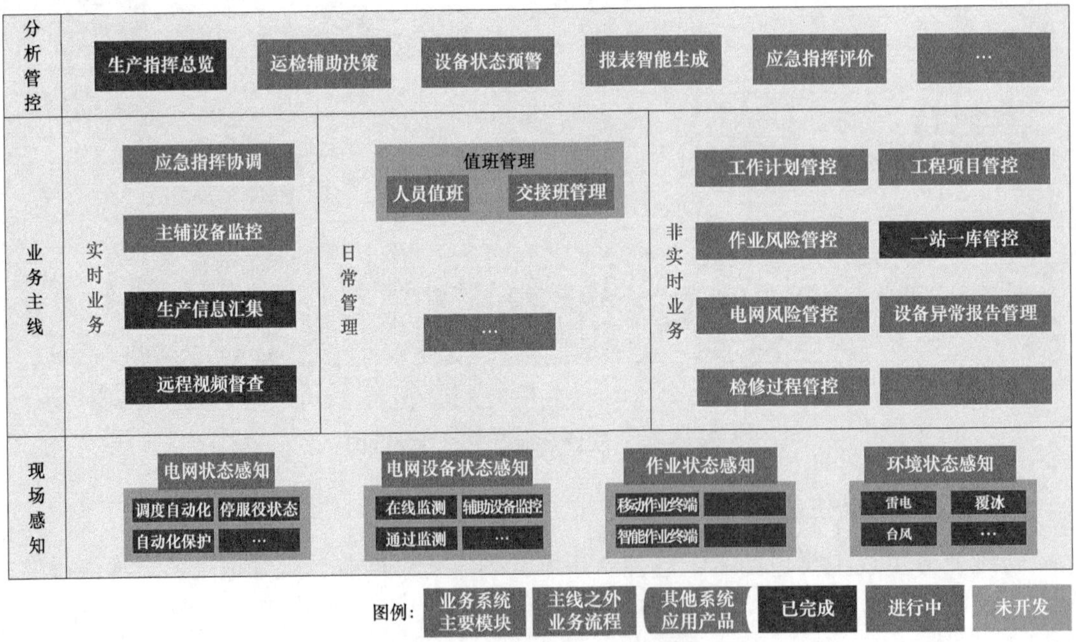

图 3-16　生产指挥业务主线规划蓝图

（五）综合计划业务主线

综合计划业务主线包括年度储备项目计划管理、年度大修项目计划管理、年度技改业扩项目计划管理、年度租赁设备计划管理、年度反措（隐患）计划管理等内容。

通过年度各项综合计划的编制、审核、平衡、调整、审批、下达等全过程管控，进一步加强工作的源头管控和计划执行有效性管理，掌控并统一协调指挥年度变电专业各项作业工作，减少重复作业和不必要的管理内容，合理调配生产资源，降低成本开支，提升工作成效。

综合计划业务主线规划蓝图如图 3-17 所示。

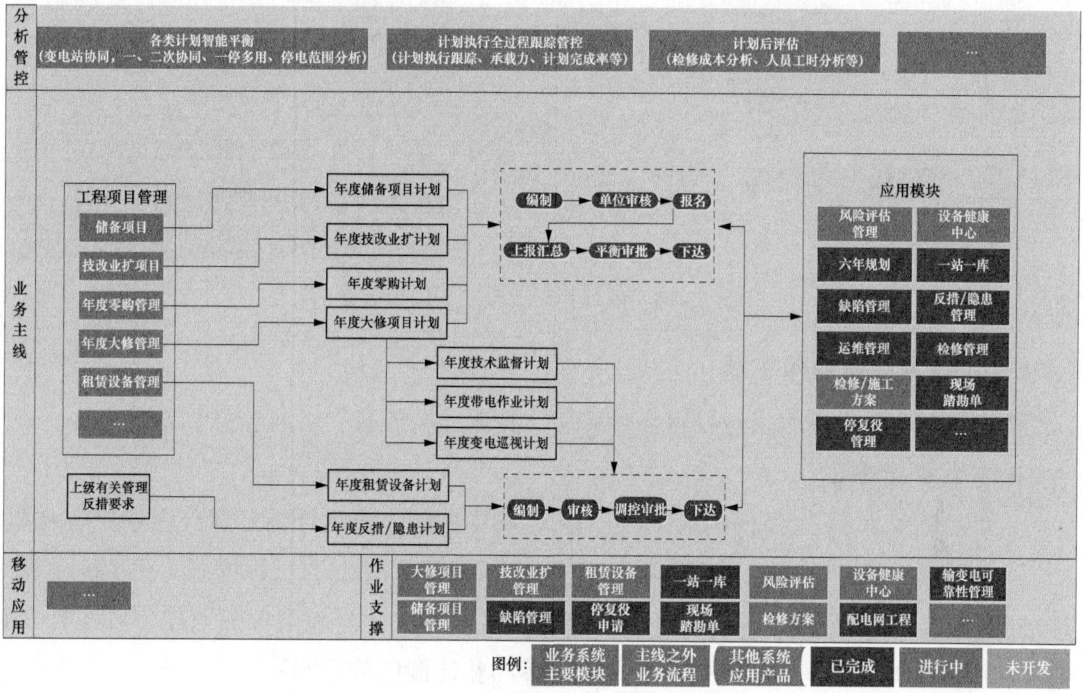

图 3-17 综合计划业务主线规划蓝图

（六）项目管理业务主线

项目管理业务主线是对储备项目、大修项目、技改业扩项目、反措隐患项目等全过程进行专项管控，包括项目的计划任务分解、规范作业管控、作业结果分析评价等内容。

通过项目全过程管控，确保各项工作按计划目标实施完成，进一步提升了项目的规范化、标准化作业和全面质量管理。

项目管理业务主线规划蓝图如图 3-18 所示。

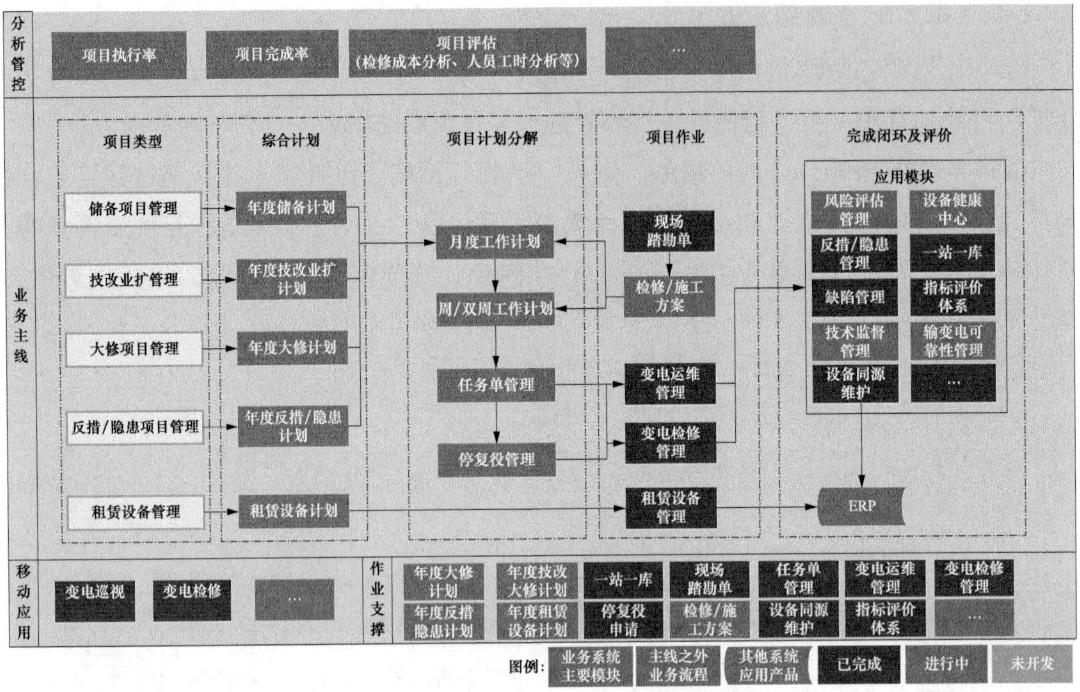

图 3-18　项目管理业务主线规划蓝图

(七)技术管理业务主线

技术管理业务主线主要包括可靠性管理、技术监督管理、关键指标体系等内容。

1. 可靠性管理

可靠性管理业务主要内容包括事前预测、事中控制、事后评估三部分业务活动内容。

通过可靠性的年度指标预测分解(算了用)、月度周计划的过程控制(用了算、算了用)、执行结果的统计分析(用了算),进一步加强停电计划和指标的预控、可控管理和现场作业过程能控管理,从而提升可靠性指标和整体健康管理水平。

2. 技术监督管理

技术监督管理业务主要包括监督信息获取、异常分析判断、异常决策处理、汇总统计分析、改进措施提升等内容。

技术监督管理工作按照电气设备性能、保护与控制系统、自动化、电力通信、电测、化学、环保、金属、节能、电能质量、信息、变电站计算机监控系统等十二个专业的管控规则要求,结合生产设备在设计审查、设备选型、设备监造、设备验收、基建安装调试、基建验收、设备运行、设备检修、改造业扩、故障抢修等各阶段工作过程中开展技术检查工作,从而准确评估设备在个管理阶段的运行风险,做到提前发现薄弱环节问题、提前制定整改措施、提前安排解决,确保电网设备安全、经济、稳定运行。

技术监督管理业务规划蓝图如图 3-19 所示。

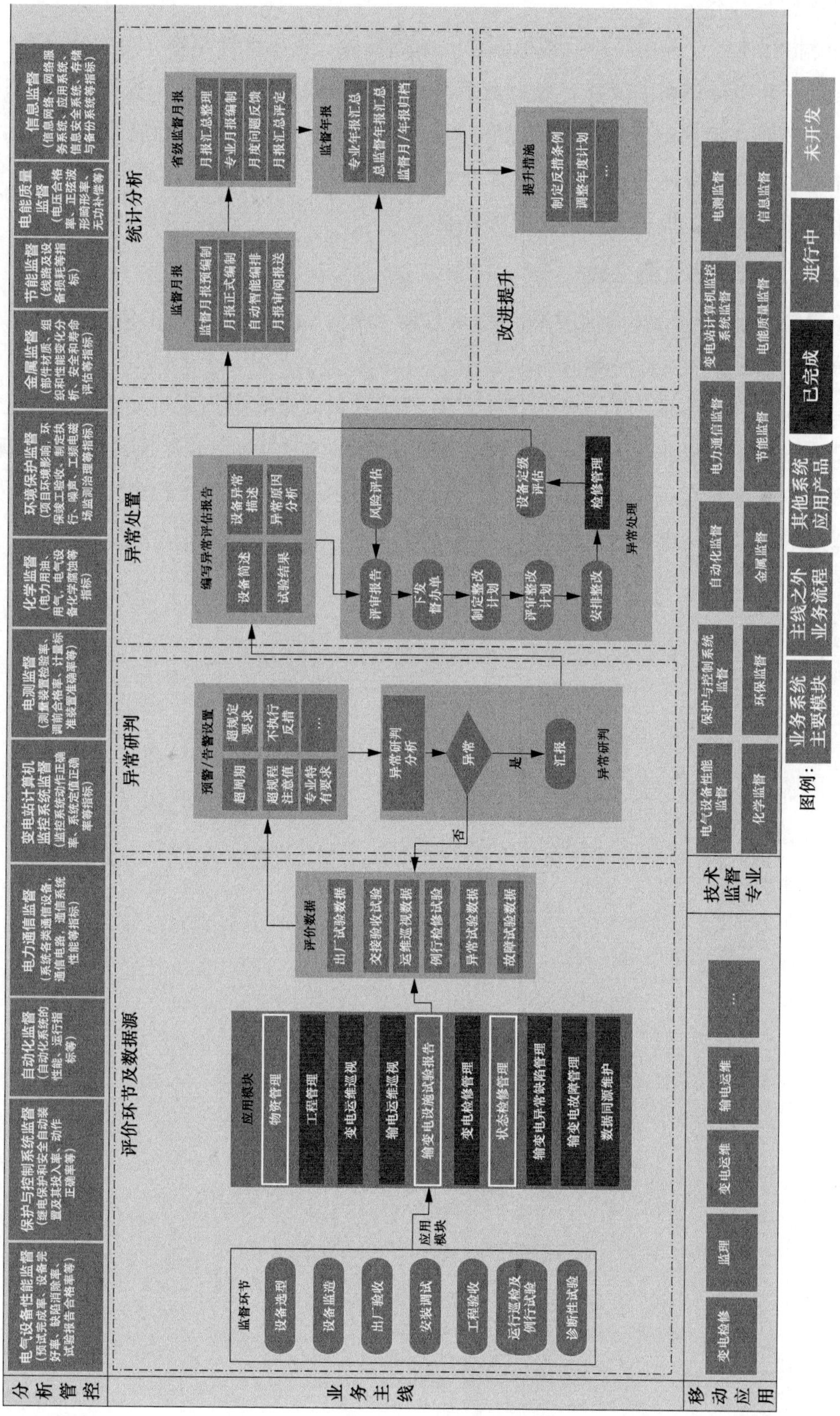

图 3-19　技术监督管理业务规划蓝图

3. 关键指标体系

关键指标体系业务主要包括指标创建、指标校验、指标统计预警、指标看板等内容。

技术专业指标体系的建立，是专业管理工作预测或评价的前提和基础。通过各专业管理工作按照一定规则进行定量描述和定量分析，准确公正反映专业管理水平，科学地建立和健全企业标准体系，指导和规范专业管理工作，实现专业管理的标准化、科学化、现代化，加速技术进步和提高企业经济效益。

（八）知识管理业务主线

知识管理业务主线内容主要包括知识规则设置、信息采集、知识信息拆解预处理、信息分类、知识调阅交流分享应用等。

建立知识管理体系，①方便各级生产管理人员调阅查看电力生产知识；②构建业务知识交流平台，加强业务人员知识传递、经验交流和自主学习；③展现知识的内部联系，建立多关联、多维度的知识结构；④增加知识库内容的多样性，发挥电力专家和技能优秀的人员的主动性，丰富知识库。

第四章
数字化班组评价机制

第一节　评价方法及原则

为加快现代设备管理体系建设，推进设备管理数字化转型和智能化升级，指导各单位开展设备运检数字化班组建设。本节阐述了设备运检数字化班组评价细则，明确数字化班组评价标准、验收内容，并以某电力企业为例，分析了该企业的班组评价机制。

一、常见的综合评价方法

随着系统理论以及相关处理软件的发展，综合评价方法也逐渐从简单到复杂、从单一到复合，常见的综合评价方法有以下几种。

（1）层次分析法。层次分析法及其改进方法是目前应用比较广泛的综合评价方法，该方法基本原理是由美国运筹学家等人在 20 世纪 90 年代提出来。层次分析法的主要思想就是对所要评价的对象所有的影响因素进行深入分析，然后挑选出具有代表性的因素建立一个层次分析模型，通过这一模型把较少的信息与先进的运筹学结合起来形成一个决策过程。层次分析法的主要特点就是简单易行，并且层次分析法只能处理单向层次问题，但是还有一些决策问题各个影响因素之间存在着天然的相互联系，不满足单向的层次结构这一基本要求。

（2）模糊综合评价方法。

模糊综合评价理论是应用模糊数学理论的一些概念对实际问题进行综合评价的方法，它的基本思路是：首先确定评价对象的因素集和评语集；然后确定各个指标的权重以及对于每个评语集的隶属度，形成判断矩阵；最后结合判断矩阵和权向量进行模糊运算，最终得到模糊评价结果。

随着模糊数学研究的不断深入，模糊评价方法也不断创新，区间数理论、三角数理论、梯形数理论相继出现。目前国内外学者对于模糊综合评价理论已经转向模糊多属性的研究。

（3）灰色理论

在控制理论中，学者根据事物信息可获得的多少，用黑色表示信息完全未知，白色表示信息完全明确，灰色表示部分信息明确，部分信息是完全未知，相应的就有黑色系统、白色系统、灰色系统。灰色系统处于白色、黑色系统之间，是日常研究工作的重点，自然就成为研究重点。灰色系统理论的研究思路就是利用合适的处理办法和已知的部分信息，来确定未知的信息，也就是将灰色系统变成白色系统，灰色系统理论最大的特点就是不需要样本数据服从任何分布。

由于灰色系统在日常生活中广泛存在，因此灰色理论存在着广泛的应用前景。常见的灰色理论方法有灰色关联分析、灰色预测理论。

二、评价原则

上文分析了常用的几种评价方法，依据评价方法，制订评价原则，为后续班组评价提供依据。

1. 总体原则

（1）坚持中台战略，按照“数据一个源、业务一条线、电网一张图”的原则，结合PMS3.0顶层设计，全面梳理基层班组在运信息系统，逐步进行中台化演进，加快功能整合，统一班组用户登录和数据维护界面，实施班组信息系统“瘦身健体”专项治理，在班组层面实现“源端一次录入，多系统共享”，减轻基层负担。

（2）加强信息系统、移动应用、感知终端等网络信息安全防护管控，规范内外网交互、互联网大区信息系统建设，做好外网服务器管理，杜绝班组信息数据外泄、违规外联等现象，将网络安全防护纳入数字化班组建设评价的一票否决项。

（3）优化移动终端和App，以班组需求为导向，从效率、质量、安全等维度，持续深化移动终端应用功能整合，推动班组移动业务App适配性改造，进一步提升实用性、便捷性和可操作性，做好内外网移动作业管理，避免“一人多终端”等现象发生。

（4）加快推进变电、输电、配电专业数字化班组试点建设，在班组业务在线化、作业移动化等应用场景取得实效。

2. 评价指标构建的原则

综合评价实际上是对一个多因素影响的系统进行评价的过程，而构建合适的指标体系则是进行评价的基本前提，因此构建科学的指标体系是首要问题。在构建指标体系的时候应该满足以下几点：

（1）指标体系全面。全面就是要求指标能够从各个方面反映评价对象的实际特征，也只有这样才能全面、准确地对评价对象做出实际评价。

（2）指标构建简洁。这一原则就是要求指标在满足全面性的基础上，构建的指标数量尽可能的少，内容尽可能的简洁。这样一方面使得后续的计算过程简单明了，另一方面也容易参与评价的专家做出准确的判断。

（3）指标之间保持相互独立。独立性要求指标之间不能存在过多的信息重叠，但是在同一级指标下的指标它们从不同侧面反映评价对象的特征，它们之间存在的这种关联是不违反独立性这一原则的。

（4）指标尽可能客观。客观性要求指标在构建以及蹄选的过程中尽量提出受主观因素影响的内容，还有在制定评价的标准时，一定要尽可能地选择容易进行量化的参照标准。

（5）指标应该具备适应性。由于评价对象的实际特点，很难建立一个万能的指标体系，即使是对于同一对象所处环境不同指标要求的也不一样。

三、指标合理性检验

1. 指标合理性检验的目的

一个完整的指标体系内部，一个指标往往受到其他多个指标的影响，指标之间的这种相互影响一般来说没有确定的函数关系。而且在分析的时候如果变量太多除了会增大模型的计算量，另外还会增加问题的复杂性，因此在定量分析的过程中如果想涉及的变量尽可能的少，但是指标代表的信息量又多，就要进行指标的合理性检验。

2. 常见的指标合理性检验方法

目前比较常见的指标优选或者是确定指标之间哪些是重要指标，哪些是次要指标，哪些是可有可无的指标的方法比较多，比如说有回归分析法。回归分析法就是通过统计学的方法建立指标之间相互的依存关系的数学表达式，并通过数学表达式的形式确定指标对于评价对象的重要性。比较典型并且常用的方法有如下几种：

（1）灰色关联是以各样本的样本数据为依据，对于样本数据量的多少没有具体的要求，并且计算量比较小，再加上应用方便，是很常见的分析方法，但是对于本书的指标体系来说由于指标数据都是模糊性质的没有原始的样本数据，采用灰色关联就不太合适。

（2）主成分分析及因子分析的主要思想就是降维，把初期采用的多个指标进行合并、删除等操作形成少数几个具有综合性的指标。在实际问题研究中，为了能全面的表现评价对象的情况，一般在第一步都要多选几个指标，但是每个指标代表的信息量是不一样的，为了计算的方便或者是数据获得容易，一般都要剔除一些次要信息。同时指标之间还存在一定的相互关联，要保持指标的相对独立性就要打断这些联系。主成分分析法通过数学变化方法，把一组线性相关的指标转换成相对独立的指标，并在计算结果中给出指标的相对重要性。在结果中给出第一主因子，这些因子包含信息量大，对评价对象表现准确。这样的话就可以回避指标选取的随意性，减少接下来计算的复杂程度，最终的评比结果也就比较符合实际情况。

四、评价标准

数字化班组建设评价采用“自评价 + 总体评价”模式。各单位结合自身数字化班组建设进展，以数字化班组评价细则为指导，组织开展自评价和总体评价。

数字化班组建设评分采用“标准分 + 附加分”模式。每类班组总分 110 分（标准 100 分，附加 10 分），达到 75 分为合格，达到 90 分为优秀；输电带电作业班总分 55 分（标准 50 分，附加 5 分），达到 38 分为合格，达到 45 分为优秀。

第二节　数字化变电班组评价标准

一、数字化变电运维班

（一）基础台账有序管理（18 分）

1. 设备台账准确维护（12 分）

（1）评价内容及要求：

1）建立 PMS 数据维护、核查考核机制。

2）定期对基础台账准确率（台账字段的完整性、逻辑性、图形与台账一致性）、账卡物一致率（AM-PM 一致率）、设备履历信息准确率（包含试验报告、状态评价、设备变更信息、缺陷记录、故障记录、检修记录等信息）进行核查、整改。

（2）评分标准：

1）规范机制：

建立核查机制，得 2 分；未建立，不得分。

2）基础管理：

a. 按核查机制要求定期开展核查整改，得 2 分；未按核查机制开展核查整改，不得分。

b. 借助核查工具开展基础台账核查，基础台账及图形准确率达 100%，得 4 分；每错误 10 处，扣 1 分，扣完为止。

c. 设备履历信息完整性 100%，得 4 分；每错误 10 处，扣 1 分，扣完为止。

2. 深化实物 ID 应用（6 分）

（1）评价内容及要求：

2）负责统筹开展工程设计、物料采购、工程施工、竣工验收、运行维护、退役报废阶段与实物 ID 的关联建立工作，完成相关系统功能开发，实现变电主设备源头赋码、源端维护设备基础数据（厂家、型号、设备参数等信息）、扫码建档、扫码调阅设备台账及履历信息等功能。

2）运维人员通过移动终端，实现增量设备现场扫码建档，完善设备名称编号、设备主人等信息，系统辅助校核，同步回传 PMS 系统。

（2）评分标准：

1）功能建设：实现变电主设备源头赋码、源端维护设备基础数据（厂家、型号、设备参数等信息）、扫码建档、系统辅助校核等功能，得 1 分。

2）班组应用：

a. 利用移动终端实现设备扫码建档，新增资产级设备扫码创建率达 50%，得 1 分；每增加 10%，得 1 分，最多得 3 分。

b. 通过移动终端扫码调阅设备台账，得 0.5 分。

c. 通过移动终端扫码调阅设备履历，得 0.5 分。

（二）技术资料在线共享（4 分 +1 分）

1. 共性知识库应用（4 分）

（1）评价内容及要求：班组在日常工作中充分应用主设备知识库共性知识服务开展运维工作，并取得实效。鼓励班组参与共性知识库建设，收集并共享设备资料、故障案例，提出应用建议和合理化需求。

（2）评分标准：

1）班组应用：基于统一构建的主设备知识库，开展共性知识应用，实现基层班组外网移动应用安装率 100%，得 2 分；每降低 5%，扣 0.5 分，扣完 2 分为止。

2）基础管理：共享故障案例经中国电科院审核有效的，每条得 0.5 分，最多得 2 分。

2. 个性化知识应用（1 分）

（1）评价内容及要求：组织开展本单位个性化知识收集整理，基于统一架构建立个性化设备知识库应用，实现设备资料定期更新、共性资料全网共享、个性资料实时调阅，满足管理和基层人员设备知识获取需求。

（2）评分标准：功能建设：开发个性化知识应用，满足各级单位个性化知识应用需求，并在试点数字化班组应用，得 1 分。

（三）两票业务在线流转（26 分 +4 分）

1. 两票业务与停役计划贯通（10 分）

（1）评价内容及要求：

1）贯通 OMS、PMS 系统，实现工作票与停电计划、停电申请单关联。

2）贯通 OMS、PMS 系统，实现调度预令与操作票关联。

（2）评分标准：

1）功能建设：

a. 实现停电计划的贯通（实现停电计划由 PMS 自动推送至 OMS，调度审核发布后回填 PMS），并在全省推广应用，得 1 分［对应“评价内容及要求 1）”］。

b. 实现停电申请的贯通（运检人员根据发布的停电计划在 PMS 中创建停电申请单，自动推送至 OMS；停电申请单经调度审核后回填 PMS，自动生成工作任务单），并在全省推广应用，得 2 分［对应“评价内容及要求 1）”］。

c. 实现调度预令与操作票的互联（OMS 将调度预令推送至 PMS 系统，自动生成操作任务），并在全省推广应用，得 3 分［对应“评价内容及要求 2）”］。

2）班组应用：

a. 工作任务单自动创建率 30% 以上，得 2 分［对应“评价内容及要求 1）”］。

b. 操作任务自动创建率 30% 以上，得 2 分［对应“评价内容及要求 2）”］。

2. 图形辅助开票（4 分）

（1）评价内容及要求：

1）基于 PMS 系统，负责部署图形辅助开票相关应用，根据工作任务单，自动调取工作内容、计划时间等字段信息，基于电网拓扑，实现图形辅助生成工作票安全措施，人工校核、完善票面信息，生成工作票。

2）基于 PMS 系统，部署图形辅助开票相关应用，根据操作任务，基于电网拓扑，实现图形辅助生成操作票，人工审核、补充完善。

（2）评分标准：

1）功能建设：

a. 实现自动调取工作任务单中字段信息（工作内容、计划时间等），并在全省推广应用，得 0.5 分［对应“评价内容及要求 1）”］。

b. 根据工作任务单，在系统接线图上进行安全措施模拟操作，自动在 PMS 系统内生成安全措施内容，人工辅助审核、补充完善，实现图形辅助开票，得 0.5 分［对应“评价内容及要求 1）”］。

c. 根据调度预令，在系统接线图上进行设备模拟操作，自动在 PMS 系统内生成倒闸操作步骤，人工辅助审核、补充完善，实现图形辅助开票，得 1 分［对应“评价内容及要求 2）”］。

2）班组应用：

a. 工作票图形辅助生成率 30% 以上，得 1 分［对应“评价内容及要求 1）”］。

b. 操作票图形辅助生成率 30% 以上，得 1 分［对应“评价内容及要求 2）”］。

3. 两票移动作业（16 分）

（1）评价内容及要求：

1）负责部署工作票管理移动应用，基层班组运检人员通过移动终端或外网移动应用，实现工作票接收、许可、验收、终结、归档移动办理，并回传 PMS。

2）负责部署操作票管理移动应用，基层班组运维人员通过移动终端或外网移动应用，实现操作票执行过程移动化办理，操作记录同步回传 PMS。

（2）评分标准：

1）功能建设：

a. 完成相关移动应用开发部署，实现工作票接收、许可、验收、终结、归档移动办理和回传 PMS 等功能，得 5 分（内外网均可）[对应“评价内容及要求 1）”]。

b. 完成相关移动应用开发部署，实现操作票执行过程移动化办理，操作记录、操作录音自动回传 PMS，得 5 分（内外网均可）[对应“评价内容及要求 2）”]。

2）班组应用：

a. 工作票全流程移动化办理率 30% 以上，得 2 分；每增加 10%，得 0.5 分，最多加 1 分 [对应“评价内容及要求 1）”]。

b. 操作票移动化办理率达 30% 以上，得 2 分；每增加 10%，得 0.5 分，最多加 1 分 [对应“评价内容及要求 2）”]。

（四）倒闸操作安全高效（9 分 +2 分）

1. 倒闸操作远方执行（9 分）

（1）评价内容及要求：

1）统一组织开展调度终端延伸项目，在运维班组驻地或集控站完成调度终端延伸部署。

2）制定相关技术标准和管理规范，实现远方执行开关遥控、重合闸软压板远方投退等单一操作，并在班组实际开展相关业务。

（2）评分标准：

1）功能建设：在试点数字化班组或集控站，实现调度终端延伸部署，得 4 分；未实现，不得分 [对应“评价内容及要求 1）”]。

2）规范机制：制定相关技术标准和管理规范，得 1 分 [对应“评价内容及要求 2）”]。

3）班组应用 [对应“评价内容及要求 2）”]：

a. 试点班组所辖全部变电站开展远程执行遥控开关应用，得 2 分。

b. 试点班组所辖变电站每开展 1 座变电站重合闸等保护软压板远方投退应用，330kV

及以上得 1 分，220kV 及以下得 0.2 分，最多得 2 分。

2. 推广一键顺控应用（2 分）

（1）评价内容及要求：具备一键顺控技术条件的变电站，班组根据调度操作令，远程调用站端一键顺控程序，实现运维班组或集控站远方一键顺控操作。

（2）评分标准：

1）功能建设：试点班组所辖 110kV 及以上变电站，每实现 1 座变电站一键顺控功能，330kV 及以上得 0.5 分，220kV 及以下得 0.2 分，最多得 1 分。

2）班组应用：实际开展站端一键顺控或远方调用站端一键顺控程序完成倒闸操作，330kV 及以上得 0.5 分，220kV 及以下得 0.2 分，最多得 1 分。

（五）日常巡视人机协同（34 分 +1 分）

1. 日常巡视移动化（26 分）

（1）评价内容及要求：

1）开发部署设备巡视、缺陷管理、隐患管理、设备维护等运维巡检移动应用，充分利用现有移动终端，融合安装各类移动应用，实现班组人员安装使用率 100%。

2）依据巡视周期，自动推送巡视任务至移动终端。结合班组运检策略，可在移动终端调整巡视计划。

3）班组在巡视过程中通过移动终端和实物 ID，获取历史数据、设备缺陷以及巡视维护标准作业卡，实现巡视记录和缺陷移动端录入。

4）班组在巡视完成后自动回填记录至 PMS 系统。巡视数据录入完整、内容准确。

（2）评分标准：

1）功能建设：

a. 完成相关移动应用开发部署，运维业务覆盖率达到 80% 以上，得 3 分（内外网均可）[对应“评价内容及要求 1）”]。

b. 不断迭代完善应用功能，满足班组基本业务需求，人机交互友好，现场应用畅通，从兼容性、稳定性、启动速度、流畅度等 4 方面对内外网应用进行测试评价，每项功能通过评价，得 0.5 分，最多得 2 分 [对应“评价内容及要求 1）”]

c. 实现巡视任务按巡视周期自动推送至移动终端，得 2 分 [对应“评价内容及要求 2）”]。

d. 根据班组运检策略，在移动终端调整巡视计划，得 2 分 [对应“评价内容及要求 2）”]。

e. 实现移动终端获取历史数据、设备缺陷，得 2 分 [对应“评价内容及要求 3）”]。

f. 实现移动终端获取巡视维护标准作业卡，得 2 分 [对应“评价内容及要求 3）”]。

g. 巡视记录自动回填 PMS 系统，得 2 分［对应“评价内容及要求 4）”］。

2）班组应用：

a. 日常巡视业务移动化开展比例达 70% 以上，得 3 分；每增加 10%，得 1 分，最多得 3 分［对应“评价内容及要求 2）”］。

b. 实现缺陷移动终端录入，录入率达 30% 以上，得 2 分；每增加 10%，得 0.5 分，最多得 1 分［对应“评价内容及要求 3）”］。

c. 巡视数据录入完整、内容准确，得 2 分［对应“评价内容及要求 4）”］。

2. 远程智能巡视（8 分 +1 分）

（1）评价内容及要求：

1）对特高压等重要变电站、偏远变电站开展远程智能巡视，远程下发巡视任务，巡视结果回传 PMS。

2）巡视人员针对巡视问题开展补充巡视，实现人机协同。推动设备巡视向“自动巡视为主，人工巡视为辅”模式转变。

3）利用图像识别、边缘计算技术，对变电设备本体缺陷、设备外观异常、表计读数、油位状态、人员违规作业、异物隐患、周界异常等 16 类变电设备 24 种缺陷进行分析研判、智能告警。

（2）评分标准：功能建设。

1）通过智能巡检机器人、高清视频开展变电站远程巡视，每开展一座变电站，得 0.5 分，最多得 3 分［对应“评价内容及要求 1）、2）”］。

2）将智能巡检机器人、远程智能巡视系统数据接入内网，实现各变电站智能巡检机器人、远程智能巡视系统集中监控和远程控制，每开展一座变电站，得 0.5 分，最多得 3 分［对应“评价内容及要求 1）、2）”］。

3）实现智能巡检机器人、远程智能巡视系统的巡视结果自动回传 PMS，每开展一座变电站，得 0.2 分，最多得 2 分［对应“评价内容及要求 1）、2）”］。

4）在具备智能巡检机器人和远程智能巡视系统的变电站中，30% 以上的变电站实现图像识别、实时视频分析等功能，且准确率达 80% 以上，得 1 分［对应“评价内容及要求 3）”］。

（六）主辅设备全面监视（9 分 +2 分）

1. 主辅设备全面监视（9 分）

（1）评价内容及要求：

1）班组通过监控系统终端延伸，实时获取站内主要设备的运行状态数据，实现主设备监视。

2）班组通过辅助设备监控系统实时获取变电站安防、动环类数据（包含电子围栏、红外对射、视频监控、温湿度、水浸、水位、SF_6监测、照明、排风扇、排水系统、空调等），实现辅助设备关键信息监控。

3）接入站端消防信息，班组实时获取站内消防装置状态，消防火灾告警信息（火灾报警信号，固定式灭火装置告警、动作信号），全面监控变电站消防设备。

（2）评分标准：功能建设。

1）通过调度终端延伸，实现所辖变电站主设备（一次、二次、交直流）监视，得2分［对应“评价内容及要求1）”］。

2）通过新一代集控系统，实现所辖变电站主设备（一次、二次、交直流）监视，得3分［对应“评价内容及要求1）”］。

3）完成试点班组所辖60%以上的变电站辅助设备关键信息监控（包含电子围栏、红外对射、视频监控、温湿度、水浸、水位、SF_6监测、照明、排风扇、排水系统、空调等辅助设备，至少实现5项以上），得1分；每增加10%，得1分，最多得2分［对应“评价内容及要求2）”］。

4）实现试点班组所辖220kV及以上变电站和户内站的消防装置故障、火灾告警信号，固定灭火装置告警、动作信号上传，完成比例达60%以上的，得1分；每增加20%，得1分，最多得2分［对应“评价内容及要求3）”］。

2. 变电站全景监视、主辅联动（2分）

（1）评价内容及要求：在站端或平台层，打通Ⅰ/Ⅳ区关键数据交互通道，实现变电站设备台账、外观、运行、状态信息及运检作业信息在线融合、展示，并支持在移动终端查看。设备异常故障时，联动远程智能巡视系统或辅控系统，快速定位具体设备，对设备本体、表计、油位情况进行快速巡检，实现主辅设备联动。

（2）评分标准：功能建设。

1）实现全景监视相关功能，得1分。

2）实现主辅设备联动功能，得1分。

二、变电检修（试验）班

（一）检修物资智能管理（18分）

（1）评价内容及要求：

1）实现资产类备品备件、大型工器具、仪器仪表等检修物资台账线上管理。

2）班组维护检修物资的基本台账信息（厂家、型号、编号、出厂日期、存放位置等）、检测周期、检测记录、最低配额等仓储资料，确保台账信息完整、与现场实际一致、检修物资出入库记录齐全。

3）根据校验周期，自动推送工器具、仪器仪表送检提醒。根据物资消耗情况，自动生成采购需求报表，辅助班组检修人员智能管理检修物资。

4）检修人员可在移动终端调阅、维护仓储信息、出入库记录，接收送检提醒和采购需求报表。

（2）评分标准：

1）功能建设：

a. 每完成一类检修物资台账线上管理，得 1 分，最多得 3 分［对应“评价内容及要求 1）”］。

b. 实现自动校验提醒，得 2.5 分［对应“评价内容及要求 3）”］。

c. 实现自动生成采购需求，得 2.5 分［对应“评价内容及要求 3）”］。

d. 实现移动端调阅，得 5 分［对应“评价内容及要求 4）”］。

2）基础管理［对应“评价内容及要求 2）”］：

a. 仓储物资台账信息、检测周期、检测记录、最低配额等基本信息每项齐全，得 1 分，最多得 3 分。

b. 仓储信息与现场实际一致，得 1 分。

c. 检修物资出入库记录齐全，得 1 分。

（二）知识库实时调阅（4 分 +1 分）

1. 共性知识库应用（4 分）

（1）评价内容及要求：班组在日常工作中充分应用主设备知识库共性知识服务开展运维工作，并取得实效。鼓励组织班组参与共性知识库建设，收集并共享设备资料、故障案例，提出应用建议和合理化需求。

（2）评分标准：

1）班组应用：基于统一构建的主设备知识库，开展共性知识应用，实现基层班组外网移动应用安装率 100%，得 2 分；每降低 5%，扣 0.5 分。

2）基础管理：共享故障案例经中国电科院审核有效的，每条得 0.5 分，最多得 2 分。

2. 个性化知识应用（1 分）

（1）评价内容及要求：组织开展本单位个性化知识收集整理，基于统一架构建立个性化设备知识库应用，实现设备资料定期更新、共性资料全网共享、个性资料实时调阅，满足管理和基层人员设备知识获取需求。

（2）评分标准：功能建设：开发个性化知识应用，满足各级单位个性化知识应用需求，得 1 分。

（三）检修业务在线办理（35 分）

1. 检修业务在线办理（20 分）

（1）评价内容及要求：

1）开发计划检修、变电检测、专业巡视、现场勘查、评价管理等移动应用，充分利用现有移动终端，融合安装各类移动应用支撑班组作业。

2）实现检修作业修试记录、试验报告移动录入，检修方案审批流程线上流转，作业指导书（卡）移动端调用等功能，相关记录自动回传 PMS。

（2）评分标准：

1）功能建设：

a. 完成相关移动应用开发部署，检修业务覆盖率达到 80% 以上，得 4 分（内外网均可）[对应“评价内容及要求 1）”]。

b. 不断迭代完善应用功能，满足班组基本业务需求，人机交互友好，现场应用畅通，从兼容性、稳定性、启动速度、流畅度等 4 方面对移动应用进行测试评价，每项功能通过评价，得 0.5 分，最多得 2 分 [对应“评价内容及要求 1）”]。

c. 实现检修现场勘查记录、修试记录、试验报告、专业巡视报告移动录入，检修方案审批流程线上流转，作业指导书（卡）和评价标准作业卡移动端调用等功能，相关记录回传 PMS，得 6 分；每缺少一项，扣 1 分，扣完为止 [对应“评价内容及要求 2）”]。

2）班组应用 [对应“评价内容及要求 2）”]：检修方案审批、作业指导书（卡）调用、检修现场勘查记录、修试记录、专业巡视报告、试验报告移动录入开展比例每增加 15% 以上，得 2 分，最多得 8 分。

2. 试验数据自动获取（15 分）

（1）评价内容及要求：基于移动终端，关联试验装备（包含红外测温仪、开关柜局放检测仪、组合电器特高频、超声波测试仪、避雷器阻性电流测试仪等使用频次高、试验数据维护量大的试验装备），自动获取试验数据，并回传至 PMS 系统。

（2）评分标准：

1）功能建设：覆盖 30% 以上的试验装备种类，实现试验数据自动获取，同步回传至 PMS 系统，得 2 分；每增加 10%，得 1 分，最多得 3 分。

2）班组应用：每实现一类试验项目的试验数据自动获取，且实际应用比例达 30% 以上，得 2 分，最多得 10 分。

（四）工作票移动办理（35分）

1. 工作票移动化（25分）

（1）评价内容及要求：层面统一部署移动应用，实现第一、二种工作票签发、许可、执行、终结、归档全过程移动办理，并同步回传PMS，并在班组实际开展相关业务。

（2）评分标准：

1）功能建设：完成相关移动应用开发部署，实现第一、二种工作票签发、许可、执行、终结、归档全过程移动作业，并同步回传PMS，得10分（内外网均可）。

2）班组应用：工作票移动办理达30%以上，得6分；每增加10%，得3分，最多得9分。

2. 事故抢修单移动化（10分）

（1）评价内容及要求：实现事故抢修单编制、许可、终结、归档全过程移动办理，并同步回传PMS，并在班组实际开展相关业务。

（2）评分标准：

1）功能建设：完成相关移动应用开发部署，实现事故抢修单编制、许可、终结、归档全过程移动办理，并同步回传PMS，得6分（内外网均可）。

2）班组应用：事故抢修单移动办理达30%以上，得3分；每增加10%，得0.5分，最多得1分。

（五）故障处理快速高效（8分+9分）

1. 抢修现场全过程管控（3分）

（1）评价内容及要求：统一部署移动应用，通过移动终端，强化前后端信息交流互动，开展疑难问题专家远程会诊、协同指导，实现事故处理流程实时共享、全过程管控。

（2）评分标准。

班组应用：开展疑难问题专家远程会诊、协同指导，实现事故处理流程实时共享、全过程管控，得3分。

2. 多班组共享抢修信息（8分）

（1）评价内容及要求：统一部署移动应用，基于移动终端，开展故障设备主辅设备监控信息、跳闸信息（故障录波）、现场检查情况、影音图像的人工采集或自动推送，实现监控、运维、检修多班组的信息共享。

（2）评分标准。

功能建设：

1）完成相关移动应用开发部署，实现主辅设备监控信息、跳闸信息、现场检查情况、影音图像人工采集，每实现一项，得 2 分，最多得 6 分。

2）实现上述信息自动推送，得 2 分。

3. 运检管理智能开展（6 分）

（1）评价内容及要求：基于 PMS3.0 总体架构，自动获取主设备基本信息、实时运行状态、在线监测、带电检测、缺陷隐患、检修试验等数据，实现设备状态实时分析、主动预警，智能生成设备状态评价报告，辅助运维和检修完成运检工作。

（2）评分标准。

1）功能建设：

a. 实现自动获取主设备基本信息、实时运行状态、在线监测、带电检测、缺陷隐患、检修试验等数据，并在试点数字化班组应用，得 2 分。

b. 实现主设备状态实时分析、主动预警，智能生成设备状态评价报告，并在试点数字化班组应用，得 2 分。

2）班组应用：基于多源数据的主设备状态分析，智能推送运检策略，辅助班组合理安排检修资源，完成运检工作，得 2 分。

第三节　数字化输电班组评价标准

一、输电运检班

（一）基础台账有序管理（12 分 +1 分）

1. 提升基础数据完整性、准确性（12 分）

（1）评价内容及要求：

1）建立数据维护、核查机制，借助 PMS 数据核查工具，定期开展基础数据校验核查。

2）基层班组人员基于 PMS 系统，及时准确维护基础台账（杆塔类型、档距、呼称高、绝缘配置、导地线型号等基本参数信息）和履历信息（检修记录、状态评价、缺陷隐患记录、故障记录等信息）。

（2）评分标准。

1）规范机制：建立核查机制，得 4 分；未建立，不得分。

2）基础管理：

a. 按核查机制要求定期开展核查整改，得 2 分；不具备核查整改记录，不得分。

b. 根据 PMS 数据核查工具，开展基础台账核查，准确性达到 100%，得 4 分；每错误 10 处，扣 1 分，扣完为止。

c. 开展履历信息完整性核查，完整性达到 100%，得 2 分；每错 10 处，扣 1 分，扣完为止。

2. 开展设备资料数字化移交（1 分）

（1）评价内容及要求：积极推进新、改、扩建输电线路设备台账参数表、三维设计模型等 17 项数字化成果共享。

（2）评分标准。

功能建设：贯通相关系统数据，并在试点数字化班组应用，实现基建竣工 17 类资料数字化移交，并回填到 PMS 系统，得 1 分。

（二）工作票全过程在线办理（7 分 +1 分）

（1）评价内容及要求：

1）基于 PMS 系统，实现检修计划和工作任务关联、人员资质在线校核，职责在线确认、工作票全流程在线办理等功能开发部署。

2）基层班组运检人员基于相关应用开展工作票在线办理。

3）具备条件的单位实现移动终端相关应用功能，在移动终端全流程办理工作票，填写工作班组成员、安全措施确认等信息并回传 PMS 系统。

（2）评分标准。

1）功能建设：

a. 完成工作票编制关联检修计划，人员资质在线校核、全部流程在线办理等功能开发，得 3 分［对应“评价内容及要求 1）、2）”］。

b. 完成移动终端全部流程在线办理功能，并在试点数字化班组应用，得 1 分［对应“评价内容及要求 3）”］。

2）班组应用［对应“评价内容及要求 1）、2）”］：工作票线上流转率 80%，得 2 分；每增加 10%，得 1 分，最多得 2 分。

（三）移动巡检作业（22 分 +3 分）

1. 深化移动巡视 / 检测业务（8 分 +1 分）

（1）评价内容及要求：

1）负责优化移动应用，实现巡视 / 检测作业工作任务自动推送、缺陷 / 隐患记录现场登记、巡视 / 检测报告自动生成，实时获取巡视人员的工作轨迹和巡视情况。

2）基层班组人员借助移动应用，在作业过程中完成缺陷和隐患信息录入并回传至 PMS 系统，可查询作业记录。

（2）评分标准。

1）功能建设：

a. 实现移动巡检应用缺陷和隐患信息录入、回传 PMS 系统功能，得 2 分。

b. 实现实时获取巡视人员的工作轨迹和巡视情况，得 2 分。

c. 实现巡视 / 检测报告自动生成功能，并在试点数字化班组应用，得 1 分。

2）班组应用：通过移动终端查询作业记录，基层班组人员现场实际操作，符合流程要求，得 4 分；未查询到作业记录，扣 2 分；现场实际操作不符合作业流程，扣 2 分。

2. 深化移动检修 / 验收业务（6 分 +1 分）

（1）评价内容及要求：

1）负责优化移动应用，实现检修 / 验收业务流程线上化，包括检修信息实时上传、检修记录现场填写、验收报告自动生成、技术资料自动归档至 PMS 系统。

2）基层班组人员借助移动应用，在作业过程中完成检修监管信息实时上传、检修记录现场填写并回传至 PMS 系统，并能查询到作业记录。

（2）评分标准。

1）功能建设：

a. 实现检修信息实时上传、检修记录现场填写功能，得 2 分；未实现 1 项功能，扣 1 分。

b. 实现验收报告、检修记录自动生成功能，并在试点数字化班组应用，得 0.5 分。

c. 实现技术资料自动归档功能，并在试点数字化班组应用，得 0.5 分。

2）班组应用：通过移动终端查询作业记录，基层班组人员现场实际操作，符合流程要求，得 4 分；未查询到作业记录，扣 2 分；现场实际操作不符合作业流程，扣 2 分。

3. 技术资料实时调阅（4 分 +1 分）

（1）评价内容及要求：

1）统一组织构建共性知识移动应用，班组在日常工作中充分应用共性知识服务开展运维工作，并取得实效。鼓励组织班组参与共性知识库建设，收集并共享设备资料、故障案例，提出应用建议和合理化需求。

2）组织开展本单位个性化知识收集整理，基于统一架构建立个性化设备知识库应用，实现设备资料定期更新、共性资料全网共享、个性资料实时调阅，满足管理和基层人员设备知识获取需求。

（2）评分标准。

1）班组应用［对应“评价内容及要求 1）”］：实现基层班组外网移动应用，安装覆盖率达 100%，得 2 分；每降低 10%，扣 1 分，扣完为止。

2）基础管理［对应“评价内容及要求 1）”］：共享故障案例或其他典型案例经中国电科院审核有效的，每条得 0.5 分，最多得 2 分。

3）功能建设［对应“评价内容及要求 2）”］：开发个性化知识应用，满足各级单位个性化知识应用需求，并在试点数字化班组应用，得 1 分。

4. 外委人员管理（4 分）

（1）评价内容及要求：负责优化移动应用功能，实现外委人员工作质量分析和评价，通道内各类隐患、风险点线上动态管理功能。

基层班组利用相关功能，实时掌握通道外委护线人员巡视动态。

（2）评分标准。

1）功能建设：依托 PMS（输电全景监控微应用群）或移动巡检系统，实时掌握通道外委护线人员巡视动态，相关巡视结果返回电网资源业务中台或 PMS 系统，得 2 分。

2）班组应用：输电通道外委护线人员巡视作业移动应用使用率 100%，得 2 分；每降 10%，扣 1 分，扣完为止。

（四）无人机自主巡检（30 分 +1 分）

1. 提升无人机自主巡检实用化水平（20 分）

（1）评价内容及要求：

1）根据《输电线路无人机自主巡检实用化提升工作方案》（国家电网设备〔2021〕122 号）要求，推动无人机规模化应用，组织建立无人机应用机制、管理制度、培训计划，规范化开展无人机自主巡检。结合两库一平台建设，推动无人机巡检图像智能识别模块应用，完善缺陷样本库，提高缺陷识别率，充分应用模型库，实现缺陷隐患自动分析与识别。

2）班组人员维护无人机设备台账，取得无人机执照，按照要求常态化开展无人机巡检工作。

（2）评分标准。

1）规范机制：建立无人机应用机制和管理制度，得 2 分；未建立，不得分。

2）基础管理：

a. 基层班组确保台账完整性、准确性达 100%，得 2 分；台账不全，扣 1 分；台账与实际不符，扣 1 分。

b. 基层班组 50 周岁以下人均取证率不低于 70%，得 2 分；每少 10%，扣 0.5 分，扣完为止。

3）功能建设：部署无人机巡检图像智能识别模块并得到常态化应用，实现绝缘子、导地线等缺陷自动识别，得 3 分。

4）班组应用：

a. 单架无人机巡检杆塔数不低于 120 基 /（架・年），得 2 分；每少 20 基 /（架・年），扣 0.5 分，扣完为止。

b. 500kV 及以上线路适航区无人机自主巡检覆盖率不低于 50%，得 2 分；每少 10%，扣 0.5 分，扣完为止。

c. 基层班组充分利用无人机巡检图像智能识别模块，开展缺陷隐患自动识别，并将缺陷样本上传至两库一平台，缺陷样本上传不少于 100 张，得 2 分。

d. 基层班组积极反馈缺陷识别算法问题和提升建议，采纳 1 条，得 0.5 分，最多得 5 分。

2. 推进无人机替代人工高空作业（5 分）

（1）评价内容及要求：基层班组人员借助无人机开展非紧固类检修和验收作业。

（2）评分标准。

1）规范机制：编制高空作业替代工作指导意见，得 2 分；未编制，不得分。

2）班组应用：高空作业替代率达 30%，得 3 分；每少 5%，扣 1 分，扣完为止。

3. 推进无人机深化应用（5 分 +1 分）

（1）评价内容及要求：基层班组人员利用无人机搭载平台，开展红外检测、辅助照明、异物清除、高空传递等检修作业。

（2）评分标准。

班组应用：

1）利用无人机开展红外检测、高空传递等工作，有检测记录，得 5 分。

2）基层班组人员借助无人机开展辅助照明、异物清除、X 光检测等工作，得 1 分。

（五）输电通道远程智能巡视（15 分 +3 分）

1. 提升通道远程智能预警能力（15 分 +1 分）

（1）评价内容及要求：

1）结合 PMS3.0 顶层设计，深化输电全景监控微应用群，利用人工智能图像识别技术，自主识别输电线路通道及周边环境等安全隐患（如异物、大型施工机械、山火等）。优化移动应用，完善输电线路通道远程智能预警、应急联动、监控日报自动生成功能。

2）基层班组借助移动终端接收监控平台推送的工作任务，开展工作并将数据反馈至监控平台。

（2）评分标准。

1）功能建设：

a. 管辖范围内 500kV 及以上重要输电线路，杆塔远程装置（微拍、视频监测、分布式故障定位装置）覆盖率大于 80%，得 6 分；每少 10%，扣 2 分，扣完为止。

b. 优化移动应用，通道图像、视频等装置在线率达到 90%，得 3 分；移动终端无法查看，扣 0.5 分；在线率每降低 10%，扣 0.1 分，扣完为止。

c. 实现输电线路通道及周边环境的安全隐患的智能识别，得 2 分；借助移动终端推送提醒功能，实现输电线路通远程智能预警和应急联动，得 2 分。

2）班组应用：

a. 基层班组人员每日利用移动终端接收平台监控任务并将相关巡检记录反馈至监控平台，得2分。

b. 探索地线巡检机器人的应用，实现线路通道自主巡检，得1分。

2. 深化点云数据应用（2分）

（1）评价内容及要求：结合点云数据开展线路通道保护区内的竹树隐患、交叉线、跨越物等安全分析和工况模拟，探索树木生长智能分析、设备劣化趋势等应用场景。

（2）评分标准：功能建设：开展输电线路通道内树竹、交跨点三维点云建模、跨越物等安全分析和工况模拟，建模范围覆盖班组所管辖的500kV及以上全部线路，或建模范围覆盖110kV及以上输电线路不低于50%，得2分。

（六）状态智能感知（6分+1分）

1. 设备本体状态精准感知（4分）

（1）评价内容及要求：

1）负责规范化部署各类监测装置，完成微气象、分布式故障定位、可视化等在线监测装置接入，实现输电线路设备本体精准感知。

2）基层班组人员依托移动应用，结合各类感知装置采集信息，对设备状态实时管理，有效替代人工现场巡检。

（2）评分标准。

1）功能建设：实现各类在线监测装置、感知设备接入，接入率达到100%，得2分；每降低10%，扣1分，扣完为止。

2）班组应用：基层班组人员结合各类感知装置，根据主动预警、主动推送信息开展远程巡视，得2分。

2. 自然灾害主动预警（2分+1分）

（1）评价内容及要求：应用PMS系统（输电全景监控微应用群），建设台风、覆冰等典型应用场景功能，实现受自然灾害影响的输电杆塔预测，将预测结果推送至班组人员移动应用，辅助班组作业人员开展灾前通道清障、杆塔临时加固，灾中实时监测，灾后应急抢修，提升自然灾害防控多维感知水平。

（2）评分标准。

功能建设：

1）实现智能分析判断受灾害影响线路及杆塔，辅助制订保电及特巡计划，得1分；未实现受灾害影响线路及杆塔研判，不得分。

2）实现灾害预警信息实时推送移动应用，得1分。

3）各结合自身需求，将电网六大监测预警中心数据有效接入，并与其他监测装置数据综合分析，并在试点数字化班组应用，得1分。

（七）智能检修检测（8分）

1. 深化智能检修装备应用（4分）

（1）评价内容及要求：

1）统筹制定智能装备维护、人工作业替代机制。

2）基层班组人员借助成熟度高的智能检修装备，替代人工登塔异物消缺工作，降低人员登塔作业风险，实现异物快速处置，提升作业效率。

（2）评分标准。

1）规范机制：统筹制订智能装备维护、人工作业替代机制，得2分；未建立，不得分。

2）班组应用：基层班组利用智能装备开展异物清除工作，智能装备应用次数不低于总工作次数50%，得2分；每少10%，扣1分，扣完为止。

2. 推进检测台账数字化管理（4分）

（1）评价内容及要求：

1）依托PMS，完善各类检测数据（瓷质绝缘子零值、绝缘子憎水性、绝缘子污秽、耐张线夹不压区X光探伤检测）查询、批量导入、导出维护功能，建立检测数字化档案，为设备健康状态评价、检修提供数据支撑。

2）基层班组人员借助相关功能，维护各类检测数据，确保准确性、及时性。

（2）评分标准。

功能建设：

1）建设检测数字化档案，完善检测数据查询、批量导入、导出维护功能，得2分。

2）基层班组人员借助相关功能，完善各类检测数据系统录入，得2分；系统无记录，不得分。

二、输电带电作业班

（一）工作票全过程在线办理（16分）

（1）评价内容及要求：

1）基于PMS系统，编制工作票，实现工作票与带电检修计划关联，确保工作票全流程在线办理（包含编制、签发、许可、执行、终结、归档全过程）。

2）具备条件的单位实现移动终端相关应用功能，在移动终端全流程办理工作票，填写工作班组人员、安全措施确认等信息并回传PMS系统。

（2）评分标准。

功能建设：

1）工作票线上流转率 100%，得 12 分；每降低 2%，扣 1 分，扣完为止。

2）完成移动终端全部流程在线办理功能，得 4 分。

（二）作业现场智能管控（4 分）

（1）评价内容及要求：带电作业过程中，基层班组人员借助无人机或安监布控球，实现作业现场高空多角度视频监控与喊话告警，对作业人员违规操作、误入非作业范围等危险行为进行监控指挥，提升带电作业安全防护水平。

（2）评分标准。

班组应用：

1）基层班组人员借助无人机进行高空安全管控，得 2 分。

2）基层班组人员借助安监布控球，从地面对作业人员违规操作、误入非作业范围等危险行为进行监控指挥，得 2 分。

（三）作业方案辅助决策（15 分 +2 分）

1. 建立带电标准化作业库（4 分）

（1）评价内容及要求：基于 PMS 系统，负责建立带电标准化作业库。基层班组人员按照标准化作业流程开展作业。

（2）评分标准。

1）功能建设：建设带电标准化作业库，包含荡入法、跨二短三法进入电场开展金具补装、更换等典型带电作业标准化流程，得 3 分；每少 1 项，扣 1 分，扣完为止。

2）班组应用：班组利用标准作业库，开展金具补装、更换等工作，得 1 分。

2. 带电作业方案智能辅助编制（5 分）

（1）评价内容及要求：

1）依托 PMS 系统，结合带电作业任务及标准化作业流程库，实现平台端作业指导书智能辅助编制。移动应用实现带电作业方案自动推送，实时查看带电作业方案。

2）基层班组人员借助带电作业方案辅助编制功能，开展方案编制工作。

（2）评分标准。

1）功能建设：完成平台端作业指导书辅助编制功能，得 2 分；完成移动端带电作业方案自动推送、实时查看，得 1 分。

2）班组应用：应用带电作业辅助功能，具备应用记录，得 2 分。

3. 数字化安全评估（6 分 +2 分）

（1）评价内容及要求：

1）部署三维建模功能，模拟带电作业工况，建立不同工况下的安全评估标准。

2）基层班组人员结合高精度杆塔三维模型，模拟作业人员带电作业全过程，进行组合间隙、安全距离校核，实现带电作业方案数字化安全评估。

（2）评分标准。

1）规范机制：组织编制不同带电作业工况下的安全评估标准，得 2 分；未编制，不得分。

2）班组应用：

a. 基层班组人员基于三维建模功能，模拟带电作业工况，得 4 分。

b. 开展组合间隙、安全距离校核，进行数字化带电作业安全评估，得 2 分。

（四）工器具质量管控（15 分 +3 分）

1. 工器具在线管理（10 分 +3 分）

（1）评价内容及要求：

1）完善工器具在线管理系统功能，实现工器具台账（包括工器具名称、数量、类别、编码、使用记录、试验记录等）线上管理，具备工器具试验日期和库存数量自动校核、试验日期自动提醒、采购需求自动推送功能。

2）基层班组人员依托工器具在线管理应用，录入工器具台账，开展工器具管理工作。

（2）评分标准。

1）功能建设：

a. 完成工器具台账在线管理、试验日期自动校核与提醒、库存数量自动校核，全部实现 3 项功能，得 4 分；每少一项，扣 2 分，扣完为止。

b. 实现工器具采购需求自动推送功能，并在试点数字化班组应用，得 3 分。

2）班组应用：

a. 基层班组人员应用台账在线管理功能，开展工器具台账录入、校核，数据完整性 100%，得 2 分；每有 10 处错误，扣 1 分，扣完为止。

b. 基层班组人员应用试验日期自动校核与提醒功能，及时开展工器具试验，得 2 分。

c. 基层班组人员应用库存数量自动校核功能，及时补充相应工器具，得 2 分。

2. 工器具资源共享（5 分）

（1）评价内容及要求：实现工器具在线管理台账信息与 PMS 系统关联同步，通过 PMS 系统查阅当时工器具实用情况进行跨区域调用，实现多地区工器具共享。

（2）评分标准。

1）功能建设：贯通 PMS 系统与各地市工器具在线管理应用，实现跨区域调用功能，得 2 分。

2）班组应用：基层班组人员通过平台查阅借用工器具，具有借用记录，得 3 分。

三、高压电缆运检班

（一）基础台账有序管理（21 分 +4 分）

1. 深化电缆设备台账管理（18 分）

（1）评价内容及要求：

1）建立电缆设备台账数据核查机制，整合通道经纬度、照片、竣工资料，构建电缆数字化通道。

2）基层班组人员借助 PMS 系统核查工具，实现电缆长度、电缆型号、电缆厂家等关键字段自主核查，及时维护电缆台账。

（2）评分标准。

1）规范机制：建立数据核查机制，得 2 分；未建立，不得分。

2）基础管理：

a. 按核查机制要求，定期对录入的电缆长度、电缆型号、电缆厂家等关键字段进行自主核查整改，得 6 分；未按核查机制开展核查整改，每次扣 2 分，扣完为止。

b. 及时维护电缆台账、图形数据，准确率和完整性达 100%，得 6 分；现场查阅 PMS 系统台账资料，每错误 10 处，扣 1 分，扣完为止。

c. 完成 1 回试点线路通道经纬度的批量录入，结合工井经纬度构建通道，得 4 分。

2. 推进设备台账数字化移交（3 分 +4 分）

（1）评价内容及要求：

1）贯通建设、设备部门系统数据，统筹组织开展建设阶段设备图形、台账、试验报告等数字化移交。优化 PMS 系统竣工资料管理功能。深化实物 ID 应用，实现实物 ID 源头赋码，通过移动应用对增量设备扫码建档、设备位置自动采集，确保账卡物一致。

2）基层班组人员借助 PMS 系统，完成设备图形、台账录入，确保准确性、完整性。

（2）评分标准。

功能建设：

1）实现建设阶段设备图形、台账、试验报告等数字化移交，实现竣工资料无纸化移交，得 3 分。

2）实现电缆设备实物 ID 源头赋码、通过移动应用实现增量设备扫码建档、设备位置自动采集，新建台账信息与 ERP 推送的设备验收清册相符，确保账卡物一致，并在试点数字化班组应用，得 4 分。

（二）智能移动巡检（17 分 +3 分）

1. 电缆巡检业务全过程管理（平台端）（6 分 +3 分）

（1）评价内容及要求：

1）基于 PMS 系统（高压电缆精益管理微应用群），实现巡视 / 检测计划编制、任务主动推送，作业指导书辅助编制，缺陷 / 隐患信息跟踪管理、作业报告自动生成等功能。

2）基层班组人员借助 PMS 系统（高压电缆精益管理微应用群），实现巡视任务、缺陷 / 隐患信息在线闭环管理。

（2）评分标准。

1）功能建设：

a. 实现巡视 / 检测计划编制、任务主动推送，得 2 分。

b. 实现作业指导书辅助编制、缺陷 / 隐患信息跟踪管理、作业报告自动生成，得 2 分。

c. 实现环流检测结果智能分析、巡检报告自动生成功能，并在试点数字化班组应用，得 3 分。

2）班组应用：基层班组人员借助 PMS 系统，实现巡视 / 检测业务在线流转率 100%，得 1 分；降低 10%，扣 0.5 分，扣完为止。实现缺陷 / 隐患在线流转率 100%，得 1 分；每降低 10%，扣 0.5 分，扣完为止。

2. 电缆巡检业务全过程管理（移动端）（11 分）

（1）评价内容及要求：

1）建设部署移动应用，实现巡视轨迹实时查看、现场定位在线回传、巡检记录在线流转、隐患缺陷现场登记功能。

2）基层班组借助移动应用，开展技术资料现场调阅、巡视轨迹实时查看、现场定位在线回传、缺陷隐患信息在线登记、巡检结果现场上传等工作。

（2）评分标准。

1）功能建设：

实现巡视轨迹实时查看、现场定位在线回传，得 2 分；实现巡检记录在线流转，得 2 分；实现隐患缺陷现场登记，得 2 分。

2）班组应用：

a. 基层班组人员应用移动应用，班组人员安装覆盖率 100%，得 2 分；每降 5%，扣 0.5 分，扣完为止。

b. 基层班组人员依托移动应用，现场根据巡检对象下载调取图纸档案、运行检修规程、作业标准流程、精益化评价细则、典型故障案例等技术资料，具有调用记录，得 3 分。

（三）智能运检管理（23分）

1. 深化在线监测应用（8分）

（1）评价内容及要求：依托PMS系统（高压电缆精益管理微应用群），融合接入监测数据，实现电缆监测预警信息实时报送。开展在线监测设备专项治理，提高设备在线率。监控后台生成设备运行状态评估结果，辅助班组制定电缆保电、状态感知、故障处置等运检策略，实现电缆智能运维。

（2）评分标准。

功能建设：

1）将在运监测设备数据接入PMS系统（高压电缆精益管理微应用群），实时报送监测预警信息，得4分。

2）确保60%的监测装置无掉线、异常告警情况发生，得2分；每下降10%，扣1分。

3）监控后台生成设备运行状态评估结果，得2分。

2. 强化检修智能管控（8分）

（1）评价内容及要求：

1）依托PMS系统（高压电缆精益管理微应用群），实现检修计划任务流转、检修方案辅助编制、故障抢修单自动生成功能；登记维护作业人员资质，实现人员资质在线校核；移动应用完成检修记录、试验数据回传至PMS系统，实现检修现场线上管控。

2）基层班组人员依托相关功能，实现检修计划任务流转、现场勘察、检修方案辅助编制、故障抢修单自动生成等工作线上办理；借助移动应用完成检修记录、试验数据回传至PMS系统。

（2）评分标准：

1）功能建设：实现检修计划任务流转、检修方案辅助编制、故障抢修单自动生成、人员资质在线校核、检修记录、试验数据回传功能，得3分；一项未实现，扣0.5分，扣完为止。

2）班组应用：

a. 基层班组人员基于作业人员资质台账，通过移动应用可在线核对施工人员资质，得2分。

b. 基层班组人员基于移动应用完成检修记录、试验数据回传至PMS，具备回传记录，得3分。

3. 建立备品备件档案（7分）

（1）评价内容及要求：

1）依托PMS系统（高压电缆精益管理微应用群），完善备品备件数字化台账录入、出入库登记功能，实现物资数字化管理。

2）基层班组人员开展备品备件数字化台账录入、出入库登记，建立备品备件台账清单。

（2）评分标准。

1）功能建设：实现数字化台账录入、出入库登记功能，得2分。

2）班组应用：基层班组人员建立备品备件台账清单，得2分；开展备品备件数字化台账录入、出入库登记，准确性达到100%，得3分；每错误10处，扣1分，扣完为止。

（四）工作票全流程在线办理（14分）

（1）评价内容及要求：

2）依托PMS系统（高压电缆精益管理微应用群），关联工作票与检修计划，实现工作票全流程在线办理（包含编制、签发、许可、执行、终结、归档全过程）。具备条件的开发移动终端相关功能应用，在移动终端同步办理签发、许可、终结、归档工作票，并回传至PMS系统。

2）基层班组人员基于相关应用开展工作票在线办理。

（2）评分标准。

1）功能建设：

a. 实现工作票编制、签发、许可、执行、终结、归档等全流程在线办理功能，得5分；未实现线上全流程不得分。

b. 开发移动终端相关功能应用，实现工作票签发、许可、终结、归档的移动办理，得4分。

2）班组应用：基层班组工作票在线流转率达100%，得5分；每降低5%，扣0.5分，扣完为止。

（五）通道立体管控（17分+3分）

1. 隧道设备台账管理（5分）

（1）评价内容及要求：基层班组人员在PMS系统（高压电缆精益管理微应用群）中，录入电缆隧道内电缆线路、附属设施、在线监测装置台账、履历信息、运维记录和状态评价记录。结合专项隐患排查，完成设备缺陷隐患登记。

（2）评分标准。

班组应用：

1）录入电缆隧道内电缆线路、附属设施、在线监测装置台账及履历信息、运维记录、状态评价记录，得2分；每降低5%，扣0.1分，扣完为止。

2）根据录入设备缺陷隐患记录、检修计划，得 3 分；无记录不得分。

2. 电缆隧道智能运检（8 分）

（1）评价内容及要求：

1）依托 PMS 系统（高压电缆精益管理微应用群），集成在运电缆隧道监测功能，实现设备统一监控。构建隧道安全准入机制，在移动应用提出申请，在 PMS 系统（高压电缆精益管理微应用群）中确认许可，融合应用统一监控功能，实现作业全过程线上管控。

2）基层班组人员全过程参与新建电缆隧道可研、初设、验收及运检工作，实现工程进度、运检资料线上管理；根据隧道缺陷隐患等级和数量，科学制定检修计划。

（2）评分标准。

功能建设：

1）可实时查看新建电缆隧道可研、初设、验收、运检资料，实现工程进度、运检资料线上管理，得 2 分；一个模块未记录，扣 0.5 分，扣完为止。

2）集成隧道监测系统，包括环境监测（通风、排水、有害气体等）、电气监测（接地电流、局部放电等），得 3 分；监测集成不齐全，扣 1 分。

3）移动终端提出准入申请，平台端确认许可，通过综合监控系统，实现作业全过程线上管控，得 3 分。

3. 隧道机器人远程巡检（4 分 +3 分）

（1）评价内容及要求：

1）实现隧道机器人巡检系统与 PMS 系统（高压电缆精益管理微应用群）实时交互。

2）基层班组人员借助巡检机器人，在平台中发起巡视任务，实现自主巡检、巡检报告自动生成，减少人员出入频次，降低作业风险。

（2）评分标准：

1）功能建设：实现隧道机器人巡检系统与 PMS 或电缆精益化管理系统实时交互，得 4 分。

2）班组应用：基层班组人员借助巡检机器人，在 PMS 或电缆精益化管理系统中发起巡视任务，实现自主巡检、巡检报告自动生成，得 3 分。

（六）建立电缆通道管孔管理模块（8 分）

（1）评价内容及要求：

1）根据存量电缆通道信息及电网规划，健全电缆通道准入机制。基于 PMS 系统（高压电缆精益管理微应用群），优化电缆通道管孔管理模块，立体展示断面资源使用情况，规范电缆通道断面管理。规范通道资源管理，规范新敷设电缆线路、低压电源及通信光缆的防火防爆措施。

2）基层班组人员录入通道断面管孔数、电缆排布及相位、空孔数量等信息，实现电缆通道断面数字管理、台账及时率100%。

（2）评分标准。

1）规范机制：

a. 制定电缆通道断面准入实施方案，得1分；未制定，不得分。

b. 制定通道资源管控细则，得1分；未制定，不得分。

2）功能建设：实现通道断面资源使用情况立体展示，得2分；实现电缆通道断面管理，得2分。

3）班组应用：至少完成1回试点电缆通道全部工井断面资料录入工作，包含电缆通道管孔数、已有电缆排布及相位、空孔数量等信息，得2分；完整性降低10%，扣1分，扣完为止。

第四节 数字化配电班组评价标准

一、配电运检班

（一）台账有序管理（30分+3分）

1. 配电图形台账一体化同源维护（15分）

（1）评价内容及要求：

1）建立配电网侧数据维护、核查考核机制。

2）基于电网资源业务中台定期对配电自动化、供电服务指挥、PMS系统的数据一致率进行核查、整改。

（2）评分标准。

1）规范机制：建立核查机制，定期开展核查，得3分；无核查记录，不得分。

2）基础管理：

a. 基于电网资源业务中台实现同源维护，得2分。

b. 对比台账数据，准确率100%，得10分；未及时维护数据，导致数据不准确、不完整，每错误10处，扣2分，扣完10分为止。

2. 营配调图模数据贯通（3分）

（1）评价内容及要求：结合配电自动化实用化、“阳光业扩”等全流程线上作业建设工作，基于电网资源业务中台，实现营配调图模数据异动流程贯通，保证营配调数据一致。

（2）评分标准。

功能建设：基于电网资源业务中台，实现营配调图模数据异动流程贯通，并在试点数字化班组应用，得 3 分。

3. 落实实物 ID 应用（15 分）

（1）评价内容及要求：

1）统一部署，实现配电设备基础数据源头赋码、源端维护（厂家、型号、设备参数等信息），基于移动应用完成设备信息查询，扫码台账建档及校核等功能开发。

2）基层班组人员完成新增资产级设备扫码创建及校核工作。

（2）评分标准。

1）功能建设：基于移动应用和实物 ID，完成相关功能开发部署，得 5 分。

2）班组应用：利用移动终端准确查询台账信息，得 2 分；实现设备扫码建档，新增资产的设备扫码创建率达 20% 以上，得 8 分，每降低 1%，扣 1 分，扣完为止。

（二）工作票业务在线办理（15 分 +2 分）

（1）评价内容及要求：

1）完成工作票关联检修计划、全流程在线办理、图形辅助开票、安全措施校核等功能开发部署。

2）基层班组运检人员基于相关应用开展工作票在线办理。

3）具备条件的单位实现移动终端相关应用功能，在移动终端全流程办理工作票，填写工作班成员、安全措施确认等信息并回传系统。

（2）评分标准。

1）功能建设：

a. 完成相关功能开发部署，得 5 分。

b. 完成移动终端全部流程在线办理功能，并在试点数字化班组应用，得 2 分。

2）班组应用：工作票线上流转率 100%，得 10 分；每降低 2%，扣 1 分，扣完为止。

（三）移动巡检作业（20 分 +3 分）

1. 深化移动终端部署应用（20 分）

（1）评价内容及要求：

1）充分利用现有移动终端，同一终端实现所有 App 应用，鼓励基于内网软件研发外网移动应用，完成工单派发、巡检路径自动规划、轨迹自动记录、作业报告自动生成、缺陷隐患在线记录等移动巡检功能开发应用。

2）基层班组运检人员基于移动应用开展巡视、检测、维护等业务办理，实现巡检工单的接收、执行、反馈。

（2）评分标准。

1）功能建设：完成移动终端相关功能开发部署，得5分。

2）班组应用：

a. 移动巡检业务覆盖率达到80%，得10分；每降低2%，扣1分，扣完为止。

b. 移动巡检工单线上流转率100%，得5分；每降低2%，扣1分，扣完为止。

2. 推进以状态检测为基础的精益化运维（3分）

（1）评价内容及要求：

1）完成移动终端与红外、局放等智能带电检测装备的信息交互功能研发，实现检测数据的自动采集、检测报告的在线推送，推进以状态检测为基础的精益化运维。

2）基层班组运检人员开展带电检测，使用智能装备交互功能提升检测效率。

（2）评分标准。

1）功能建设：完成移动终端和检测装备的交互功能，并在试点数字化班组应用，得1分。

2）班组应用：开展带电检测使用交互功能占比达到50%，得2分；每降低5%，扣1分。

（四）配电网工程资料数字化移交（15分）

1. 深化数字化移交应用（11分）

（1）评价内容及要求：

1）统筹开展完成物资采购、工程施工、竣工验收阶段的实物ID关联建立，实现配电变压器、环网柜、柱上开关、电缆、杆塔等设备源头赋码、源端维护；实现配电网工程竣工图纸、验收记录、试验报告等资料信息线上移交功能，支撑配电网工程资料数字化移交。

2）基层班组人员基于实物ID及相关应用，完成配电网工程数字化移交。

（2）评分标准。

1）功能建设：完成数字化移交功能开发部署，得3分。

2）班组应用：当年竣工配电网工程资料数字化移交率达到30%，得8分；每降低2%，扣1分，扣完为止。

2. 推广移动终端工程验收（4分）

（1）评价内容及要求：

1）完成相关系统及移动终端的功能开发工作，实现配网主设备台账现场采集、辅助生成、自动校核功能。

2）基层班组人员基于移动终端开展配网工程竣工验收，完成设备台账现场录入并回传至系统。

（2）评分标准。

1）功能建设：完成配电网工程移动应用的功能开发部署，得 2 分。

2）班组应用：应用移动终端完成当年竣工配电网工程 10% 以上竣工验收，得 2 分。

（五）在线状态监测（20 分 +2 分）

1. 设备状态实时查询（5 分 +2 分）

（1）评价内容及要求：

1）统一推进智能设备应用，依托配电自动化终端、台区智能融合终端等智能设备，实时采集监控配电设备运行状态数据，提升设备终端在线率。具备条件的单位，在移动终端实现设备状态和环境信息实时查询。

2）基层班组人员做好日常维护和设备消缺工作。

（2）评分标准。

功能建设：

1）智能设备终端在线率达到 90%，得 5 分；每降低 2%，扣 1 分，扣完为止。

2）实现在移动终端实时查询设备状态和环境信息，并在试点数字化班组应用，得 2 分。

2. 实现工单驱动巡检业务（15 分）

（1）评价内容及要求：

1）根据设备实时监测数据、履历、低电压、重过载、三相不平衡等异常信息分析研判完成设备状态在线评估，推送异常设备主动巡视任务，依托主动工单开展巡视业务。建立设备在线评估后评价机制，通过回执工单比对系统评估状态，实现设备在线评估。

2）基层班组人员按要求执行工单任务，完成相关数据录入维护，确保工单全部回单。

（2）评分标准。

1）功能建设：实现主动巡视工单功能，得 3 分；实现结果准确性评估功能，得 2 分。

2）班组应用：

a. 主动工单占巡视任务比不低于 40%，得 4 分；每降低 5%，扣 1 分，扣完为止。

b. 设备在线评估结果准确率达到 80%，得 4 分；每降低 5%，扣 2 分，扣完为止。

c. 回单率达 100%，得 2 分；每降低 5%，扣 1 分，扣完为止。

二、配电抢修（操作）班

（一）抢修单线上办理（32 分）

1. 工单流转智能化（16 分）

（1）评价内容及要求：

1）充分利用现有移动终端完成工单线上功能，鼓励基于内网软件研发外网移动应用。完成配电抢修业务线上工单流转相关规范制度的制定、执行。

2）基层班组人员基于相关应用及移动终端，开展配电抢修业务工单接收、工作执行、反馈全过程线上流转。

（2）评分标准：

1）功能建设：完成相关功能开发部署，得 3 分。

2）规范制度：编制印发线上工单全过程流转相关规范制度（有正式发文及培训记录），得 3 分。

3）班组应用：抢修工单线上流转率 100%，得 10 分；每降低 2%，扣 1 分。

2. 抢修票线上流转（16 分）

（1）评价内容及要求：

1）充分利用现有移动终端，完成抢修票线上流转功能。

2）基层班组人员建立抢修人员信息电子档案，基于移动终端，开展抢修票线上开票、记录、归档全过程流转。

（2）评分标准。

1）功能建设：完成相关功能开发部署，得 3 分。

2）班组应用：

a. 抢修人员信息电子档案达到 100%，得 3 分；每降低 5%，扣 1 分。

b. 抢修票线上流转率达到 40%，得 10 分；每降低 2%，扣 1 分。

（二）操作票线上办理（15 分 +5 分）

（1）评价内容及要求：

1）统一部署完成操作票线上办理、辅助校核，发令、受令、操作等功能。具备移动终端应用的单位，实现移动终端上操作票办理、流转及归档，并获取作业指导书和安全注意事项，支撑故障抢修工作。

2）基层班组运检人员完成操作票全流程线上办理。

（2）评分标准。

1）功能建设：

a. 完成相关功能开发部署，得 5 分。

b. 完成移动终端图形辅助开票及安措辅助校核、操作票线上流转功能，并在试点数字化班组应用，得 3 分。

2）班组应用：

a. 操作票线上流转率 100%，得 10 分；每降低 2%，扣 1 分。

b. 移动终端上操作票办理占比达到 20%，得 2 分。

（三）抢修过程主动可控（47 分 +5 分）

1. 工单驱动主动抢修（25 分）

（1）评价内容及要求：

1）统一部署，根据在线监测数据、异常及故障信息分析研判，推送故障信息至移动终端，下派主动工单，实现工单驱动主动抢修相关功能。

2）基层班组人员按要求执行工单任务，完成相关数据录入维护。

（2）评分标准：

1）功能建设：完成相关功能开发部署，得 5 分。

2）班组应用：

a. 当年工单主动工单占比不低于 50%，得 15 分；每降低 2%，扣 1 分。

b. 回单率达 100%，得 5 分；每降低 2%，扣 1 分。

2. 推广移动终端应用（15 分 +2 分）

（1）评价内容及要求：

1）统一部署，基于移动终端，完成抢修人员故障点巡查、处置方案确认、恢复送电等相关功能开发部署。

2）基层班组人员基于移动终端，完成抢修人员故障点巡查、处置方案确认、恢复送电等环节信息回填，具备条件的单位上传抢修前后照片等图档视频信息，完成填写抢修工单。

（2）评分标准：

1）功能建设：完成相关功能开发部署，得 5 分。

2）班组应用：

a. 基层班组人员移动终端开展抢修，工单填写完整率 100%，得 10 分；每降低 2%，扣 1 分。

b. 完成抢修图档视频信息传送，并在试点数字化班组应用，得 2 分。

3. 抢修全过程状态管控（7 分 +3 分）

（1）评价内容及要求：完成抢修人员行动轨迹记录，通过 GIS 地图可视化实现抢修轨迹查看等抢修过程管控功能。建立抢修人员、车辆和工器具等抢修相关信息数字化台账，辅助班组合理制定检修策略。具备现场智能可视化设备的单位，实现抢修现场画面的调取查看，实现抢修同步指挥，支撑配电网抢修全过程状态管控。

（2）评分标准：

1）功能建设：完成相关功能开发部署，并在试点数字化班组应用，得 3 分。

2）班组应用：

a. 完成安全工器具、车辆和工器具等数字化台账，得 4 分；每缺一项或台账不一致，扣 1 分。

b. 应用现场可视化查看，得 3 分。

（四）故障信息智能分析（6 分）

（1）评价内容及要求：依托配电自动化、供电服务指挥系统、智能融合终端台区大管家等模式，实现线路、配变故障精准定位，确定停电范围及停电用户，及时推送研判信息至抢修人员等功能。

（2）评分标准。

功能建设：

1）完成故障研判信息推送及线路、配变故障定位功能，并在试点数字化班组应用，得 2 分。

2）故障研判准确率达到 80%，得 2 分。

3）停电分析到户率达到 80%，得 2 分。

第五节　数字化班组建设评价案例

一、总体验收

以某电力企业为例，该企业评价采用“功能验收 + 资料评价 + 数据抽取”相结合的方式，功能验收审查数字化班组应用的功能，根据远程系统演示了解班组功能应用情况。资料评价检查班组覆盖范围，通过上报自评价报告、班组应用等佐证材料明确班组各专业班组应用系统类型、应用范围。数据抽取检查数字化班组建设周期内，各专业在 PMS 系统贯通、数据积累、作业增量方面的情况，反映数字化班组建设相关系统和模块应用以及与 PMS 贯通情况。

1. 资源业务中台建设情况

构建企业级设备树、图形服务及智能派单等微应用，实现一次设备同源维护试点应用。完成 PMS2.0、调控系统、营销系统等存量数据迁移治理工作，开展供电服务指挥系统、配电自动化等系统中台化演进。

2. PMS3.0 建设情况

基于电网资源业务中台开展 PMS3.0 试点建设，完成 PMS3.0 建设实施方案编制。

3. 物联网建设情况

结合智慧变电站、智慧输电线路、中低压配网透明化建设，按照设备侧物联网总体架构，部署传感器、设备边缘物联代理等装备（装置），推进标准传感网建设和设备侧物联网核心技术现场应用。打通试验仪器、移动终端、PMS 数据传输链路，实现红外测温、特高频、直阻等多类试验数据“一键获取、自动上传”。但该企业无人机、可视化、在线监测等智能装备（装置）覆盖范围、规模化应用成效还有待提升，各类传感器、感知装置的接入标准还需优化。

4. P/O 互联建设情况

有序推进 P/O 互联工作，实现工况、运行、检修计划、调度铭牌等数据共享。该企业部分班组已实现 P/O 互联，可实现操作票与调度预令、工作票与停电计划、停电申请单的互联互通。

5. 无人机自主巡检建设情况

积极推进无人机管控系统建设，完善配套规程制度，试点班组无人机配置和飞手取证率较高，无人机配置率高，班组（50 周岁以下）取证率达到一半以上。利用无人机开展输电线路自主巡检、激光点云数据采集、红外检测、高空传递等业务，借助喷火、照明等特种无人机开展清除异物、辅助照明工作，主动发现缺陷效率大幅提升。但受限于该企业互联网大区的承载能力，高效规模化应用还需提升。

6. 人工智能“两库一平台”建设情况

协同互联网部在管理信息大区和互联网大区部署人工智能平台，为各专业人工智能应用提供统一的样本标注、模型管理、在线推理和集成共享服务，并在无人机、视频（图像）等巡视中广泛使用图像识别技术，减少班组查看图片的数量，提高巡视效率。但图像识别算法准确率需进一步提高，同时需明确非结构化数据保存周期，为该企业后期硬件资源扩展、深化分析应用等提供依据。

7. 现场移动作业建设情况

全面开展了输变配电巡视、检修、检测、验收、抢修等业务移动作业建设及应用。现已统一输变配手机端微应用入口。部分班组实现移动应用数据与 PMS 互联互通。但存在移动应用 App 数量多、整合度不够的问题，部分 App 性能稳定性还需进一步优化，以岗位角色定制 App 应用有待进一步规范。

8. 实物 ID 应用建设情况

全面推进实物 ID 深化应用，实现设备源头赋码、设备源端维护、业务线上流转、责任全过程追溯，节省了工程验收时间，基础数据维护工作效率显著提升。该企业数字化班组设备赋码率、贴签率都保持在较高水平。但基于实物 ID 和移动终端开展设备现场巡视、检修和试验等进阶应用，仍需持续拓展和深化。

9. 两票业务线上办理情况

结合业务实际，实现操作票、工作票线上流转和移动办理，提升作业质效。实现两票移动办理并与 PMS 互联互通。但移动端的易用性有待进一步提升；部分单位图形辅助开票功能不齐全，需进一步优化完善。

10. 变电站“一键顺控”建设情况

积极开展变电站“一键顺控”改造和试点应用，缩短操作时间，大幅提升操作效率。部分变电站已实现 220kV 及 500kV 变电站整站“一键顺控”操作，但覆盖比例较低，规模效应发挥不明显。

11. 变电站远程智能巡视建设情况

充分评估巡视科目，使用机器人、高清视频装置开展“机器替代”例行巡视，利用图像识别技术对表计读数、油位异常等缺陷进行分析研判、智能告警，单次巡视由小时级缩减至分钟级，为基层运维人员减负增效，但人工智能图像识别算法准确率还需提升。

二、班组应用验收

（一）变电专业

1. 班组应用广度

移动作业、两票在线办理、人机协同巡视、技术资料在线共享、基础台账线上管理等应用功能基本覆盖试点班组。多班组共享抢修信息、工作任务单自动创建等应用仍在初步应用阶段，需尽快实用化并推广应用。

2. 班组应用深度

该企业所建功能均在试点班组得到了应用和验证，但应用情况存在差距。部分班组的检修计划、设备缺陷、工作票数量三项指标均良好，部分班组存在缺陷数据未录入、检修计划线下记录等情况，移动办理率仍需提升。根据资料审查情况，各班组远程智能巡视、作业移动应用系统导出数据多，表示班组应用覆盖规模广，但图形辅助开票、试验数据自动获取等方面，应用效果仍有一定提升空间。

（二）输电专业

1. 班组应用广度

移动作业、工作票在线流转、基础台账线上管理、无人机自主巡检、输电通道远程智能巡视等应用基本覆盖全部试点班组。

2. 班组应用深度

该企业所建功能均在试点班组得到了应用，但应用情况有所差异。根据数据分析情况，少数班组的检修计划、设备缺陷、工作票数量三项指标均相对较好，但是其他班组存在部分地市缺陷数据未录入、检修计划线下记录、工作票线下开具等情况，输电专业PMS2.0数据量整体上不高。根据资料审查情况，该企业输电通道远程智能巡视、无人机自主巡视后台数据量大，班组应用程度高，但是带电作业方案智能辅助编制、工器具资源共享等功能应用度低，同时台账治理、实物ID、移动作业还需在班组深入推广。

（三）配电专业

1. 班组应用广度

根据审核资料，低压单户停电、低电压台区停电、中压配电线路区段停电和配电线路停电故障智能研判，移动巡视、主动运维、带电检测、故障抢修、两票办理、负荷监测、等业务基本覆盖试点班组。

2. 班组应用深度

根据电网资源业务中台数据统计，该企业部分班组主动抢修归档率、主动巡视回单率、主动运检回单率均在99%及以上。

三、存在的问题

1. 规章制度亟待完善

随着两票业务线上流转、移动作业、一键顺控、无人机飞巡等新技术应用，班组所应用的运检装备和数字化装置越来越多，电网设备运维模式正在发生改变，而现有规程、流程仍是基于传统运检模式，与数字化转型不相适应。该企业在数字化班组建设中制定了一些制度、流程，但这些规范应用时间还不长，还需结合业务深度开展逐步完善。

2. PMS3.0建设需进一步加快

针对业务系统多、融合度不够等问题突出，系统需加快中台化演进；设备专业自用功能模块建设快、应用好，涉及跨部门协同的功能建设慢、应用情况不佳。同时部分单位电网资源业务中台还未全面应用，资产、资源等数据共享能力不足，导致部分班组台账数据维护仍采用传统人工收集校核模式。

3. 数据未有效驱动业务应用

各类感知设备台账、量测数据等分别存储在不同区、不同的系统中，部分模型标准、传输协议等未统一，一定程度限制了设备状态感知能力的提升。部分系统上线时间较短，数据少、数据质量不高、班组应用不理想，导致部分数据现阶段分析和利用的价值不高，不足以驱动业务的应用。工作人员未习惯使用系统中的业务数据，不同专业在系统中产生的业务数据参差不齐，缺陷等数据不录入系统的情况长期存在，只有让工作人员习惯使用系统数据，让系统的数据流动起来，才能使基础数据更加真实，以支撑智能化分析应用。

4. 网络通道传输受限

移动作业、无人机飞巡、远程智能巡视等业务紧密依赖网络通道，业务贯通的时效性和稳定性难以保障。受限于互联网大区网络带宽、隔离装置性能等问题，特别是无人机、可视化装置规模化应用后，数据传输的时延和性能难以全面满足业务需求。

5. 跨专业业务还需进一步融合

一、二次设备台账存在班组多次录入，还未实现班组一次录入，多源应用。与营销专业同源维护还需加快建设，提升图模数据贯通质量，配电数字化班组建设和评价标准还需优化。与建设专业数字化移交还未全面实现，导致数据重复录入，同时一键顺控、分布式行波等成熟技术未有效纳入新建工程建设，数字化手段覆盖范围不足。

四、下一步建议

1. 加快推进 PMS3.0 建设应用

应按照 PMS3.0 整体技术架构要求，以设备侧电力物联网总体架构为指导，全面推进中台建设及同源维护应用，互联互通各类数据，实现数据的采集、存储、变更和应用的统一管理，为数字化班组建设落地实施提供基础保障。加快 PMS3.0 建设，在各专业内部整合应用微服务和 App，实现业务操作便捷化、移动化，数据访问透明化，应用辅助智能化，支持数字化班组建设落地。

2. 全面总结推广典型经验

建议分专业对一线班组的业务数字化需求以及已实现的功能、已制定的规程制度、仪器与移动终端交互方式等进行全面评估，认真总结提炼适合推广的典型经验，形成一批一线员工好用爱用、能提质增效的热门微应用，形成一系列与业务高度吻合的制度规范，形成一套完善的装备、装置数据交互技术，助力班组提升工作质效。

3. 健全专业数据管理机制

强化工作人员使用系统的习惯，从各级管理人员做起，自上而下的使用业务系统中的数据，减少线下报表的收集，让系统数据流动、真实。同时各单位要加强业务数据核查和管控，强化数据分析，提升数据质量，支撑数字化转型。

第五章
数字化班组建设的典型应用场景

随着能源革命与数字革命加速融合，能源行业迎来全面转型升级机遇期。电力企业作为国有能源骨干企业，承担着重要的政治责任、经济责任、社会责任。无论是服务新发展格局、服务碳达峰碳中和，还是推动企业战略目标落地，都迫切需要其立足新发展阶段、贯彻新发展理念、主动把握新发展机遇。加快数字化转型，驱动发展方式、生产模式和治理形态变革，成为推动电力企业高质量发展的不二选择。以国家电网公司为例，当前公司正处在由信息化到数字化的全面跃迁和加速演变期，需要加快对数字化转型的战略定位和发展重点形成广泛共识。公司首先明确了具有中国特色国际领先的能源互联网企业的战略目标，并提出“一业为主、四翼齐飞、全要素发力”总体布局，树立资产战略管理理念，以保障设备资产精益管理高效运营为核心，推动资产管理全要素、全业务、全链条数据资源共享，实现“设备、作业、管理、协同”四个数字化，为公司数字化转型明确了目标。

班组是生产业务的最小单元，也是数字化和信息化最活跃的实体单元。以数字赋能班组，开展班组数字化建设，优化班组作业模式和设备管理模式，是企业数字化转型的重要载体，也是提升运检效率的必然选择，更是现代设备管理体系建设和践行企业发展战略的重要举措。电网数字化班组建设不仅是构建现代设备管理体系的重要任务，同时也是保障电网安全和可靠供电的重要抓手、还是提升工作质量效率效益的重要支撑，因此数字化班组建设成为数字化转型的重中之重。

目前电力企业数字产业化发展态势良好，综合能源、车联网、芯片、大数据、能源电商、能源工业云网等新业务、新产品、新服务不断涌现。国家电网公司数字化转型基础良好，已经建成央企领先的集团级信息系统，新型数字基础设施初具规模，业务数字化建设应用初见成效。基本实现电网运营、企业经营、客户服务等核心业务线上化。本章通过分析变电、输电和配电三类数字化班组典型应用场景，为电力企业数字化班组建设探索一条可鉴之路，也可为能源行业提供一定的参考和借鉴作用，帮助企业切实解决当前和可持续发展的痛点、难点、堵点问题。

第一节　数字化变电班组典型应用场景

一、变电运维班

变电运维班主要承担变电站运维巡视、倒闸操作等传统运维业务，开展工程项目管控、设备状态评价等设备主人业务，覆盖运维、检修、检测、评价、验收等设备全寿命周期管控工作：

（1）贯彻执行上级各项规章制度及技术标准；

（2）负责所辖无人值守变电站的安全管理、运维管理、设备管理、技术管理等工作；

（3）负责所辖无人值守变电站的设备巡视、事故及异常处理、现场倒闸操作、工作许可（终结、验收）、定期切（轮）换试验、接地线管理、现场安全措施落实等运行维护工作；

（4）负责所辖无人值守变电站设备台账、设备技术档案、规程制度、图纸资料等的管理；

（5）参加新建、扩建、改造变电站工程的验收和各项生产运维准备工作。负责所辖无人值守变电站消防、保卫、车辆、站容站貌等管理。变电运维班主要有以下几部分的典型应用场景。

1. 台账有序管理

（1）传统模式。电力企业为提升变电运检管理水平，实现变电管理全公司、全过程、全方位标准化，相关部门组织编制了电力企业变电验收、运维、检测、评价、检修管理规定和反事故措施（简称“五通一措”）。例如以某电力企业隔离开关验收为例，验收细则包括可研初设审查、厂内验收、到货验收、竣工（预）验收、启动验收五个关键环节，审查参加人员应为技术专责或在本专业工作满 3 年以上的人员，隔离开关可研初设审查验收需由隔离开关专业技术人员提前对可研报告、初设资料等文件进行审查，并提出相关意见。可研初设审查阶段主要对隔离开关选型涉及的技术参数、结构形式、安装处地理条件进行审查、验收。审查时应审核隔离开关选型是否满足电网运行、设备运维、反措等各项要求，并应做好评审记录。厂内验收要求隔离开关的关键点见证人员应为技术专责、或具备班组工作负责人及以上资格，或在本专业工作满 10 年以上的人员，关键点见证采用查询制造厂家记录、监造记录和现场查看方式进行，验收发现质量问题时，验收人员应及时告知物资部门、制造厂家，提出整改意见。出厂验收的隔离开关验收人员应为技术专责，或具备班组工作负责人及以上资格，或在本专业工作满 10 年以上的人员，出厂验收内容包括隔离开关外观、隔离开关制造工艺、出厂试验过程和结果。验收发现质量问题时，验收人员应以“出厂验收记录”的形式及时告知物资部门、制造厂家，提出整改意见，并报送运检部门。隔离开关到货验收由所属管辖单位运检部选派相关专业技术人员参与，到货验收应进行货物清点、运输情况检查、包装及外观检查，验收发现质量问题时，验收人员应及时告知物资部门、制造厂家，提出整改意见，填入“到货验收记录”，并报送运检部门。隔离开关的竣工验收负责人员应为技术专责或具备班组工作负责人及以上资格，竣工（预）验收应对隔离开关外观、安装工艺、闭锁、信号等项目进行检查核对，应核查隔离开关交接试验报告，必要时对交流耐压试验进行旁站见证，应检查、核对隔离开关相关的文件资料是否齐全。验收发现质量问题时，验收人员应及时告知项目管理单位、施工单位，提出整改意见，填入“竣工（预）验收及整改记录”，报送运检部门。隔离开关启动投运验收由所属管辖单位运检部选派相关专业技术人员参与，竣工（预）验收组在隔离开关启动验收前应提交竣工（预）验收报告，隔离开关启动验收内容包括隔离开关外观检查、设备接头红外测温等项目，验收发现质量问题时，验收人员应及时告知项目管理单位、施工单位，要求立即进行整改，未能及时整改的填入“工程遗留问题记录”，报送运检部门。

从上述变电站隔离开关的完整台账来看，针对一个隔离开关的验收的五个关键环节，不仅要求多个专业多个部门的人员相互配合，且验收的要求繁多而杂乱，验收的过程中涉及大量的纸质资料的传递和记录，验收结束后同样需要人工进行验收信息的录入，且还存在各个系统中的数据不互通的现象，验收工期如果是短期还好，各种资料还处在线下流转之中，能够较为轻松地查阅到，但是当验收工期很长，各种纸质化资料早已处于归档尘封期，各个流程之间的数据难以形成联系，会造成同一设备的数据不同源的现象。另外，以上述隔离开关为例，同一个变电站内会涉及许许多多的隔离开关，这些隔离开关相似度极大，除了依靠铭牌数据以及人为根据图纸命名的数据来进行区分，其他的方式也属实难以奏效，存在设备身份信息难以确认的现象。设备不出现问题倒是还好，如果出现问题，检修起来会很麻烦，光是找出故障点就足以让运维人员头疼了，设备内部损坏就更让人头疼了，需要联系相关的厂家维修人员，约定好时间上门维修，维修周期长且有时候设备不是轻易就能维修解决的。所以设备缺乏智能化以及台账信息缺乏自动维护和预警等功能也是困扰变电运维班组的一大难题。

（2）数字化管理。基于 PMS 和电网资源业务中台，完善数据维护、核查机制，完成存量数据迁移治理，确保基础台账（含图形）及履历信息完整准确，实现设备账卡物一致。基于移动终端和实物 ID，实现增量设备扫码建档、设备位置自动采集和系统辅助校核。开展建设阶段设备图形、台账等资料数字化移交，实现源端维护。

1）设备台账准确维护。班组人员借助台账维护超期限提醒功能开展基础数据校验核查，对错填漏填项修改完善；定期或不定期地对基础台账准确率（台账字段的完整性、逻辑性、图形与台账一致性）、账卡物一致率（AM-PM 一致率）、设备履历信息准确率

（包含试验报告、状态评价、设备变更信息、缺陷记录、故障记录、检修记录等信息）进行核查，将报错信息不断整改完善。班组人员同时借助台账维护自动核对系统对存在的冲突信息以及缺漏信息预警，并不断学习，积累案例经验，自动的匹配核实相关信息，经过与班组人员的互动，快速准确地维护台账信息。

2）设备履历信息准确率。班组人员借助电网资源业务中台、新一代设备资产精益管理系统（PMS3.0）为支撑、对以往设备的存量信息进行核实维护，对错填漏填项修改完善，对新老系统中的冲突信息进行筛选比对，突出需要更改确认的台账信息，实现设备履历的更新，并自动地对老设备信息中的不稳定及风险因素进行预警，并借助监测分析系统对其处理，提供最优化的方案给班组人员去处理，对不能进行自动处理的信息实时与班组人员互动，班组人员借助配置的移动终端开展巡视，作业人员到达现场利用移动终端查询、核对、维护基础台账及履历信息，对现场不清楚的信息记录反馈，并不断完善，循环滚动修正，实现基础数据完整性、准确性达到100%。

3）实现设备台账同源维护。班组人员利用同源维护套件在电网资源业务中台基础台账管理模块开展新、改、扩建变电站设备台账和图形维护、参数一键顺控导入，可以贯通发展、基建、物资及运检的系统数据，实现新、改、扩建变电站设备台账参数表、变电站三维设计模型、设备实物ID等多项数字化成果共享和同源维护。

通过数字化的设备业务管理，可以进一步提升设备台账、图形信息的准确、规范、完整性，支撑设备全过程管理闭环、资产全寿命周期全过程联动贯通，满足信息化建设的“数据一个源、规范一体系、业务一个流、全网一张图”的全寿命设备资产管理的应用要求，为各专业管理应用提供可信、可靠、可用的设备台账信息，为设备管理在线化、管控手段移动化、业务数据透明化和技术应用智能化提供强大的基础支撑。

2. 资料共享

（1）传统模式。巡视人员得到上级下发的纸质材料去到现场进行设备及线路的巡视，对出现异常的情况只能现场记录，在事态紧急的情况下通过通信设备向站内人员反馈，只得等站内人员的通知才能进行下一步操作，且在等待的过程中无法得到设备的相关信息，在事态复杂的时候，站外巡视人员得不到异常设备的关键信息，而站内人员又无法确切地知道现场异常设备的现状，会造成双方信息闭塞的情况出现，影响工作的正常时限。

例如开展变电站检修时，检修人员与变电站中心指挥人员之间的沟通只能通过及时通信设备来沟通，检修人员爬到线路铁塔上去时，整个过程非常耗费时间，上下一趟平均耗时20分钟左右，途中还有安全风险，对检修到的问题仅仅能通过现场记录或拍照的方式留下痕迹，对同一个检修问题在铁塔上无法进行探讨，一方对问题阐述以及记录不完整，还得另外派检修人员重复处理，费时费力，由此带来诸多不便。

变电班组的人员可能无法及时自主的获知设备的设计信息以及使用情况，此时可能需要同其他部门或是更上级的相关部门咨询索取，且可能其他部门不能及时准确地反馈相关信息的问题出现，会造成各个部门封锁在自己的相关领域，信息无法深入的流通。

（2）数字化管理。构建电网主设备知识库，开展标准规范数字化，利用计算机技术、扫描技术、OCR 技术、数字摄影（录音、录像）技术、数据库技术、多媒体技术、存储技术等高新技术把各种载体的档案资源转化为数字化的档案信息，形成一个有序结构的档案信息库，实现资源共享，支持资料在线检索。现场利用移动终端，实时调阅设备台账、图纸档案、运行检修规程、作业标准流程、精益化评价细则、典型故障案例等技术资料，支撑运检作业在线办理。

1）电网主设备知识库。主设备知识库是数字化转型的基础支撑，是精益化管理的有效手段，是赋能基层班组的有力举措，有助于将知识资源嵌入业务流程关键节点，推动班组由"作业执行单元"向"价值创造单元"转变。通过机器识别、人工智能相关的技术，构建电网主设备知识库，设备资产占公司固定资产的 80% 以上，设备技术标准、产品资料、缺陷故障案例等知识资源是重要的生产要素和数据资产。围绕"知识平台建设、关键技术攻关、业务场景应用"三大任务，推进主设备知识库建设。在知识库移动客户端试运行期间，累计服务已达几百万余人次，帮助基层解决技术标准查找难、资料获取时间长等痛点问题。

2）资料在线检索。目前，主设备知识库按照共性和个性 2 类知识、7 大专业方向、*N* 个知识点，打造"2+7+*N*"电网主设备知识体系；收录 7 大专业 72 类设备共 1855 项技术标准，覆盖设备管理主要技术标准，完成 1829 项技术标准的数字化加工，数字化率超过 98%，成功建成公司首个千万级设备知识图谱。依托电网主设备知识库和统一移动门户检索平台，检索精度可以从文档级提升到条款、语句级，甚至是图片级。变电运维巡视作业人员可以在现场实时查看设备的状态信息，对不确定的信息直接线上检索，大大提升以往信息资料相对闭塞，导致信息不流通的低效率巡视现象。

3）现场移动终端。以某电力企业为例，公司为解决庞大的网架结构所隐藏的细枝末节的问题，基于内网系统开发 i 国网和网上电网平台等个人移动门户，利用统一移动门户中的相关移动终端对现场的实际情况进行实时采集上报，例如采集现场设备的温湿度信息、噪声波纹情况、设备外观情况等信息，建成设备侧物联网等基础建设，实现整个变电站一张网，一张网管理一个变电站。

3. 两票流转

（1）传统模式。两票等作业仍采用书面填写、系统补录形式，数据无法实时回传，业务难以全流程贯通，两票之间的流通仍需要一方工作负责人与另一方工作负责人面对面交接，有时会出现一方工作已完成，另一方还未到达交接现场，致使工作停滞，浪费大量的时间在等待上面，且全流程采用纸质工作票，工作现场的环境各异，工作负责人会在现场查看或核对其他信息如双重名称等，但随身需要携带工作票或操作票，相当不便利，会发生两票遗留在工作现场或两票遗失的情况，对工作开展影响极大，且传统模式的两票签字人字迹各不相同，有的除本人或是相当熟悉的人才能认清，在工作任务结束之后进行两票登记的又是其他人，来来回回询问才能登记清楚，对完成一项工作任务的过程中两票起了至关重要的作用，但是两票的制作、签发、审核、填写、回收都可能不是同一个人，这样造成两票流转困难。另外，两票的保存管理是由专人负责，需要按月度进行两票的汇总装订，各执行单位还需按照“两票”的实施细则对两票进行自评，上级单位会对该单位的两票进行季度和年度抽查，确保两票的规范流转，所以，纸质的两票的保存也是一个重大的问题。

以某变电站的两票流转为例，依据两票管理规定，变电站两票由专人填写，填写途中不得修改，对于已经修改的工作票作废时需要得到专人审批并盖章，第一种工作票的使用时间为 10 天，当天结束之后工作负责人和操作人需共同确定现场的施工状况，双方确认无误后共同签字，第二天开工前仍然需要双方共同核对相关情况以及票据，确认一致后方可再次开工，会造成大量人力物力财力的浪费。

（2）数字化管理。通过管控平台数字化两票（工作票、操作票）功能建设及应用，以工作任务为载体，实现编制、签发、许可、变更、终结、归档等工作票流程和停役计划、停役申请、调度任务令、拟票、审票、执行、闭环、评价、归档等操作票流程的贯通，结合移动终端应用，实现两票业务数字化应用。

融合 OMS、PMS 应用，以工作任务为载体，实现作业全流程贯通、停役计划联动、历史记录自动关联。基于电网拓扑和实时状态，实现图形辅助开票、安措辅助校核。基于移动终端，自动记录作业过程、安全措施、许可汇报信息，并回传 PMS，实现两票无纸化流转。

1）停电管理系统（outage management system，OMS）。OMS 包括计划停电管理和故障停电管理。目的是加强对计划停电的管理，迅速处理故障停电，缩短停电时间，提高供电可靠性，并为故障报修应答系统提供恢复供电的信息，以及实时回答配电部门对有关恢复供电的咨询，提高电网服务质量。

2）图形辅助开票。通过人工智能技术的应用，开发出图形辅助开票系统。该系统使得变电所操作人员可以用图形直观地描述变电所的设备线路图，并在几乎不用输入数据的情况下用鼠标或实时监控系统方便直观地改变设备状态，系统会自动生成倒闸操作语句并能模拟执行过程。该系统还具备防止误开操作票的功能，当运行人员在开操作票时违反了设置的设备操作顺序的逻辑关系，系统会立刻报警提示，保证了变电所的安全运行。操作票条款的自动生成，大大减少了由于人为因素而产生的偏差，增强了倒闸操作直观性和实时性。

3）安措辅助校核。安全措施主要是指在变电运行及检修工作中为了保证人身、电网及设备安全，将待检修设备与运行设备进行安全隔离的措施。安措辅助校核示意图如图 5-1 所示，对于二次检修专业，安全措施主要针对模拟量输入回路及跳合闸、遥控、启失灵等开出回路，涉及的设备主要包括：继电保护装置、保测一体化装置、合并单元、智能终端、智能单元等设备中的一种或多种，安措实时监视及告警过程其实是安措实施状态信号生成、实施状态信号传递、实施状态信号解析、实施状态信号比对，最后通过画面进行展示或告警的过程。智能变电站一体化监控系统或者智能变电站继电保护在线监测及智能诊断装置实现了数据从过程层传递到间隔层再到站控层的数据通道。

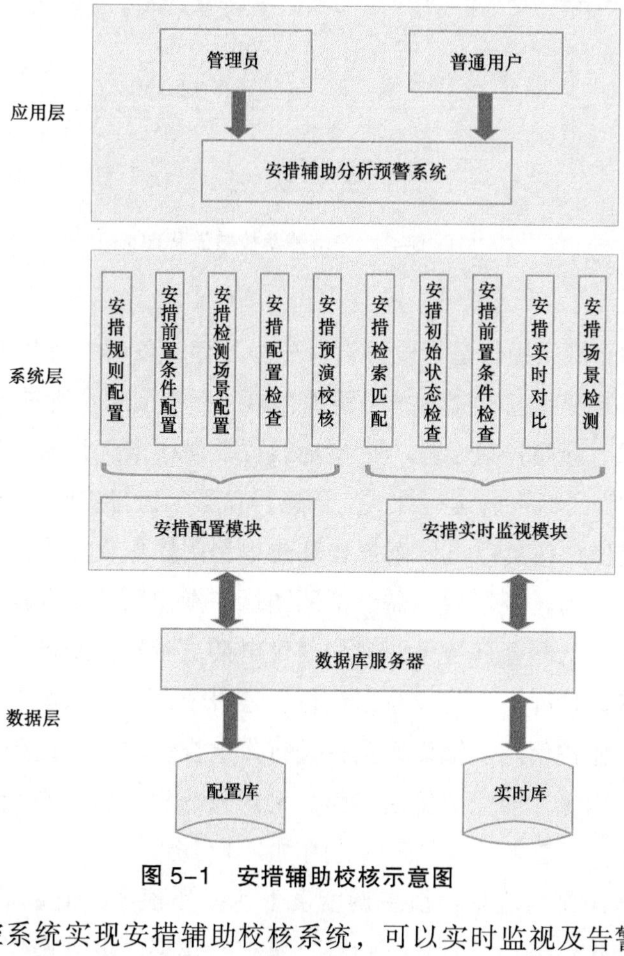

图 5-1 安措辅助校核示意图

基于一体化监控系统实现安措辅助校核系统，可以实时监视及告警，并可部署于基于一体化监控平台实现的智能变电站二次设备在线监测及智能诊断装置上。并结合智能变电站二次虚回路监视的相关技术即可实现安措可视化。安措确认机制可以通过实时状态信号比对和状态感知、场景检测实现双重确认机制。安措辅助校核流程图如图 5-2 所示。

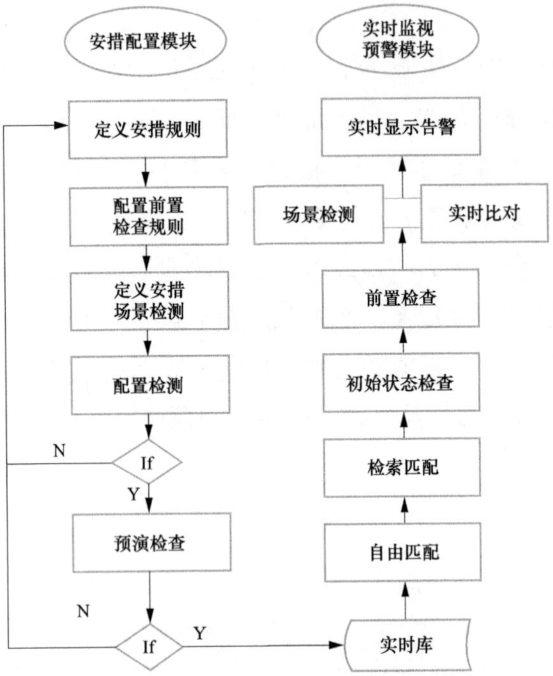

图 5-2　安措辅助校核流程图

4. 倒闸操作

（1）传统模式。倒闸操作是指电气设备分为运行、备用（冷备用及热备用）、检修三种状态。将设备由一种状态转变为另一种状态的过程叫倒闸，所进行的操作叫倒闸操作。通过操作隔离开关、断路器以及挂、拆接地线可以使得电气设备从一种状态转换为另一种状态或使系统改变了原来的运行方式。倒闸操作必须执行操作票制和工作监护制。

变电站的倒闸操作包括停电倒闸操作和送电倒闸操作，操作流程多，且涉及多方人员的配合。工作人员到达现场后，需要按照图纸和操作票核对要操作的设备及线路，核对正确之后，在以前的社会环境下，只能通过电话或者短信来进行操作前的沟通，在现场吵闹和信号不好的情况下，沟通难以进行，还得依靠人工开车前往现场对操作的设备再次核对，并现场监护倒闸。操作人员在进行带电投切闸刀的过程中，会存在触电的风险，且需要一定的力量才能完成倒闸操作，倒闸完成后，仍需要通过电话等进行调度汇报，流程烦琐杂乱，复杂化了一项简单的倒闸操作任务。

1）停电倒闸操作的流程：值班调度员下达操作预令、值班负责人接受操作预令、值班负责人审核操作任务的可行性、拟票、审核操作票、进行操作危险点分析和制定控制措施、操作前准备、值班负责人联系调度、实际操作、复查、操作结束汇报及记录、操作评价。

2）送电倒闸操作的流程：工作结束、检修设备验收、汇报值班调度员检修设备具备送电条件，可以送电、值班调度员下达操作指令值班负责人接受操作预令、审核送电操作票、进行操作危险点分析和制定控制措施、操作前准备、值班负责人联系调度、实际操作、复查、操作结束汇报及记录、操作评价。

（2）数字化管理。通过智能设备投入使用，融合状态感知、一键顺控、智能联动、数字化仪表等技术，研发变压器、断路器、电缆、开关柜等10余类智能设备，提高设备自检、自测、自校能力。完善运维（运检）班组监控系统终端工作，结合站端图像监控补强等辅控系统建设工作，实现远程执行开关遥控、重合闸投退等单一操作。具备一键顺控技术条件的变电站，除远程执行开关遥控、重合闸投退等单一操作外，还可远程执行其他程序化操作。不具备一键顺控技术条件的变电站，可按照一键顺控技术规范，结合变电站改造计划，逐步开展一键顺控改造，将传统倒闸操作模式转变为一键顺控操作模式，缩短操作时间、降低操作风险，提高工作效率，实现倒闸操作安全高效。

1）状态感知。变电设备在正常运行时和故障前后，通常伴有“电、声、光、化、热”等多种特征信息，通过对设备不同的特征信号开展带电检测或在线监测，感知和分析设备状态，可以发现和消除很多类型的设备缺陷和隐患，进而避免设备故障及由此引发的电网安全事故。智能传感与状态感知技术是电网数字化、物联网、大数据、智能化的基础，而各类感知传感器及终端是电网运行状态的神经末梢，各个维度的感知数据支撑着电网生产指挥决策体系，是电网可靠运行的重要保障。通过大、云、物、移、智、链等技术在电网中的深度应用，电力设备状态感知技术向智能化设备融合的方向已趋成熟。传统情况下，由于设备故障机理复杂、运行环境多样，针对不同设备的差异性难以建立完善、精确、统一的评估和诊断模型。感知装置积累的海量状态数据，若采用专家人工进行分析诊断，则效率将无法得到保障。借助人工智能及大数据技术可以突破变电设备状态感知瓶颈，带来了全新的解决思路和技术手段，可以实时对设备的状态进行感知，自动地进行倒闸操作。

2）智能联动。通过主辅系统信息的紧密结合，实现从传统的被动监控模式向主动监控模式转变，包括前端系统，通信网络和监控中心系统，前端系统通过通信网络与监控中心系统连接；前端系统包括接入通信网络的变电站处理系统以及分别与变电站处理系统连接的视频监控子系统，安防子系统，消防子系统，门禁子系统，环境监测子系统，照明子系统和在线监测子系统；通信网络包括无线电力专网或有线电力专网；监控中心系统包括接入通信网络的网关设备以及分别与网关设备连接的视频服务器，Web服务器，转发服务器和客户端系统；通过整合变电站各种系统于一体，实现了资源共享，协同工作，大大提高了无人值守变电站运行环境安全管理水平和工作效率。

3）一键顺控技术。是将大量、烦琐的人工倒闸操作步骤固化到专用后台计算机上，只要在计算机上点击一下所需的“操作任务”，计算机就可以自动地完成一系列的设备遥控操作，同时还能够自动校验是否操作到位，确保操作正确。智能变电站的高级应用功能中利用智能变电站的顺控功能，将变电站的常见操作根据一定的五防逻辑在智能变电站的监控后台上编制成操作模块按钮，操作人员在操作时不需要编制内容复杂的操作票，只需要根据操作任务名称调用“一键顺控”按钮对应的操作票进行操作即可完成目的操作。一键顺控主机负责站内数据的采集、处理，应具备站内设备的一键顺控、防误闭锁等功能，应不属于变电站安全I区。过去，人工操作一条110kV线路停（送）电，大约需要30分钟，这期间需要操作人员与监护人员不断地重复着发令、复诵、操作、现场检查等步骤，可以说费时费力。而如今，这样一个操作仅需在计算机上点选一下“操作任务”，5分钟内，计算机就可以按既定顺序远程完成所有设备的遥控操作，操作过程不再需要工作人员参与。“一键顺控”的应用不仅大幅提高了工作效率，还大幅降低了停送电时间，为供电可靠性做出了重要贡献。

5. 日常巡视/设备监视

（1）传统模式。变电站的日常巡视项目包括：主变压器的正常巡视、主变压器的特殊巡视、SF_6断路器正常运行时的检查项目、隔离开关的巡视检查、站用电系统的巡视检查、电压互感器（TV）的定期巡视、电流互感器（TA）的定期巡视、避雷器的正常巡视项目、避雷器及避雷针的特殊巡视检查项目、继电保护及二次回路运行中的检查等。巡视人员变电站巡视需要明确巡视路线，了解需要巡视的内容，借助相应工具了解设备运行详细情况。巡视人员要熟悉各种电力设备，保证有充足的巡视时间，对于每一个环节细致认真的检查。尤其是对于容易发生故障的设备，更要重点关注。除了变电站内设备的检查，还应注意变电站内部环境，通风状况，封堵情况等，另外同样重要的是定期查看变电站外部线路及设备的状况。同样的，变电站的人为巡视有诸多需要注意的地方，例如在雷雨天气时，变电站巡视人员需要对巡视的设备保持规定的距离以及遵守严格的电力安全规定，势必会影响变电站巡视的精度和进度，长时间的恶劣天气更不宜进行变电站的人为巡视工作，从而会影响每年的变电站的巡视检修计划，进而产生一些设备到期不检查的纰漏。变电站目前巡视常见的人为问题主要是：

1）思想重视程度不够，责任心不强是影响巡视质量最主要的原因。

2）不能正确理解巡视工作。在巡视过程中通常要记录一些数据，如SF_6压力、油压、主变油温等。于是有些运行人员只把抄这些数据当作巡视的主要内容，却不知这只不过是巡视工作的一小部分内容，这样就不能保证把全站所有运行设备巡视到位。

3）正常的巡视次数无法保证。虽然各地方的规定有所不同，但是基本上每天的巡视次数应该在5次左右。

以上这些项目的检查，最少需安排两名人员同时开展巡视，并且变电站的巡视基本都是需要人员步行巡视，对于杆上的线路及设备经常需要登杆巡视，借助红外测温仪，局部放电等智能设备拍摄相关设备敏感部位的局部情况，拍摄完成之后需要回到地面甚至是回到单位之后才能进行结果分析，虽然近几年逐步推广变电站巡视机器人辅助巡视，但是机器人存在功能相对单一，且巡视准确率不高，作用有限等缺点，有时候携带机器人反而变相地加大了巡视人员的工作难度。

（2）数字化管理。通过开展变电站智能化提升改造，完善工业视频、在线监测等站端感知类装置配置，推进智能巡检机器人安全接入内网，全面建成变电站辅控系统 2.0 以及三维可视化虚拟平台，依托变电站辅控系统 2.0 以及三维可视化虚拟平台，开展变电站远程智能巡视功能的部署应用，变压器（电抗器）缺陷与故障声纹识别的应用，部署图像智能识别、大数据分析等技术应用，实现例行巡视等业务的机器替代。

按照“人机协同”工作原则，借助移动终端和实物 ID 应用，将管控平台巡视任务分别推送至辅控系统 2.0 及移动终端，实现巡视过程自动记录，巡检报告自动生成，作业记录在线回传，实现缺陷异常现场登记。通过管控平台将定期切换任务，推送至移动终端，调取标准作业卡，实现定期巡视无纸化作业。

通过调度终端延伸，采集一次设备、继电保护及稳控装置、自动化设备、站用交直流系统等遥测、遥信、遥控和遥调数据，实现主设备关键信息监视。融合变电站图像监控、设备在线监测、消防监视、安防监控、动力环境、机器人等技术手段，实现辅助设备关键信息监视。

结合集控站建设工作，新一代集控站设备监控系统建设投运后，结合站端设备改造，按照《自主可控新一代集控站设备监控系统系列规范》，逐步将变电站主设备、辅助设备监控信息接入新一代集控系统，实现主辅设备全面、智能监控。

1）变电站辅控系统 2.0。依托通信技术、自动化技术、视频监控技术、图像压缩及网络等技术，变电站内智能辅助监控技术得到大幅提升，实现站内真正无人值班已为可能。变电站辅控系统 2.0 可实时监控开闭所内 SF_6 气体含量，氧气含量，温湿度以及人体感应，门禁，消防，视频信息的状态。智能监控系统可实时上传开关站环境状态至调度中心方便相关人员查看各小区变、配电房，开关站环境情况，保证安全运行。具有实时显示各种参数功能、历史资料查询功能等，该系统通过电力专网与电网资源业务中台交互，包括各种消防系统、安防系统、警笛系统、风机系统、水浸系统、灯光系统、门禁系统、空调系统、环境测量系统、环境控制系统、蓄电池系统以及排水系统的交互，实现变电站的智能辅助控制。

2）变电站远程智能巡视。主要包括一由站级辅助一体化监控子站 AMC 和视频服务系统两部分组成的变电站运维辅助一体化管控子站系统，站级辅助一体化监控子站 AMC 通过 485 或 TCP 或 IP 连接于设置在变电站内的各类辅助生产子系统，所述的视频服务系统连接设置在变电站内及周围的摄像头但现有的变电站远程智能监控系统主要实现的是：通过安装在变电站内的在线监测装置、通过在线监测的智能电子设备将在线监测数据上传至 PMS3.0 管控平台。将以往的变电站巡视工作录入管控平台，智能管控平台定期下发巡视任务到变电站辅控系统 2.0，辅控系统通过电力物联网连接相应的智能设备开展巡视工作，达到对变电站远程智能巡视的目的。

二、变电检修（试验）班

变电检修（试验）班负责变电设备现场检修、消缺、事故抢修、试验检测、检修物资管理等工作，开展生产计划编制、技改大修项目管控、检修过程管控、设备状态评价等重点业务。主要承担全区 35kV 及以上变电站一次设备的检修、维护和事故抢修任务。

1. 检修物资智能管理

（1）传统模式。检修物资管理是企业生产经营的一个重要组成部分，是做好设备检维修工作的物质基础，包括基础资料管理、检维修物资需求计划管理、备件领用和退库、备件储备与消耗定额管理、加工订货，验收管理、进口备件国产化和国产专用备件改型管理、修旧利废。传统模式的物资管理的依靠人工进行各类物资的登记与验收，入库与出库全依靠管理人员和领用人员的签字登记和沟通，物资的取用有时候显得略微烦琐，并且容易出错，例如抢修人员到达现场之后报告仓库管理人员领用物资，因天气等各种原因，造成物资型号确认困难，大型设备管理起来可能相对容易，对于很多细小且种类多的物资，仓库管理人员管理起来也会显得吃力。且各种物资的入库验收过程尤为复杂，需要多方人员联合验收，涉及很多的书面验收资料，出入库的登记也较为烦琐，需要人工清点和登记入账，报废以及定时送修物资的登记和清点也同样如此。

（2）数字化管理。通过完善管控平台与移动终端应用的功能，建成物资数字化管理平台，实现实物 ID 与移动终端数据贯通，分类维护检修物资（备品备件、工器具、仪器仪表）基本台账、检测周期、检测记录、最低配额等信息，实现检修物资出入库、送检提醒、质量跟踪、采购需求等业务数字化管理。结合设备运行情况、缺陷信息、使用寿命、使用频次等数据，完善备品备件等检修物资配置标准。

通过运用人工智能等技术，实现检修物资的智能化管理，依托物资数字化管理平台自动实现资产类备品备件、大型工器具、仪器仪表等检修物资台账线上管理。帮助班组维护检修物资的基本台账信息（厂家、型号、编号、出厂日期、存放位置等）、检测周期、检测记录、最低配额等仓储资料，确保台账信息完整、与现场实际一致、检修物资出入库记录齐全。并根据校验周期，自动推送工器具、仪器仪表送检提醒。根据物资消耗情况，自动生成采购需求报表，辅助班组检修人员智能管理检修物资。该平台可与检修人员绑定，管理人员可在移动终端调阅、维护仓储信息、出入库记录，接收送检提醒和采购需求报表。

2. 知识库实时调阅

（1）传统模式。变电站检修人员在遇到检修问题时，会与以往的故障情况相比对，在总结以往故障经验的基础上，对故障开展研究分析，从而解决故障，由于各个地市的故障情况相对闭塞，各地市管理部门为了某些方面的原因对自己的变电站的故障情况保密，从而使得变电站的故障研判进度发展迟缓，先进的处理案例得不到推广，落后的地区无法有效的借鉴成功经验，并且就算巡视到了问题，故障台账以及各种设备的相关信息也不在身边，一时难以获取，还得回到单位进行查阅比对，无法形成完整的挂账资料管理链。

（2）数字化管理。打通Ⅰ/Ⅳ区、内外网数据交互通道，实时获取设备运行、状态和环境数据，融合 PMS、统一视频平台等业务系统，实现设备状态在线评估、运检策略智能制定，支撑班组对设备状态、作业现场的实时管理。

持续完善电网主设备知识库，拓展管控平台“一站一库”功能应用，在变电站运规、典票等电子化审批、数字化应用的基础上，补充图纸、说明书、标准作业卡、应急预案、故障案例、试验报告等常用资料。

1）电网主设备知识库。主设备知识库是数字化转型的基础支撑，是精益化管理的有效手段，是赋能基层班组的有力举措，有助于将知识资源嵌入业务流程关键节点，推动班组由“作业执行单元”向“价值创造单元”转变。通过机器识别、人工智能相关的技术，构建电网主设备知识库，根据相关数据显示：设备资产占公司固定资产的八成以上，设备技术标准、产品资料、缺陷故障案例等知识资源是重要的生产要素和数据资产。围绕“知识平台建设、关键技术攻关、业务场景应用”三大任务，推进主设备知识库建设。以某电力企业为例，在知识库移动客户端试运行期间，累计服务为数众多的人次，帮助基层解决技术标准查找难、资料获取时间长等痛点问题。

2）采用统一组织构建的共性知识应用。检修班组在日常工作中充分应用主设备知识库共性知识服务开展运维工作，并参与共性知识库建设，收集并共享设备资料、故障案例，提出应用建议和合理化需求，不断完善共性知识应用库。

3. 检修作业在线办理

（1）传统模式。传统变电站检修人员在进行计划检修时，会参考以往的检修情况，指定今年的定期检修工作，与各个变电站的运行状态进行对接，确保检修工作的安全性，签发人员在详细的检修计划基础上制定两票，各运检人员根据纸质的两票到达工作现场开展检修工作，起重涉及大量的纸质工作票以及线上线下沟通环节，且检修途中的各个操作环节相对闭塞，不够透明，对于整体的检修工作的开展较为不利，检修人员可能在一天当中同时兼任好几处地点的工作人员，身心俱疲的同时可能会引发一些人为差错，容易发生安全事件。

（2）数字化管理。基于管控平台和移动终端，完善检修业务全流程管控功能，集成计划检修、变电检测、专业巡视、现场勘查、评价管理等移动应用，实现检修计划任务流转、现场勘察、检修方案会审、工作票执行、二次工作安全措施票执行、作业指导书（卡）调用、修试记录填写和试验报告录入等工作移动办理，作业数据在线回传，探索实现数据辅助计算、数值判断分析、辅助决策等功能。

1）数字化两票应用。以工作任务为载体，实现编制、签发、许可、变更、终结、归档等工作票流程的贯通，结合移动终端应用，实现工作票移动办理，实现无纸化的两票在线流转。

2）移动终端。关联试验装备（包含红外测温仪、开关柜局放检测仪、组合电器特高频、超声波测试仪、避雷器阻性电流测试仪等使用频次高、试验数据维护量大的试验装备），自动获取试验数据，并回传至PMS3.0系统。实现各类数据的在线流转。持续推进移动终端设备智慧专家（钉当）应用，实现技术资料在线检索、实时调阅，支撑运检作业在线办理、设备管理辅助决策。

4. 异常及事故高效处置

（1）传统模式。变电设备异常及事故的定义和分类，变压器、高压断路器、互感器、电容器、GIS设备、绝缘子、电动机的运行异常及事故处理以及电力设备在线监测和故障诊断。对于变电检修的异常情况，班组人员以现场研判为主，单位专家辅助研判为辅的策略，工作人员在进行工作的时候要明确自身的责任，在进行电力调度的时候要明确操作的指令，同时在指令明确的情况下才能进行倒闸操作，在工作中，如果发生事故或者出现故障，一定要按照规定进行及时的汇报，同时要进行及时的处理。在采取电气设备安全措施的时候，一定要保证设备完工才能进行验收。在变电设备运行过程中，一旦出现恶劣的天气情况，要对设备可能出现的事故进行事先的预计，同时在发生故障的时候，要做好相应的记录。

进行故障判断的时候，主要是根据相关的计量表以及继电保护装置的动作情况进行判断，在对异常情况进行检查的时候，重点要检查一些重要的变电设备，这样可以更好的分析事故出现的性质和范围。在检查事故的时候，必要的时候可以立即采取一定的措施，同时可以将出现问题的变电设备进行隔离，这样可以避免带来更大的事故。在分析相关事故的时候，运行人员要将出现的异常情况进行报告。在出现严重的变电事故的时候，对工作人员的生命也会产生很大的威胁，这种情况下，可以停止相关的设备运行，保护装置如果失去效果可以进行手动操作。

随着电力系统技术的进步，使得变电设备在技术方面也在不断进行改进，近几年来，各种智能设备例如电子监视预警装置，参数显示装置等开始辅助人工检修，对于变电设备中出现的某些特定情况已经得到了很好的解决，但是异常处置效率仍旧低下，各个设备之间、设备与人之间无法形成有效的交互。

（2）数字化管理。利用省公司统一部署的移动应用，通过开发异常事故高效处理平台移动终端，强化前后端信息交流互动，开展疑难问题专家远程会诊、协同指导，实现事故处理流程实时共享、全过程管控。开展故障设备主辅设备监控信息、跳闸信息（故障录波）、现场检查情况、影音图像的人工采集或自动推送，实现监控、运维、检修多班组的信息共享。

1）全过程管控。班组人员可以自动获取主设备基本信息、实时运行状态、在线监测、带电检测、缺陷隐患、检修试验等数据，实现设备状态实时分析、主动预警，智能生成设备状态评价报告，辅助运维和检修完成运检工作。

2）异常事故高效处理平台。实现运检任务主动推送，作业指导书自动编制，运检过程自动记录，检测装置、表计数据自动采集，缺陷、隐患信息现场登记，作业报告自动生成，作业记录在线回传 PMS。同时加入现有应急抢修功能，融合智能穿戴设备、布控球、工业视频等装备应用，实现抢修过程图像、影音资料实时采集、回传，用于远程诊断和抢修指挥，强化前后端信息交流互动，为抢修作业提供支撑。基于应急抢修功能，联动辅控系统 2.0、电网主设备知识库，快速调取图档资料、故障记录信息、实时气象等支撑资料，快速、准确定位并调配备品备件、生产车辆等抢修资源，提升应急抢修效率。

第二节　数字化输电班组典型应用场景

一、输电运检班

输电运检班组主要负责 35kV 及以上输电线路运行巡视和线路廊道管理工作；负责输电线路电力设施保护、输电线路缺陷管理、设备状态评价、安全性评价、带电检（监）测、隐患排查治理和故障抢修等工作；负责线路新建、技改大修项目竣工验收和投产前的准备工作；负责建立输电线路设备台账、资料、图纸档案和维护核查 PMS 系统数据；实施输电线路 A、B、C、D 检修；负责输电专业技术监督管理；负责重大节日保电工作等。输电运检数字化班组主要有以下几部分的典型场景。

1. 台账有序管理

（1）传统模式。大多巡检仍在使用手写报告记录的方式记录巡检信息，不仅信息不全面，而且随意性较大。这种方式费工、保存不便。如果录入电脑存档，录入途中又会存在数据丢失，录入错误的问题，耗工费时且很难全面体现真实情况。而且对发现的线路隐患及故障无法进行有效的分类统计分析，线路和附属设施的运行状况、运行参数等历史数据无法有效地被利用，不易查询。

（2）数字化管理。

1）数据迁移和治理。班组人员借助 PMS 系统和输电全景平台核查工具、台账维护超期限提醒功能开展基础数据校验核查，对错填漏填项修改完善；全面配置移动终端，巡视作业人员现场利用移动终端查询、核对、维护基础台账及履历信息，实现基础数据完整性、准确性达到 100%。

2）实现设备台账同源维护。班组人员利用同源维护套件在输电全景平台基础台账管理模块开展新、改、扩建输电线路设备台账和图形维护、参数导入，基于电网资源业务中台，贯通发展、基建、物资及运检的系统数据，实现新、改、扩建输电线路设备台账参数表、三维设计模型、设备实物 ID 等 17 项数字化成果共享和同源维护。

2. 工作票在线办理

（1）传统模式。传统输电线路作业前，要办理工作票、准备巡线任务单和操作程序卡；巡线中发现设备缺陷，又要填写危险点及安全措施单据等记录单，工作烦琐，如果工作人员对地形不熟悉，时常会迷失巡线方向，甚至有时回深入通讯盲区时，经常难以准确掌握巡线组方位和情况，万一遇到紧急情况，后果不堪设想。

（2）数字化办理。

1）人员资质、职责在线管理。在输电全景平台人员信息管理模块登记维护作业人员资质、职责信息；工作负责人或稽查人员现场借助移动终端人脸识别或身份证扫描，实现人员资质在线校核、职责确认线上流转。

2）工作票全过程在线办理。结合输电全景平台检修计划，创建检修工作任务，工作负责人根据工作任务在平台端编制工作票；工作票签发人在平台端或移动终端进行审核、补充、退回、签发等操作；工作许可人进行当面许可或电话许可，工作负责人在移动终端记录许可时间；作业中，作业人员现场安全措施可拍照上传；检修工作结束后，工作负责人在移动终端填写工作完成情况、工作结束时间，办理工作终结；经相关人员审核评价后，工作票线上回传归档至输电全景平台。实现工作票编制、签发、许可、终结、归档全过程在线办理。

3）工作票自动统计分析。班组人员借助输电全景平台统计功能模块，以工作票为基础，开展人员工况、工期、作业任务的自动统计，基于电网资源业务中台，为设备运检成本自动分摊归集、班组数字化管理提供辅助支撑。

3. 移动巡检作业

（1）传统模式。传统的输电线路巡检不利于随时掌握巡检员执勤的到位情况，无法有效地保证巡检工作人员按计划要求，按时按周期对所有的线路展开巡察，使巡检工作的质量和线路状态及设施运行数据的真实性得到保证；不利于及时掌握隐患情况及跟踪管理，很多的重大事故都因为隐患得不到及时解决或解决不彻底而造成的，缺乏有效跟踪复查隐患处理的平台，导致巡检发现输电线及设施的隐患无法有效跟踪；不利于真实掌握危及输电线和附属设施安全运行的状况及可靠的记录存档。

（2）数字化巡检。

1）实物 ID 建设及应用。基于输电全景平台台账信息，结合移动终端及实物 ID 应用，巡视作业人员借助移动终端扫码现场实物 ID，对设备本体参数、设备履历信息开展查询、核对和维护。基于电网资源业务中台，完成各系统信息同步，确保账卡物一致；同时，通过移动终端与实物 ID 位置信息在线匹配，满足巡视人员现场“打卡”作业需求。

2）移动巡视 / 检测业务。基于管控平台或移动终端，根据巡视 / 检测工作任务编制工作任务单并下达给工作负责人；工作负责人通过移动终端执行工作任务，根据推送的“班前班后会”工作单，现场交代工作任务、安全注意事项，工作班成员在线签字、确认后执行工作任务；巡视 / 检测工作完成后将巡视情况或检测情况报告录入移动终端，终结任务；运行专职（或班长）对已终结的任务单进行归档。同时管控平台可实时获取作业人员的工作轨迹和工作情况。

3）移动检修业务。结合智能运检管控平台检修计划，创建检修工作任务，工作负责人根据工作任务在管控平台上编制工作票。检修作业前，工作负责人或小组负责人借助移动终端对工作班成员进行班前会安全、技术交底，工作班成员在线签字、确认后，开展检修作业。检修结束后，工作负责人或小组负责人在移动终端填写检修记录等信息，并办理终结。实现业务流程线上化、检修监管信息实时上传、检修记录现场填写、技术资料自动归档。

4）“知识库”实时调阅。基于电网资源业务中台，现场人员通过移动终端实时获取输电全景平台上的线路通道隐患及危险点信息、法律法规、运维规范，辅助现场人员开展电力安全宣传。

4. 无人机自主巡检

（1）传统模式。传统输电线路巡检，大多依赖运行维护人员肉眼或手持仪器排查电路中的故障，根据经验判潜在隐患，然而，纯靠人力检测本身就是一个巨大隐患，巡检员很难一处不落的排除掉所有隐患，而在电网的运行中，任何微小的安全问题都有可能造成事故，导致大面积的瘫痪，造成巨大的经济损失；有时遇上下雨、下雪等恶劣天气，人力检查更是寸步难行。输电线路大多位处人烟稀少的郊区，远离市中心，需要特巡特维线路占全部线路比重的较大，运检难度大、质量要求高、人工效率低、危险系数高等问题日益突出。

（2）无人机自主巡检。

1）无人机巡检业务流程：计划上报→空域申请→无人机巡视→图片分析→缺陷上报。班组需提前向飞行地区所属公安局治安大队进行空域报备申请，履行相关报备手续，作业前需进行无人机飞行作业工作票填写及执行，起飞前向航巡中心进行空域计划申请，待批准后进行无人机巡检作业，巡检作业结束后向航巡中心申请工作终结，飞行任务执行后人员对所拍摄照片进行分析归档，最后通过 PMS2.0 系统缺陷管理流程完成缺陷、隐患消除。自主巡检无人机如图 5-3 所示。

图 5-3　自主巡检无人机

2）无人机应用机制。开展无人管控平台建设，已实现飞巡任务编制 / 下发、空域管理、飞巡状态 / 巡视数据实时回传、无人机台账管理、飞手驾驶证管理、缺陷图像智能识别、历史巡检记录管理、杆塔坐标校正、图片自动命名、缺陷报告一键生成、自主巡检管理等功能。

3）无人机规模化应用。无人机巡检图像智能视觉分析系统如图 5-4 所示，基于输电全景平台周期巡视计划，班组长在互联网大区差异化巡检策略模块结合管辖线路实际地形情况，差异化分配无人机、人工、可视化巡视任务；工作任务实时推送相关作业人员开展巡视，作业人员根据移动终端接收的作业任务类别，利用无人机红外检测、X 光检测技术，开展复合绝缘子发热检测和耐张线夹压接部位探伤，减少作业人员登塔次数，降低作业风险；借助喷火无人机、照明无人机，实现异物快速处置和辅助夜间检修作业。

图 5-4　无人机巡检图像智能视觉分析系统

4）立体协同巡检模式。如图 5-5 所示，以无人机机巢、手控无人机、无人机自主巡检、智能巡检机器人及各种在线监测设备为主要手段打造空天地立体巡检系统，人工巡视借助移动终端开展；可视化巡视由作业人员借助全景平台线上查看通道情况；无人机巡视借助站内机巢或直接到现场开展自主巡检，作业结束后巡视记录、巡检照片通过互联网大区存储，并借助互联网大区 AI 智能图像识别模块开展巡检照片自动识别，缺陷照片由作业人员确认后，巡视记录、缺陷结果等信息回传至输电全景平台进行巡视作业闭环。可以实现线路故障快速隐患排查、外破事件远程指挥快速取证和线路全自主远程。日常巡检故障平均排查时间从 1.5h 缩短至 15min，提升运维、检修工作效率。

5. 输电通道远程智能巡视

（1）传统模式。线路走廊“点多、线长、面广”，以“人防”为主的单一人工巡线模式，难以及时发现并消除通道隐患；传统视频监控装置传统视频监控方式安装难、价格贵、寿命短，需要人工 24 小时盯防，又难以规模化推广应用；每年 3 ~ 4 月鸟类筑巢的频率和速度相当快，并且还具有反复性、顽固性的特点。小鸟在筑巢过程中口衔的铁丝、柴草下落时可能引起接地或短路事故；鸟类伸展翅膀时也会引起相间短路甚至断线事故；如遭遇暴风雨天气，鸟巢吹散还会触及导线造成线路跳闸，给电力设备安全稳定运行带来极大威胁。人员现场喊叫、敲锣、放鞭炮及发现鸟巢立即拆除等措施驱赶鸟类。随着电网规模的逐步扩大，鸟害程度不断加重，这种人工驱赶鸟类的方法既费人力又费物力，而且需要长时间的坚持，难以有效防治鸟害。

（2）远程智能巡视。依托输电全景平台在线监测功能，综合应用自主智能诊断微拍、通道可视化、地线巡检机器人等远程监测设备，基于设备 AI 边缘计算能力，自主识别输电线路通道及周边环境等安全隐患（如异物、大型施工机械等）。借助远程视频巡查，如发现突发性事件，将事件推送移动终端提醒功能，通知就近运维人员开展现场处置，实现输电线路通远程智能预警和应急联动。

1）鸟害主动防御监控系统如图 5-6 所示，应用雷达技术主动探测杆塔附近鸟类并自动驱鸟，利用大数据分析不同鸟类声波习性，优选适合的超声波频率或激光进行有效驱鸟。通过驱鸟装置的数据积累及自主学习，分析线路周边鸟类活动习性，为绘制鸟害分布图和后续防鸟治理提供有力的数据支撑。

图 5-5　立体协同巡检模式

图 5-6　鸟害主动防御监控系统

2）线路接地电阻在线监测系统如图 5-7 所示。输电检修中心所辖线路的山区比例约占比 50% 左右，且多处于雷害易发区，杆塔接地电阻测量的工作量巨大。通过线路异常放电监测系统，开展接地电阻与放电泄流实时监测，实现在线测量接地电阻值及变化率、监测杆塔遭受雷击分布情况及杆塔泄电流值，从而减轻班组工作量，确保输电线路安全稳定运行。

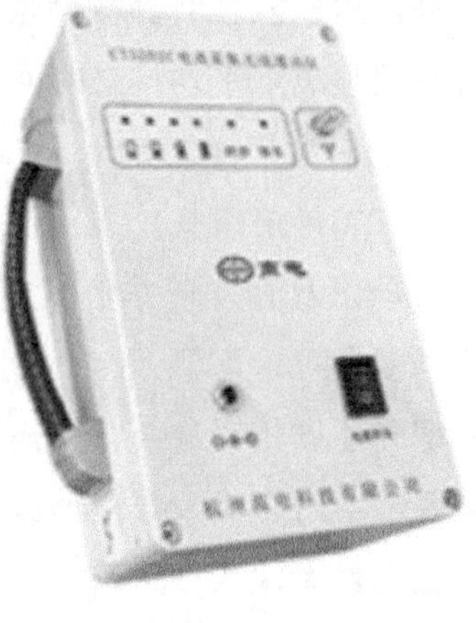

图 5-7　线路接地电阻在线监测系统

3）基于卫星遥感的通道隐患管控系统如图 5-8 所示。利用遥感卫星对输电线路走廊区域进行监测，采用卫星遥感方式，长期大尺度监测输电线路沿线的外破隐患，并通过大数据分析查找输电线路沿线周边范围内建房、修路、植树等人为活动并进行监测，分析隐患发展趋势，指导外力破坏精准防控。另外，可以利用卫星遥感开展大范围火情预警，进行火灾面积测量，火情发展监控等工作。

图 5–8　基于卫星遥感的通道隐患管控系统

6. 状态智能感知

（1）传统模式。状态检修对输电线路的在线和离线监测技术、设备，维护检修手段，管理方法要求较高，运行资料的掌握要求很细。但传统的传感器需要电源支撑、受外界环境影响大，在野外长期工作的可靠性得不到保证。

（2）自然灾害主动预警。基于电网六大监测预警中心中台化演进，监控人员结合输电全景平台中台风、覆冰等典型应用场景，实时监控有无自然灾害预警信息。在平台端若有预警信息，可创建工作任务，同时与应急车辆管理系统智能联动，辅助作业人员开展灾前通道清障、杆塔临时加固，灾中实时监测，灾后应急抢修，提升自然灾害防控多维感知水平。

1）雷电定位系统。雷电定位系统是一整套全自动、大面积、高精度、连续性、实时监测系统，能够全天候、长期、连续运行并记录雷电发生的时间、位置、强度和极性等指标，工作人员可以通过雷电查询、雷电统计、雷击诊断等功能，为输电线路的故障研判提供理论依据。

2）山火监测预警系统。运用“卫星遥感 + 大数据”等技术手段对山火进行实时监测，监控范围覆盖到全国的220kV及以上电压等级的输电线路。当卫星过境“扫描”地面时，山火监测预警系统实时接收遥感信息，自动进行图像识别，并与海量的线路坐标匹配，及时发现、定位距离输电线路1000m以内的火点。除了卫星遥感监测，重要线路上同时部署了分布式监测装置。

7. 智能检修检测

（1）传统模式。传统的输电线路检修执行的是单纯以时间为基础的周期性检修制度，并且科技水平较低，检修设备较少，只能依靠作业人员消耗大量的时间巡线完成，计划检修日与实际工作量的矛盾突出。同时由于输电线路长，分布区域广，任务重，检修人员只能疲于应付，工作质量不高，违章现象不断，导致线路故障率居高不下。

（2）智能检修检测。深化智能检修装备应用方面。借助无人机、激光炮等智能检修装备替代人工登塔，实现高空挂线、异物快速消缺等工作，提升作业效率。

1）智能检修装备。作业人员结合移动终端作业任务具体内容，借助喷火无人机、远程激光异物清除装置等智能检修装备，在塔下开展清除异物工作，工作结束后借助移动终端开展消缺照片上传，闭环工作任务。替代人工登塔异物消缺，降低人员登塔作业风险，实现异物快速处置，提升作业效率。

电网异物清除器如图5-9所示，可快速消除线路异物，保障电网安全运行。导线异物在大风、雨雪等天气极易引起线路跳闸。班组通过该装置可以及时消除异物隐患，确保线路的安全稳定运行，为正常输电保驾护航。

输电线路巡检机器人装置能够在地线、OPGW上行走并穿越典型障碍物，如图5-10所示。机器人本体由行走轮、压紧轮、锁臂机构、收展臂机构以及控制箱等组成。机器人平台可以搭载可见光设备、红外线设备等设备来对高压输电线路进行巡检巡视。

图5-9 电网异物清除器

图5-10 输电线路巡检机器人

2）作业指导书智能辅助。依托输电全景平台建立检修作业典型方案数据库、工器具及智能化装备数字化台账，结合检修任务，实现平台端作业指导书智能辅助编制，移动终端作业指导书、工器具及智能化装备配置清单自动推送，辅助作业前工器具材料领用。

3）数字化检测档案。借助细水雾无人机、红外无人机开展复合绝缘子憎水性检测、瓷质绝缘子零值检测。在输电全景平台建立检测数字化档案，实现各类检测数据查询、批量导入、导出维护功能，为设备健康状态评价、检修提供数据支撑。

二、输电带电作业班

输电带电作业班组负责组织110kV及以上输电线路的带电作业标准化检修消缺；负责落实带电作业技术监督工作；负责带电作业安全工器具备品备件计划申报、送检、保管、报废工作；负责推广应用带电作业新工器具、新技术；负责安全技术培训和岗位练兵；负责组织班组制定事故应急预案，开展反事故演习；负责设备技术台账、图纸和技术资料档案的建立；负责编写、审查各项带电作业工序、工艺标准卡，检查安全技术措施的执行。输电带电作业班组主要有以下几部分的典型场景。

1. 作业装备智能化

（1）传统模式。带电作业工作到目前已开展多年，工器具基本做到标准化和生产专业化，确保了工器具的质量。从目前带电作业项目和使用的工器具看，按使用类型将工器具大致可以按工作性质和内容分为以下几类。

1）进入电场类：主要工器具有绝缘小座梯（座椅、吊篮）、绝缘软梯、绝缘挂梯、绝缘平梯、独脚梯、电位转移杆、绝缘绳索等。

2）更换绝缘子类：更换单片、整串（包括直线和耐张）绝缘子工器具。主要有：牵引装置（包括液压或丝杆紧线器、绝缘滑车和轻型机动绞磨），将导线收紧或提起，使绝缘串松弛，并将绝缘子串放到适当的位置；绝缘承力拉板（杆），提线的各种卡具、托（吊）瓶装置。

3）绝缘子检测类：主要有火花间隙、定性自爬式绝缘子检测器、定量自爬式绝缘子检测仪、杆上检测地面打印定量绝缘子检测仪、绝缘子检测绝缘电阻表（不带电）。

4）个人防护类：主要有屏蔽服、静电防护服、导电鞋、导电眼镜等。

5）绝缘子清扫类：主要有绝缘子清扫刷、水冲洗设备等。

6）其他：主要有操作杆、飞车、拔销器、勾瓶杆、跟斗滑车、推拉器、导线保险钩、射绳枪、对讲机、带电作业工程车等。

传统的带电作业以人工操作为主，借助于绝缘斗臂车等工具到达线路，通过地电位、中间电位和等电位作业的形式进入到带电线路及设备开展带电作业。且99%的带电作业在白天开展，在大雾、雷雨、风雪等恶劣天气无法开展，对天气要求高，作业人员也无法在一天内多次开展带电作业。

（2）数字化管理。带电作业过程中，基层班组人员借助无人机或安监布控球，实现作业现场高空多角度视频监控与喊话告警，对作业人员违规操作、误入非作业范围等危险行为进行监控指挥，提升带电作业安全防护水平。数字化的带电作业方式必然是大势所趋，在进行带电作业数字化的过程中，人应该被逐步取代，探索各种新型装备为优先选择。

1）普及应用基础型智能装备。应用喷火无人机、远程激光异物清除装置，到达作业现场后，作业人员直接在地面起飞喷火无人机或架设远程激光异物清除装置处理输电线路上方异物，由带电登塔作业模式向地面作业模式转变，实现异物隐患快速精准处置，极大降低作业人员劳动强度和高空作业安全风险；使用照明无人机，起飞至作业位置，按作业人员需求调整照明角度，实现夜间应急抢修现场全方位照明，缩短应急抢修时间。

2）探索应用特殊型智能装备。探索应用绝缘斗臂车、便携式自动升降装置等特殊型智能装备，作业人员在作业位置下方通过乘坐绝缘斗臂车或使用便携式自动升降装置沿绝缘绳攀爬拉升，由地面直接进入强电场，精准直达作业位置，省去登塔走线流程，提高带电检修作业工作效率。

2. 安全防护智能化

（1）传统模式。输电带电作业属于高风险、高难度的工作，其作业过程中，作业人员始终面临着高压触电和高空坠落的风险，因此，为了确保输电带电作业的安全，就需要强化带电作业的安全防护工作，完善带电作业过程中的安全管理，严格控制带电作业人员的安全距离及组合间隙，传统带电作业安全防护的危险点有：带电作业用绝缘工器具管理组织措施不够健全，日常管理制度落实不到位，绝缘工器具，尤其是个人防护用具及绝缘隔离用具，对带电作业的生命安全起到完全保护，目前的安全防护用品有：绝缘杆、绝缘绳、屏蔽服等。这些材料将广泛应用于带电作业，目前带电作业按绝缘性能分为：硬质绝缘材料和软质绝缘材料两大类。硬质绝缘工具主要指以绝缘棒、绝缘板为主绝缘材料制成的工具；软质绝缘工具主要指以绝缘绳为主绝缘材料制成的工具。绝缘材质的性能直接影响和决定着工具的电气和机械技能。具有防潮、耐压高、防老化的产品将成为主流，主要有以下几类安全防护措施。

1）带电作业屏蔽服。在输线电路的运行中会产生工频电场，并且电压的等级越大，电场的强度就越大，同时导线的距离也会对电场的强度有着很大的影响。在强大的电场中，人们会受到影响而产生风吹、异声和针刺等不适感觉。在带电工作的实践中，人们进入电场会对其产生影响，引起电场的畸变。主要是采用导体材料和纤维材料合成，包括上衣、裤子、帽子、袜子、手套、鞋子以及相应的连接部件。

2）静电防护服。由于工频交流电具有变化缓慢的特点，因此可以把工频交流电场视为静电场，因此在工频电场中也存在着静电感应的问题，就会受到暂态电击的影响，一种是当人体对地绝缘处于强电场中时接触接地体而产生电击，另一种是人体位于地电位而去接触处于强电场中对于地绝缘的导体时产生电击。静电防护服的功能原理与屏蔽服的基本相似，其不同的是，静电防护服对于技术指标的要求较低，其应用广泛的是地面巡视作业和踏上地电位作业。

传统的带电作业安全防护件本身的性能为主，不追求智能化，单件物品能起到它设计初的作用已经足够，带电作业人员与地面监护人员以口头交流为主，不敢使用智能电子设备通信。而地面的监护人员对带电作业人员的体征信息不了解，可能会出现双方处于失联状况，引发危险。

（2）数字化管理。电力系统管控平台负责接收所有智能安全防护器具终端上传的数据，可对佩戴者进行实时监测，包括对佩戴者及作业环境进行监测，并将监测到的数据通过网络传输模块传送到控制终端控制终端，作业管理人员或现场监护人员使用安全生产及应急管理平台进行远程指挥决策。实现线路检修向智能辅助的带电作业检修模式转变。实时监测触电风险、环境风险、操作风险以及人员健康状况四方面风险信息，健全各级各岗人员联络沟通与信息传递机制辅助进行作业流程提示、危险点告知、安全距离或违章预警，制定危险预警方案确保风险可控、在控，全面掌控现场安全局势。以便地面监护人员及时发现异常情况进行相应的应对措施。

1）作业现场智能管控，依托智能安全帽，实现塔上塔下作业人员音视频同步通信，对于带电作业过程中发现任何疑难问题，都可快速以第一人称视角回传现场情况，辅以文字、图片、语音等手段，实时进行专家远程视频会诊，为现场检修人员提供切实可行的指导意见；同时，也可借助无人机，实现作业现场高空多角度视频监控与喊话告警功能，对作业人员违规操作、误入非作业范围等危险行为进行监控指挥，提升带电作业安全防护水平。

2）作业人员体征监测，依托智能穿戴设备体征监测功能，对检修人员的体温、脉搏、血压等生命体征状态进行监控，对不良体征状态的检修人员进行提前预警；依托智能穿戴设备强电场通信功能，实时回传作业人员体征信息，及时制止等电位作业人员强干蛮干行为，实现作业人员体征监测和人身安全保护。

3. 作业方案辅助决策

（1）传统模式。传统带电作业的决策方案需要联合配电运检中心、电力建设部门、营销部门等联合开展现场勘查工作，多方人员到达现场后根据现场的线路设备情况、场地情况，查勘是否适合开展带电作业，带电作业班长在进入作业的前一天完成指派作业人员的工作，在进入作业的当天，如发现某作业人员精神和体力明显不佳时，应更换人员或采取其他合理的措施。一般的现场勘察只是人为大致估计，不会将带电作业车直接开往现场，所以有极小的概率会出现带电作业人员当天到达现场却不能开展带电作业的情况。

（2）数字化管理。依托电力系统管控平台和三维 GIS 平台，通过激光点云扫描设备采集带电作业现场环境数据并进行分析处理，在系统中搭建点云仿真智能场景，实现在高仿真环境中模拟带电作业过程，减少前期勘探成本，提前在高仿真环境中验证施工设计方案的可行性，辅助作业决策。通过仿真模型导出的数据未来可直接作为带电作业机器人进行作业的初始参数，促进制定带电作业机器人的安全作业标准规范，降低现场作业难度，实现带电作业自动化、智能化、数字化。主要包括以下几个方面的优势。

1）融合多源数据辅助现场勘察。融合各类前端感知装置数据，远程评估作业现场是否具备带电作业条件。使用激光雷达无人机，建立杆塔本体及通道三维模型，实现现场信息精准掌握，辅助带电作业现场勘察。

2）带电作业票在线办理。基于移动巡检终端 App 和精益化平台，实现工作票编制、签发、许可、执行、终结等环节全流程线上管理。

3）带电作业方案智能化编制。依托输电全景平台建立带电作业典型方案数据库、工器具及智能化装备数字化台账，结合工作任务，实现带电作业方案智能辅助编制，工器具及智能化装备配置清单自动推送。

4）数字化安全评估。基于电网三维 GIS 平台中带电作业工况模拟功能，建立安全评估标准，根据方案和现场数据，结合杆塔三维模型，模拟作业人员带电作业全过程，进行组合间隙、安全距离校核，实现带电作业方案数字化安全评估。

4. 工器具质量管控

（1）传统模式。传统工器具的质量管理主要依靠对设备试验周期、设备外观的检查以及设备的定期送检，有时候带电作业人员工作环境恶劣，严寒酷暑都会影响工器具的使用寿命。每个地方对工器具的存放要求也各不相同，同一批工器具可能到达不同的地市，各地的环境又各不相同，但工器具的试验周期却是相同的，会造成带电作业人员无法把控工器具的质量，进而引发一些不必要的问题。另外有严格使用次数的工器具的管理更为麻烦，很多地区的工器具管理人员是老师傅，缺乏对智能电子设备的使用，他们无法准确地统计每一次的借出归还情况，只能依靠纸质的借用登记本，无法实现对工器具的全流程监控。且在特殊时期，例如防汛抗台期间抢修，该地区的工器具不一定足够使用，需要同其他部门借用，这时候如果缺乏全周期的工器具监控记录，势必会造成危险。

（2）数字化管理。依托电力系统管控平台和工器具台账管理平台，可以实现对工器具的全生命周期的管控，出入库记录、使用次数记录、检测记录等，确保工器具的质量。

1）打造智能化工器具库房，依托智能化工器具库房中温湿度控制装置、监控设备、出入库记录设备和对应的库房系统，自动调节库房内温湿度，自动提醒工器具领用归还，通过库房系统收集库房内的温湿度、视频及工器具出入库的信息数据，并接入输电全景平台，实现库房信息在线管控，打造智能化工器具库房。

2）工器具质量管控、资源共享，依托输电全景平台，班组人员完善工器具数字化台账（包括工器具名称、数量、类别、编码、使用记录、试验记录等），通过移动终端可实时查阅工器具数字化台账信息；工器具数字化台账自动核对工器具试验日期和库存数量，自动推送工器具试验日期、采购需求至输电全景平台与移动终端。基于电网资源业务中台，输电全景平台中工器具数字化台账与智能化工器具库房系统数据关联同步。工器具台账收集全省输电常规检修工器具及带电作业工器具配置情况，并进行汇总，可对全省检修工器具进行快速查询、就近调配，实现多地区工器具共享。

5. 人员培训智能化

（1）传统模式。电力企业为了提高带电作业普及率和覆盖率，提高线路带电作业的效率，确保设备供电可靠性，进而更好地服务客户。一直持续深入贯彻“能带不停”的理念。传统的带电作业培训需要多人配合，车上车下的配合默契程度将直接关系到作业安全及工艺质量，为了确保培训质量，增强培训的规范性，一般在培训基地模拟线路上进行直接带电作业培训，通过教练示范操作，学员分组练习，现场指导的方式进行，最后经考试合格后方可进行带电作业。一方面由于缺少现场经验，很多去培训带电作业的人员怯场，造成第一次通过的概率不高，另一方面目前带电作业人员非常紧缺，各地开展带电作业的一年平均次数不足200次，培训基地的培训力量有限，且带电作业的培训周期较长，这样的局面短期难以解决。

（2）数字化管理。依托电力系统管控平台和带电作业仿真培训系统，可以实现对带电作业过程的可视化，培训人员在去之前可以反复地观看模拟，确保自己胸有成竹的情况下再去基地考试，可以极大地缩短带电作业培训的周期，也可以增加考试的合格率，实现带电作业人员培训的智能化。

基于VR设备和带电作业仿真培训系统，模拟跨二短三法、荡入法和软梯法进入电场更换自爆绝缘子、耐张线夹发热消缺等典型带电作业场景，作业人员佩戴VR设备，进入虚拟典型带电作业场景，熟悉各项带电作业操作步骤和关键环节，实现作业全过程智能化培训。各班组常态化开展仿真培训，强化作业人员带电作业专项技能和协同作业能力。

三、高压电缆运检班

高压电缆运检班的职责负责辖区内电缆及通道的巡视工作、状态检测工作、停电维护和检修工作、消缺工作、抢修工作、诉求处理工作、电缆基建工程过程管控和竣工验收工作，负责落实电缆六防工作，负责辖区内电缆及通道台账（包括电缆及通道的地理信息）的登记和维护工作。高压电缆运检数字化班组主要是以下几部分的典型场景。

1. 台账有序管理

（1）传统模式。目前高压电缆线路的线路台账一般都为纸质或电子文档，而且这些资料都是分散、抽象且重复的。并且随着电网规模的不断扩大，输电线路的分布也越来越广大，给班组工作人员平时电缆线路的运行检修、管理工作带来了许多的不便。

（2）数字化管理。电缆设备台账管理：基础台账业务是电缆及通道基建管控的重点工作之一，是电缆全寿命管理的关键一环。

基础台账业务流程为：收集工程信息—安排线路及通道测绘工作—开展测绘工作—测绘结果录入设备台账。相关设备台账和测绘资料需要结合设备台账核查工具、图形质量核查工具开展数据治理和数据迁移工作，某省公司在运检绩效指标评价总分上设立“*K*值”系数，系数比例为0.9~1.1，建立数据质量好业绩才好的体系，并印发实现问题数据发现—治理—复核闭环管理，确保数据治理常态化开展，支撑信息系统分析结果可信。

通过部署输电专业同源维护，具备输电架空线路、高压电缆本体的图形、基础台账维护等功能。同时明确设备主人制责任机制，建立PMS数据维护、中台核查考核机制，定期对台账准确率、账卡物一致率、设备履历信息准确率进行核查、整改。基层班组人员借助PMS系统核查工具，实现电缆长度、电缆型号、电缆厂家等关键字段自主核查，及时维护电缆台账。图5-11为中国南方电网有限责任公司直流输电线路及海底电缆设备台账规范。

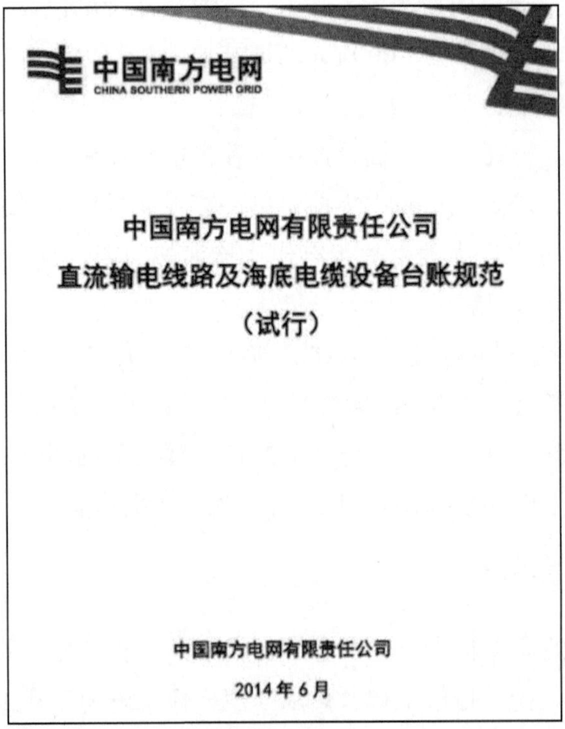
中国南方电网
CHINA SOUTHERN POWER GRID

中国南方电网有限责任公司
直流输电线路及海底电缆设备台账规范
（试行）

中国南方电网有限责任公司
2014年6月

图5-11 中国南方电网有限责任公司直流输电线路及海底电缆设备台账规范

数字化移交：推进输电工程数字化移交，实现设备图形、台账等资料的源端维护，结合实物 ID 推广应用，开展增量设备扫码建档、设备位置自动采集和系统辅助校核。基于 PMS 系统开发台账导入等功能，简化基层班组 PMS 台账图形数据录入，并利用借助 PMS 数据核查工具，定期开展基础数据校验核查，提高数据的及时性、完整性、准确性，对问题数据开展整改。同时完成全部备品备件、大型工器具、仪器仪表等检修物资台账信息录入，确保准确性、完整性。

PMS2.0 系统主要涵盖电缆及通道资源台账、运行管理、检修管理、缺陷管理等主要业务模块，其中设备台账管理是 PMS2.0 系统的基础，当输电线路在新增、改造、设备名称变更及正常运行方式变更时，由班组人员提出设备变更申请，进行包括图形及设备台账维护，设备变更申请审批、图形及设备台账的完善及发布。PMS 2.0 系统内的工作任务单流程是开展工作的必要条件，根据年度停电检修计划，停电前在 PMS 2.0 系统完成年、月、周、日停电检修计划编制，启动流程由公司运检部进行审核，通过后将工作任务单派发至班组，班组依据任务单建立相应工作票，执行现场检修流程。

全业务中台：涉及电缆专业的主要功能为电缆设备台账和线路基础数据台账，该系统逐步衔接 PMS2.0 系统的相关数据业务。

2. 智能移动巡检

（1）传统模式。电缆及通道巡视业务主要是根据 Q/GDW512—2010《电力电缆线路运行规程》规定的巡视周期和高压电缆及通道运行维护要求所开展的巡视检查工作，可分为日常巡视检查和特殊巡视检查（含保电）。

日常巡视工作业务流程为：确定巡视设备周期—设立巡视工作任务确定巡视人员—开展巡视作业—设备台账维护。特殊（故障）巡视工作业务流程为：接受调度特殊（故障）任务—开展故障特训工作—执行电缆抢修工作任务单—开展特殊（故障）现场处置工作—回填抢修工作任务单—相关记录录入系统台账。

如果以人工方式巡检 2km 长的隧道电缆线路上百处巡检点，工作人员需要一边行进，一边对电缆进行测温、测环流，并检查各种在线设备运行状况，巡检一趟需要约 2h。

（2）智能巡检。

1）隧道机器人远程巡检。电缆隧道中渗水、电缆老化、腐蚀、破损以及电缆引燃现象时有发生，由于电缆隧道空间狭小，具有人工检查成本高、检查难度大等问题，一旦发生突发事故，将严重威胁巡检人员的人身安全。因此选择电缆隧道机器人可以准确定位电缆故障位置、减少电缆火灾以及类似事故发生，确保隧道电缆安全稳定运行。隧道机器人可以搭载高清摄像机及热红外热成像仪实现隧道实时监控与红外热成像诊断，集成有害气体、烟雾、光照度等传感器以及定位装置和语音对讲系统，使用户实时掌控隧道环境信息，并通过监控平台实现对巡检机器人的控制，数据接入、储存、统计、GIS

定位以及立体展示，如图 5-12 所示。

2）运检装备。高压电缆运检班的运检装备目前主要有红外在线监测装置、手持红外测温装置、高频局部放电检测仪、超声波测放装置、电缆路径仪、分布式光纤测温测震视频联动装置等。手持红外测温装置是目前发现电缆设备缺陷最有效的手段；高频局部放电检测仪是目前发现高压电缆早期放电缺陷的重要手段，如图 5-13 所示；电缆路径仪、分布式光纤测温测震视频联动装置起到电缆路径探测故障定位的作用。

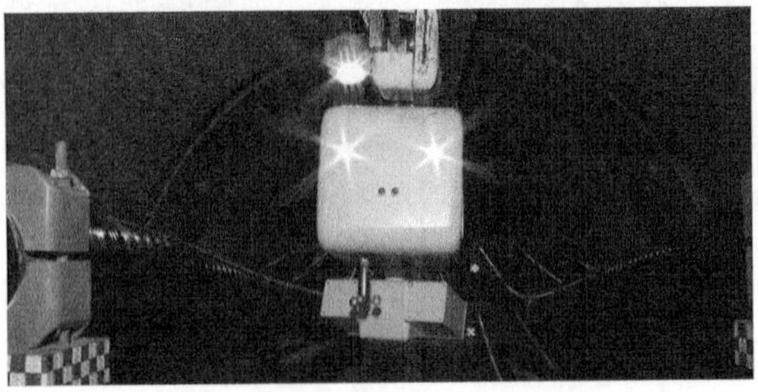

图 5-12　隧道机器人远程巡检

图 5-13　高频局部放电检测仪

3. 工作票在线办理

（1）传统模式。传统工作票办理工作是通过纸质记录形式传递的，这种模式具有很多弊病，如工作票容易丢失、损毁，办理过程中容易出现相互推诿，办理周期过长，不易进行数据共享和工作票分析统计工作等。

（2）数字化办理。

1）工作票微应用平台办理。依托 PMS 系统（高压电缆精益管理微应用群），关联工作票与检修计划，并完成调度令、检修计划、停电申请单等集成接口需求规范编制工作，完成图形辅助开票模块开发，实现根据工作任务单，自动调取单位、工作地点、工作内容、计划时间等字段信息创建工作票功能，实现工作票全流程在线办理（包含编制、签发、许可、执行、终结、归档全过程）。

2）输电工作票移动办理。移动终端已实现线路第一、二种工作票在输电全景应用群以及相关功能应用，在同步办理签发、许可、终结、归档工作票，并回传至 PMS 系统。

4. 通道立体管控

（1）传统模式。基建质量管控（验收）业务是电缆及通道基建管控的重点工作之一，是电缆全寿命管理的关键一环。验收业务的流程为：收集基建工程进度—安排工程中间验收节点—开展竣工验收工作—验收相关记录录入设备台账。传统验收依赖于人工验收，主要存在管控数据录入滞后和信息交互环节复杂的问题。

电缆状态检测业务主要是针对运行中的电缆开展多种类的检测和监测工作，及时获取电缆及附属设施状态，开展针对性的运维检修措施，从而保障电缆安全稳定运行的工作。主要从平台获取基础信息和历史数据，通过现场状态检测获取最新数据，分析研判并录入系统，从而获得数据价值。但是传统检测所获取到的数据及录入渠道较单一，数据分析价值挖掘深度不足。

（2）智能管控。电缆工程验收智能管控系统：对验收过程和验收项目进行标准化定制和跟踪管理，实时上传施工影像资料，并添加防伪水印，实现现场移动验收和审核、验收标准化作业及验收过程数据的信息化管理，从而有效规范验收过程，提高验收效率和验收质量，通过多项数据精准分析，衍生异常预警等相关精益管理功能，对提升工程项目的质量把控、实现精益管理体系有积极的意义。

1）电缆隧道智能运检（如图 5-14 所示）。借助多维感知终端增加状态检测的时效性、多元性和准确性，依托视频 / 图像监测类、技 / 安防监测类、局放监测类、接地环流监测类、气体监测类、烟雾报警监测类、光纤测温类、光纤测震类、水位监测类、RFID 识别类、中间接头防爆监测类等 11 种感知终端集成电缆隧道监测系统，实现设备统一监控。主要配置在高压电缆和一、二级电缆及通道上，感知终端的数据传输主要依靠专用通讯光缆进入附近变电站进入内网，部分现场条件较差的感知终端通过物联网部认可的安全接入平台接入信息内网或以外网方式呈现。

2）高压电缆精益化管理综合平台（如图 5-15 所示），是一个具备实时感知、全息互联、智能决策功能的电缆专业管理系统，利用基于电力无线专网技术，实现对电缆业务的全流程管控，增强对生产数据的横向贯通与纵向挖掘能力。主要由省级平台和地市级应用两个部分组成，地市级应用包括电缆及通道管理、生产准备及验收、故障管理、检修和试验管理等十三大模块，省级平台主要包括：设备总揽、六防统计管理、缺陷分析等十大模块。地市级应用作为开展日常运检工作的基础平台，省级平台通过抽取地市级应用数据进行分析和管控，该系统已对公司部分在线监测系统进行数据融合和分析，辅助管控班组人员进行较高效的决策。

图 5-14　电缆隧道智能运检

图 5-15　高压电缆精益化管理综合平台

5. 通道资源管控

（1）传统模式。高压电缆线路密布与城市地下，随着电缆化率的逐年增长和城市地形的不断复杂化，班组运维人员无法在现场获取到准确的 GIS 地理信息将严重影响其施工交底的准确性，降低其工作效率，同时易导致外力破坏事故。

（2）智能管控。

1）生产作业可视化监控平台。生产作业可视化监控平台用于现场作业监督检查、作业计划提报，方便监督体系管理、督导。能记录现场作业实时情况，历史视频回放为标准化作业提供指导意见，有效地规范各类人员作业流程。

2）电缆物资智能管理。根据存量电缆通道信息及电网规划，健全电缆通道准入机制。基于 PMS 系统（高压电缆精益管理微应用群），优化电缆通道管孔管理模块，立体展示断面资源使用情况，规范电缆通道断面管理。规范通道资源管理，规范新敷设电缆线路、低压电源及通信光缆的防火防爆措施。基层班组人员录入通道断面管孔数、电缆排布及相位、空孔数量等信息，实现电缆通道断面数字管理、台账及时率 100%。

第三节　数字化配电班组典型应用场景

一、配电运检班

配电运检班的职责主要负责配电的运维和检修，负责辖区内配电室、环网柜、箱式变电站、低压电缆分支箱电站设备及站房的运维工作，主要包括巡视、验收、清扫、许可、抢修等工作；并作为设备主人负责 PMS2.0 设备台账信息的录入及维护工作。在建设配电运检数字化班组过程中主要是以下几部分的典型场景。

1. 台账有序管理

（1）传统模式。传统的设备资产验收中，首先要按照五通要求，制定一大堆验收细则，对设备信息，设备外观、安装资料、支架及接地、绝缘子、联锁装置、接触部位检查、辅助设施等等一系列内容逐一检查并验收，工作量繁重且十分费时费力。

由于调度自动化系统中仅有调度人工维护的配电网联络系统图，无法支撑配电网分支线调度业务、掌控设备变化情况；调度自动化系统与配电网抢修指挥平台相对独立，抢修指挥人员无法结合设备实时状态进行故障研判；调度自动化系统中仅有光纤接入的变电站实时运行信息、部分配电自动化终端信息，无法管控配电网分支线运行情况；配电网分支线潮流无法监测，负载情况无法分析，影响分支线运行安全及发展需求。亟须开展新业务模式下营配调数据的集成应用，研究配网图形建设、异动流程管理、设备状态管理、运行监测管理、故障研判管理、分支线诊断管理、配变电能质量管理等问题。

营配调数据涉及营销、调度、运检多个部门的多个数据系统，如调度SCADA系统、电能量计量系统、营销用电信息采集系统等。尽管营配调数据来源多样，结构形式复杂，但从数据类型上说，可简单分为模型数据和状态数据两类。模型数据是用于搭建电力网络模型的数据，包括电网的拓扑结构和网络参数，状态数据是功率、电压、电量等反映电网源荷状态的数据。

电网运营业务及基础数据台账都是各专业在不同系统内进行维护。不同系统间存在数据模型不统一、数据不一致的情况，极大地影响了跨专业数据贯通和业务全过程精益化管理。

（2）数字化管理。

1）实物ID（如图5-16所示）。开展电网资产统一身份编码（实物ID）建设是全面深化资产全寿命周期管理体系的重要举措。以实物ID为纽带，固化物料、设备、资产间的分类对应关系，贯通电网资产各阶段管理中存在的项目编码、WBS编码、物料编码、设备编码、资产编码等各类专业编码，实现实物资产在规划计划、采购建设、运维检修和退役报废全寿命周期内信息共享与追溯，提升公司资产精益化管理水平。

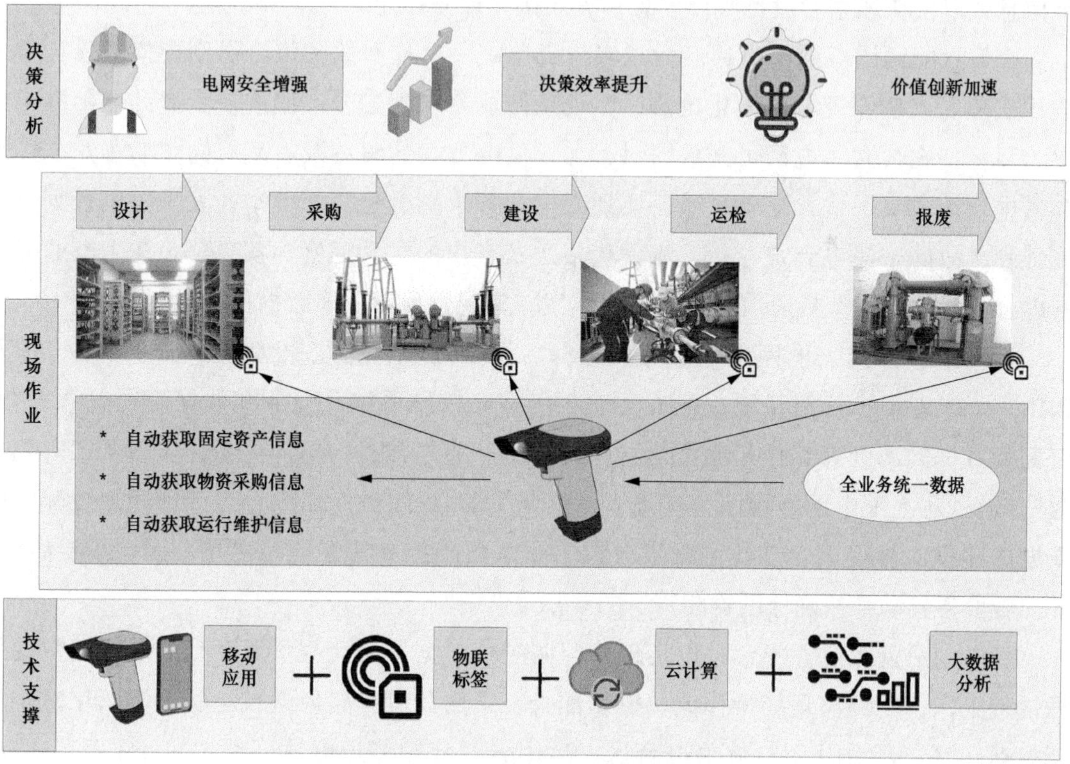

图5-16　实物ID全景示意图

2）物资专业。以实物ID为媒介，关联合同签订、生产制造、运输配送、到货验收、生产运维、物资报废等环节业务信息，应用于招标采购、物资质量抽检工作，提高物资供应全过程可视化管理，实现实物资产智能盘点、智能仓储建设、应急物资快速匹配。统一开发部署工器具在线管理系统功能，实现工器具台账（包括工器具名称、数量、类别、编码、使用记录、试验记录等）线上管理。开展备品备件仪器仪表等专业仓管理系统开发以及 PC 端和移动端功能的开发及测试工作。

3）基建专业。以实物 ID 编码为索引，贯通设备的安装调试、交接试验、预防性试验、特性试验等报告的结构化数据。目前已开发了工程建设微应用平台，优化了工程数据填报入口，通过语音、字符、图像识别数据转换、离线导入等自动化录入方式，减少数据重复生产和录入，完善工程项目数字化档案管理，推进标准设备验收清册管理，实现电网设备台账自动创建。

4）运检专业。将实物 ID 与配电运检等移动应用融合，实现扫码快速调阅设备台账、设备履历（缺陷、故障、检修记录）等运行数据信息，实时登记设备在运行过程中发现的缺陷、隐患问题，提升现场工作效率。开发了智能盘点微应用，设置了 PMS3.0 系统的检修数据接口，在现场工作中，通过扫描设备的实物 ID 可获取该设备的物理参数运行规定、巡视标准、现存缺陷、检测记录、抄录数据、GPS 坐标、设备照片、应急预案等信息，以便快速查看设备履历信息，有效指导检修作业。

5）营配调图模数据贯通。为了实现工单统一受理和故障综合研判指挥。强化低压表计故障、欠费停复电的体化抢修，实现抢修业务末端融合。以进一步提升业扩办电效率为目标，在线共享电网可开放容量，加快供电方案的编制及答复，同步勘查业扩接入和带电作业方案，优化送电环节，实现办电业务末端融合。综合平衡安排停电计划，开展计划（故障）停电到户分析、流程化报送及客户的主动通知，实现停（送）电业务末端融合。优化营配调贯通信息系统售成方案，实现营配调图模数据贯通。

营配调业务涵盖电网建设、调控运行、设备运检、营销服务等多业务环节，涉及 ERP、生产管理、营销系统、配电自动化等多套信息系统，业务和数据流转关系复杂。营配调数据同源管理工作是通过建立营销与生产业务数据的对应关系，实现了“营配贯通”，通过建立配电网专题图，实现了“配调贯通”。因此，需结合生产管理系统配电网专题图建设，将配电自动化主站级改造为配电网调控支持系统，建立全网电子接线图，并实施设备异动管控确保图物相符。

基于电网资源业务中台可以实现营配调图模数据异动流程贯通，开展低压图数模数据治理工作，配调与现场操作人员密切配合，采用分时分路停送校验法，常态化对全量新投运台区、部分计划检修停电台区、运用分时分路停送电法开展“变—线—箱—户”图模校验，依托系统数据分析，主动发现台区图实不符问题，保证营配调数据一致，同时该系统支持系统中配变台账及图形模型信息的准确性。建设、应用数据异常治理工单，加大工单驱动图数质量治理工作力度，供指中心在系统中做好工单跟踪督办闭环管理，开展配网调度技术支持系统中配变与用电信息采集系统中台区信息的关系对应。

基于配电自动化四区主站，完成配电自动化遥测、遥信信息与智能融合终端数据融合，开展基于供电服务指挥系统及移动终端可实时查询设备运行状态，为抢修及巡检提供数据支撑。

6）配电图形台账一体化同源维护（如图 5–17 所示）。在利用现代技术和管理方法的基础上，有效构建“营配调”数据同源管理机制时，需要合理地建立“营配”和“配调”对应、对低压配电网数据异动情况进行管理并建立营配协同工作闭环。通过建立 PMS 数据维护、核查考核机制，通过电网资源业务中台定期对配电自动化、供电服务指挥、PMS 系统的数据一致率、台账准确率、账卡物一致率、设备履历信息准确率进行核查、整改。科学运用“营配调”数据同源管理机制可以使营配数据质量得到明显的改善，并且还能对电网中的数据信息进行实时监测，最终有利于提高电力系统的运行稳定性。

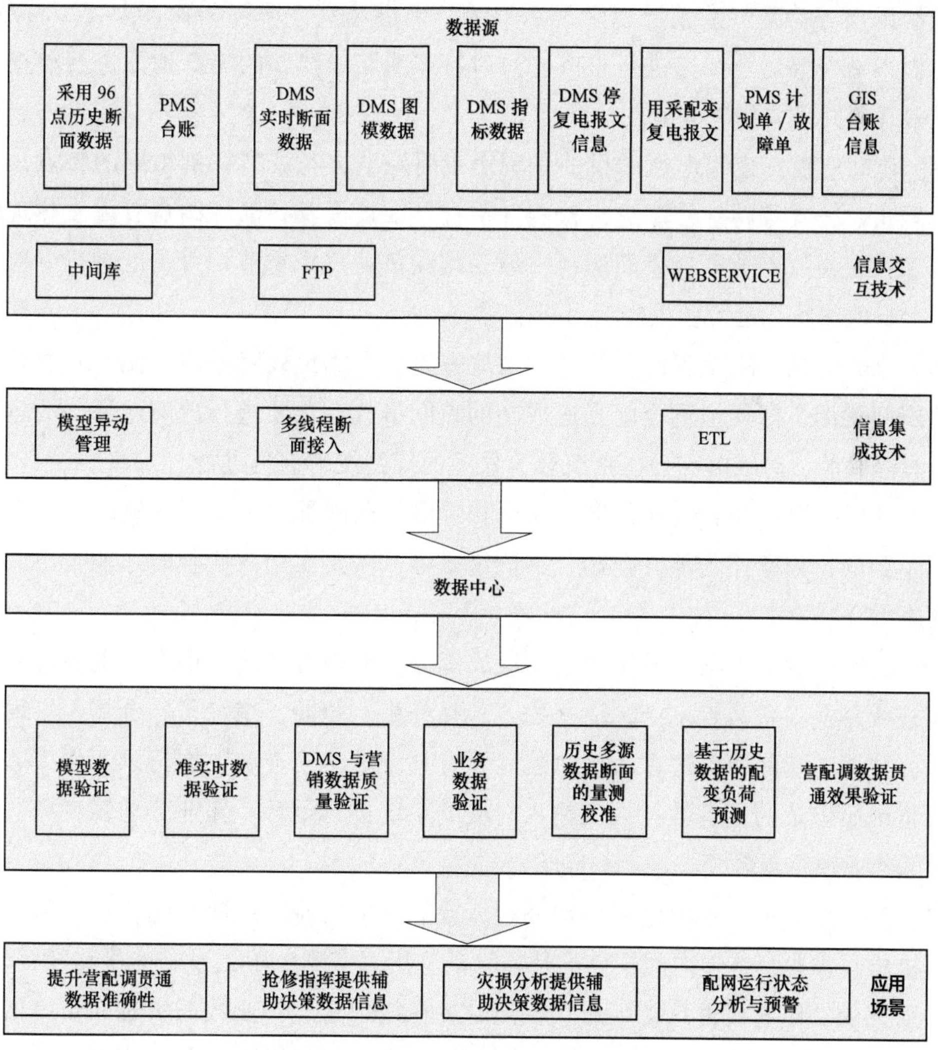

图 5–17　配电图形台账一体化同源维护

2. 线路设备的巡视工作

（1）传统模式。配电线路设备巡视是配网运行工作的重要环节。目的是通过巡视及时准确地掌握线路、设备的运行情况，发现线路及设备缺陷，及时安排线路检修和缺陷消除，使事故消灭在萌芽状态。配电线路巡视的巡视工作主要分为以下五类：

1）定期巡视：由专责巡线员按规定的巡视周期（一般为每月一次）对线路巡视，主要是检查线路各元件的运行情况，有无异常损坏现象，对线路障碍（如树）等进行处理，经常地、全面地掌握线路及沿线的情况，并向群众做好护线宣传工作，安排、检查群众护线工作。按一定周期进行巡视，目的是掌握线路的运行状况及沿线环境，并做好反外力损坏宣传工作。

2）特殊巡视：特殊巡视主要是在节假日以及气候骤变时进行，如导线覆冰、大雾、台风、暴风雨等特殊气象情况以及河水泛滥、山洪暴发、地震、森林火灾等自然灾害。特殊巡视不一定要对全线路进行检查，只对特殊线路或线路的特殊地段进行检查，以便发现异常现象并采取相应措施。

3）夜间巡视：夜间巡视的目的是利用夜间对电火花观察特别敏感的特点，有针对性地对转角、分支等特殊杆型进行检查，检查导线接头及各部件结点有无发热现象、绝缘子因污秽及裂纹而放电。夜间巡视一般安排在负荷高峰季节，每季度进行一次，对于新投入运行的线路，也可在投产后另行安排。

4）故障巡视：故障巡视主要是查明故障地点，找出故障原因，便于及时处理。对于那些瞬间跳闸，即便经重合闸强送成功的瞬间事故，也要进行故障巡视。故障巡视一般应由有经验的、对线路和设备情况较为熟悉的线路技术人员进行。

5）登杆巡视：登杆检查分停电检修和带电作业两种。由于有些缺陷，单靠观察外观发现不到的，如螺栓的部件松动、零值绝缘等，需要在登杆检查时才能查出，因此应认真地进行登杆检查。

由于配电线路作为电力系统的重要组成部分，承担着直接向用户输电的任务，然而配网巡视线路及设备数量复杂，巡视内容包括杆塔、拉线、绝缘子、金具、沿线附近其他工程、开关、断路器、防雷及接地装置等有关设施的检查和数据记录工作，巡视完成后需要将纸质记录的所有数据人工输入对应的系统进行闭环。作业劳动强度大、数据维护量大、作业项重复频繁。

（2）数字化巡视。搭配应用移动终端、智能巡检机器人、数字化表计、数字化仪器开展人机协同作业，基于内网软件的外网移动应用，实现工单派发、巡检路径自动规划、轨迹自动记录、作业报告自动生成、缺陷隐患在线记录、作业数据实时同步等移动巡检功能，同时方便作业人员进行知识库数据便捷查询，例如运行设备的状态实时查询及运行风险辅助分析，大大提升工作效率。

1）移动终端。通过 Wifi-SD 卡的形式自动采集红外、局放等智能带电检测装备的检测数据，实现检测数据的自动采集、检测报告的在线推送，基层班组运检人员开展带电检测，使用智能装备交互功能提升检测效率，降低班组工作量，推进以状态检测为基础的精益化运维。在移动端实现设备运行状态、停上电状态、配电站房环境信息在线调阅、异常主动监控、轨迹定位、照片回传等功能，优化班组应用体验。

移动终端应用如图 5-18 所示，利用移动终端应用功能，实现与 PMS、业务中台等系统数据贯通，实现巡检任务移动收发、过程痕迹自动回传、设备状态实时感知，进一步扩展推进缺陷信息终端录入、门禁扫码确认出入、人员身份识别、巡视数据同步上传、试验记录一键获取、风险主动预警、作业计划自动推送、安全作业管控等运维业务在移动端的应用，提高人员运维工作效率。

图 5-18　移动终端应用

2）智能巡检机器人（如图 5-19 所示）。利用智能巡检机器人多视角巡视、灵活性好的特点对环网室、配电房内的配电设备进行整体和局部重点进行巡视。开展设备外观检测、表计读取、位置状态识别、红外测温热缺陷和设备运行异常声音检测等功能，利用图像识别技术对驱鼠器、粘鼠板、高频驱鸟器、防护挡板等防小动物设施进行巡视，形成巡视图片或录

图 5-19　智能巡检机器人

像并自动生成巡检报告，通过移动手机终端上传至供服系统。侧重于辅助运检人员定期巡视。

3）辅助设施巡视系统（如图 5-20 所示）。开发配电站数据集成分析与辅助决策系统，提升设备状态把控能力和精益化运维检修管理水平。在内外网打通的前提下，通过增加智能控制设备、统一数据接口等技术手段，将消防系统、安防系统、通风系统、排水系统、SF_6 气体监测装置、温湿度、空调、工业除湿器、灯光照明、微气象等统一接入辅控系统。实现对智能配变终端、传感器、高清球机、巡检机器人等装置采集数据的远程监视和控制，实时获取电压、电流、功率等电气量数据、开关柜局放等设备状态量数据以及温湿度、噪声、水浸、烟雾、站内视频等环境类数据，对配电站主辅设备运行状况进行全面掌控，支撑远程运维和差异化巡视，降低人工运维成本，同时融合配电运检移动终端获取的巡视、检测、试验、抢修数据，对站房环境以及设备运行状态进行评价，自动推送异常告警和处理预案，辅助评定巡视、大修、技改的优先级，并将告警信息和评定结果发送至配电运检移动终端。

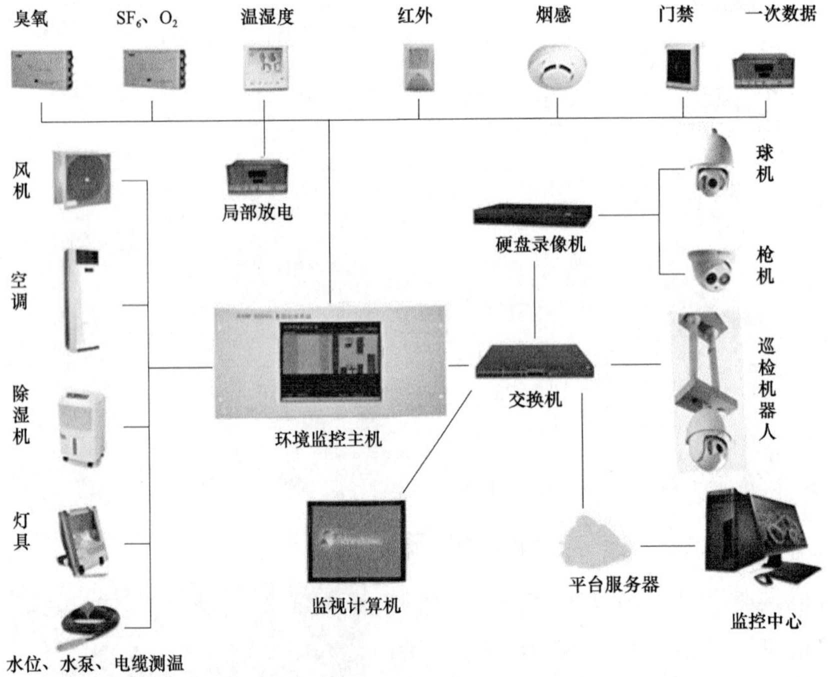

图 5-20　辅助设施巡视系统

3. 工作票业务办理

（1）传统模式。工作票是准许在设备设施上工作的书面命令，是明确安全职责，向作业人员交底、履行工作许可手续、实施安全技术措施的书面依据，是工作间断、转移和终结的手续。在配电线路和设备上工作时可根据实际情况，填用以下五种工作票：

1）配电第一种工作票。配电工作中需要将高压线路、设备停电或做安全措施者应使用配电第一种工作票。

2）配电第二种工作票。高压配电（含相关场所及二次系统）工作，与邻近带电高压线路或设备的距离大于标准规程中的安全距离，不需要将高压线路、设备停电或做安全措施者应使用配电第二种工作票。

3）配电带电作业工作票。与邻近带电高压线路或设备的距离大于标准规程中的安全距离的不停电作业者应使用配电带电作业工作票。

4）低压工作票。低压配电工作，不需要将高压线路、设备停电或做安全措施者应使用低压工作票。

5）电故障紧急抢修单。配电线路、设备故障紧急处理应填用工作票或配电故障紧急抢修单。

以往工作票大多是基于作业人员的作业范围，作业时间、作业种类等手工开票，现场需填写大量纸质文档，存在重复填写，重复签名的问题；工作班成员在得到工作票之后，往往还需要提前对现场勘查，然后手动开票，使得开票业务烦琐且费时；同时还存在现场作业环境复杂，纸质票面保存困难，易污损问题，上述这些问题大大影响了班组成员的工作效率。

（2）工作票数字化办理。基层班组运检人员可以充分利用现有移动终端开发 App 等应用开展工作票关联检修计划、全流程在线办理、图形辅助开票、安全措施校核等功能，节省了大量的时间，并可及时的反馈工作进展情况。

1）工作票关联检修计划。将工作票嵌入运检大检修流程，作业人员可以根据工作任务单，自动调取单位、工作地点、工作内容、计划时间、勘察记录、术语库等信息信息创建工作票，可减少 40% 的开票时间，提升检修现场全景感知能力。

2）全流程在线办理。通过融合 OMS，开发基于安全域的数字化工作票，实现全流程 App 端在线移动办理（包含工作票编制、签发、审核、许可、执行、回退、终结、归档全过程），减轻基层班组作业人员的负担。

3）图形辅助开票。调用 PMS 系统图形，初步形成工作票需要的简图，可减少 30% 的画图时间。

4）安全措施。为现场作业人员配置监视设备，通过提取安全生产风控管控系统中三种人人员清单、取证情况、身份信息，建立两票人员资质审核模块，应用移动化、智能化技术手段，开展人员资质校核、人脸识别和作业风险预警，自动验证人员两票资质。完成工作票各环节办理和安全措施确认等信息的远程办理，如图 5-21 所示，进一步

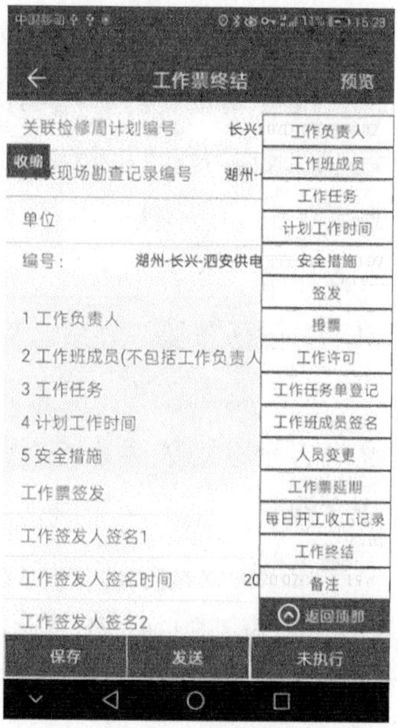

图 5-21　工作票数字化办理

强化作业安全管控。广应用远程许可模式，通过人脸识别技术进行身份识别，进站人员配备移动终端设备，实现任务接收、工作记录、现场物联数据接入等应用，实现远程告警推送和可视化指挥。采用图像识别方法判定相关人员是否正确佩戴安全帽，对误入有电间隔等行为进行告警，采取实时在线化远程布防。

通过建设配电图形台账一体化同源维护系统，可以定期对配电自动化、供电服务指挥系统、PMS 系统的数据进行核查和整改，避免出现数据不准确、不完整的情况。通过结合配电自动化实用化、“阳光业扩”等全流程线上作业建设工作，实现营配调图模数据异动流程贯通技数据一致。最后借助“实物 ID”应用，实现配电设备基础数据源头赋码、源端维护（厂家、型号、设备参数等信息），进而使用移动应用完成设备信息查询，扫码台账建档及校核等功能，做到设备的台账在线有序管理。

4. 移动巡检作业

（1）传统模式。在巡检维护的过程中，工作质量与作业人员自身的专业素质息息相关，不仅需要专业的技术支持和知识储备，还需要丰富的经验加持，由此带来的巡检效果参差不齐的情况屡见不鲜。而且巡检路线多样且分散，对人员的管理并不集中，对其工作的整体情况无法进行有效监督，导致巡视质量和周期皆未得到保障。同时人力巡检在工作中不仅需要分析各种外在因素，还要对线路的整体情况进行考虑，一条地势稍微复杂的巡检线路，需要三五个工作人员一到两天的时间，工作量巨大，效率低下。

（2）数字化巡检。

1）移动终端部署应用。数字化巡检应用具备工单驱动主动巡检功能，实现巡检周期差异化设定，结合监测异常派发主动巡视工单。基于公司统一移动门户和移动终端，实现设备台账、缺陷等相关信息查询，巡视作业任务线上管控。依托供电服务指挥等系统，根据设备履历、巡视检修策略自动生成巡检工单，实现运检任务主动推送，作业指导书自动编制；在终端侧实现缺陷、隐患信息现场登记，巡检路径自动规划、巡检过程自动记录、轨迹自动记录、作业报告自动生成，作业记录在线回传 PMS；构建统一移动支撑服务，支撑专业特色服务建设，试点研究检测装置、表计数据联动采集，开展人脸识别、图像校验、在线会商等应用建设。

2）状态监测。智能设备一直是电力企业推崇的，前期的智能设备包括配电自动化终端、台区智能融合终端等，实时采集监控配电设备的运行状态数据，使得设备终端都能在线，小区配电房内智能巡检机器人的使用，使得众多配电房内的数据在线流转。基于配电物联网云边协同技术，推广配电一、二次融合、台区智能融合终端等设备建设应用，依托配电自动化、供电服务指挥平台等系统，实现设备状态及环境信息的实时采集，完成设备状 态评估在线化、运检策略制定智能化，支撑移动端的设备状态实时查询及运行风险辅助分析，提升班组设备感知管控能力。

依托配电网网格化智能管控系统，对已接入的设备、电网各类运行（监测）业务数据，完成设备、线路等层级运行状态评价功能及配套的工单处置体系，数字化驱动主动发现、闭环处置设备异常、电网运行负面清单，开展三、四区自动主站、配电站房动态监测接入工作，在移动端实现设备运行状态、停（上）电状态和异常主动监控，实现配电站房环境信息在线调阅，如图5-22所示；通过PMS系统、配电自动化主站系统、配电网智能运维管控平台，实现电网设备运行状态实时监控，强化全设备、全状态、全过程、全时域四个维度的穿透分析，实现故障自愈、智能预判、决策及主动抢修，有效缩短故障处理周期，提升班组主动相应能力。

图5-22　状态监测

5. 配电网工程资料数字化移交

（1）传统模式。配电网工程资料包含实际配电网业务工程的前期、施工、竣工、后期四个阶段资料，以及台区智能融合终端投运供货前检测、到货全检、交接试验、技术确认、备品备件工单，共涉及非结构化数据类文件35种和10类设备台账参数表，所涉的档案资料复杂，数量庞大，若仍按传统纸质档案管理存在以下缺点：①工作人员手工进行收集、整编、管理材料，工作量大，同时效率也很低，费时费力；②占用极大的存储空间，二次利用不方便、利用率低；③传统的检索方式是工作人员从一份一份的目录中，找出所需的档案，然后根据上面的记录到库房里去查找，检索查询过程相当不方便；④纸质的实体不能形成信息网络，对于档案管理、统计、对外交流产生很大的不便，大大降低了企业的工作效率。

（2）数字化移交。基于实物ID，利用工程档案数字化系统，开展运检工程数字化移交。结合公司电网主设备知识库建设，基于设计一体化系统实现PC端工程业务立项、设计、施工、验收、结算、运行的线上管控，同时实现资料、规范数字化并支持数据在线检索。通过运检管控App实现移动终端设备信息在线检索，实现实时调阅设备台账、图纸档案、运行检修规程、作业标准流程、精益化评价细则、典型故障案例等技术资料。针对不同项目类型，构建不同维度项目资料目录，设备厂家、施工队伍及时维护各类试验、交接数据，项目管理人员完成验收资料、竣工图纸的线上移交、存储，提升项目管理精益化水平。

1）调研分析。开展设备台账及历史试验等数据的个性化知识库建设调研，完成移动巡检App与主设备知识库集成需求分析，实现在线检索、实时调阅等功能。

2）电网主设备知识库建设。建立在线云盘和服务器，基于移动应用架构及目录，根据各自班组需求个性化完善电网主设备技术资料，将设备本体参数、缺陷、隐患、主设备技术标准、管理制度、作业标准流程、典型故障案例等资料导入云盘和服务器；完善物资采购、工程施工、竣工验收阶段的实物 ID 关联建立工作，实现配电设备基础数据源头赋码、源端维护。

构建移动应用知识库，包含相关管理规定、技术标准、法律法规、故障案例等资料，开展个性化知识收集，可以不断更新完善共享资料，满足管理和基层人员在日常工作中各类资料获取需求。

3）工程设计环节。通过移动终端，现场获取 PMS 图模信息，在线填写勘察单、上传查勘内容、现场绘制施工草图、选择标准物料等，形成查勘成果，设计成果在线移交、变更、审批。

4）现场施工环节。设备安装过程中，通过移动终端实物 ID 扫码、结构化数据采录，实时录入各类施工信息等，支撑后续运行故障溯源，通过移动终端实时上传过程痕迹化影像资料，支持验收资料一键生成。

5）竣工后图模维护环节。施工单位在施工图的基础上维护生成竣工图，验收人员利用无人机、移动终端等在现场核验图实、图数的一致性，并实时上传竣工验收单。实现竣工资料库统一竣工资料上传，配电网工程竣工资料数字化移交，开展施工计划、现场安全、竣工评价、项目成效分析，数字化移交率、配电网工程完工率统计等功能。

6. 移动终端工程验收

（1）传统模式。配电网工程中一个土建工程质量是否满足要求通常是由其构成的最基本检验批的质量验收情况决定的。在实际工程中，检验验收资料填写人员往往不是验收人员，验收资料的填写时间也经常滞后于实际验收时间，这就导致检验验收资料与工程脱节，不具备时效性和准确性，无法真实反映现场工程质量情况；同时在工程质量验收过程中，由于质检人员在能力和素质方面存在差异，人员对设计要求及验收标准不熟悉，容易忽略实际存在的质量问题，从而造成质量隐患甚至质量事故。

配电网工程中大量的工作验收、工作终结均需运维人员到现场办理，耗费人力资源、车辆资源，人员和车辆无法调配时增加了工作负责人的等待时间。可以电话终结的工作票由工作负责人致电运维班，告知工作结束，办理结票手续，但运维人员没有有效的手段确认现场情况。违章追责主要依靠运维人员、稽查人员不定期的现场检查，以及通过工业视频等有限的技术手段远程调取视频抽查现场情况，人员管控手段有限且效率低。

（2）数字化验收。

1）土建工程验收。针对传统质量验收流程中存在的问题，在既有质量验收体系的基础上，结合移动终端技术及物联网技术，提出了土建工程质量的数字化验收。在数字化验收的模式下，工作人员在检验批工程完工后携带移动终端设备到现场验收，验收结束后将验收数据上传到后台数据库，即刻生成检验批验收资料，解决了时效性的问题。

验收数据人工输入移动终端后，设备会依据预存的设计要求及验收规范要求对验收数据合格与否做出判定不会产生由人工判定所引起的判定结果不准确。工作人员将现场验收实测数据输入移动终端并拍照，上传数据到后台系统自动生成检验批验收资料，数据真实准确结果可靠。

2）工作验收。工作负责人在工作结束后在辅控系统中填写检修记录、电子签名，同时拍摄照片或短视频将检修情况、封堵情况、现场遗留物情况等信息上传至系统，向运维人员申请工作验收，系统同步推送检修前历史数据。运维人员还可通过工业视频、单兵装备等手段，远程对设备进行验收，检查设备的检修质量，核查设备状态是否已恢复，检查现场人员是否已经完全撤离、现场有无杂物遗留等，在系统中填写验收结论、电子签名。

3）工作终结。工作负责人与运维人员在线办理工作票终结手续，填写工作结束时间、双方电子签名。运维人员通过视频和人脸门禁系统确认工作人员是否都已在规定时间内撤离，并对于已消除的缺陷，根据检修记录自动闭环。

4）违章追责。利用图像分析技术深度分析一个周期内的存量视频图像信息，对于异常行为、违章现象等系统能够自动辨别并压缩相关视频录像，以报表的形式发送至辅控系统，达到事后分析、追责的功能。

数字化班组通过对物资采购、工程施工、竣工验收阶段的实物 ID 关联，实现配电变压器、环网柜、柱上开关、电缆、杆塔等设备源头赋码、源端维护；进而实现配电网工程竣工图纸、验收记录、实验报告等资料信息的线上移交。基层班组人员可以基于移动终端工程验收装置，对设备台账现场录入并回传至系统，使工程验收资料实现数字化流转，便于保存和借阅使用。

二、配电抢修（操作）班

配电抢修（操作）班的职责主要负责配电网的低压抢修等工作，主要涉及 10kV 及以下配电网的计划操作及设备抢修工作，借助 PMS2.0 查询设备图形并开具倒闸操作票、主动工单、110 联动工单、数字城管工单、政府热线工单的处置及管控；负责停电信息报送等工作。在建设配电抢修（操作）数字化班组过程中主要有以下几部分的典型场景。

1. 业务线上办理

（1）传统模式。传统配电网抢修工作是配电网抢修人员主要通过电话和客户服务人员进行沟通，而且配电网故障缺少检测手段，导致配电网抢修工作一直处于被动状态，接受配电网报修的客服人员无法及时了解配电网故障范围，从而延长了抢修时间。由于故障信息不能及时共享，导致电力相关部门之间沟通不畅，不利于故障后抢修人员在第一时间赶到故障现场，拖延了抢修时间。

（2）业务数字化。

1）工单流转智能化。基于电网资源业务中台，融合 OMS、PMS 应用，打通业务系统和移动终端数据通道，通过工单驱动，实现设备运检成本自动分摊归集，实现配电抢修任务下达、接收、许可、执行、反馈全过程信息数字化交互，完成抢修、操作工单智能派发在线流转。基于电网拓扑和实时状态，实现图形辅助开票、安措辅助校核。

2）移动终端办理。基于线上配电故障紧急抢修单，应用移动作业终端，实现操作票线上办理、辅助校核和在线流转，完成自动记录作业过程、安全措施、许可汇报等信息并回传中台，

2. 操作票移动作业

（1）传统模式。在配电网调控、故障处置和指挥抢修等业务中，操作任务票的填写是消耗工作人员大量时间精力的一项工作。在遇到配电网故障抢修时，工作人员需要撰写纸质操作票，人工审核后，通过电话预发、电话核对等一系列环节，任务完成后还需要人工回填记录配电网的故障。这种抢修方式不仅浪费时间，更阻碍了检修效率的提升。

（2）操作票数字化。基于移动终端可以实现操作票线上办理、辅助校核和在线流转，完成自动记录作业过程、安全措施、许可汇报等信息并回传 PMS。数字化转型，兼容移动作业终端，实现移动办公和内网的实时交互。

1）操作票线上办理。在建立了完整的配电网模型和图形的基础上，配电网 SCADA 系统能够轻松实现配电网操作票的开票、流转、归档整个流程；图中开票、票上执行，提高了操作票整个运转生命周期的可视性以及直观性，而基于网络拓扑安全约束校验及权限管理机制实现了操作票拟票、审核、预发、执行、监护的人机联合把关，并准确进行危险点分析。通过在调度云电子下令、子站防误系统自动开票推送至移动 App 端，在移动 App 端完成操作人监护人识别确认、操作票执行及归档。

2）安全规范操作。现场可通过操作票与工作票的管理自动填写相应安全措施执行情况，实现安全措施措施情况的自动校验。应用移动终端设备的智能语音交互功能进行语音下达指令，提供故障抢修规范话术手册语音查询调阅，抢修人员在语音下达查询指令（先定义部分固定语音指令）系统展示并播报抢修规范话术，实现操作票流转与执行的规范化、痕迹化管理。采用“双轨制”进行站内设备倒闸操作，使用电子操作票、纸质操作票，运维人员手持纸质操作票、PDA，双边同步执行操作流程，PDA 作为防误钥匙使用。

3. 抢修过程主动可控

（1）传统模式。配电网故障由于发生的时间地点及类型的不确定性，导致抢修人员无法提前针对不同的故障类型准备相应的抢修工器具和抢修材料。传统抢修过程仍为表格记录方式，如发生计划变更或取消，关键信息无法第一时间传递，影响信息的有效性、

准确性。在配电网故障发生后，只能等运行人员查找到故障点后，再根据故障点的维修需要，开始准备抢修工器具和材料，在一定程度上延长了抢修人员到达抢修现场的时间。传统倒闸操作方式以两人现场监护操作模式为主，设备的操作执行、位置检查等采用人工作业方式，需要频繁往返室内外场地，造成操作效率低、强度大、安全风险高。

（2）数字化抢修。依托供电服务指挥等系统，及时推送异常和故障信息至移动终端，辅助班组制定检修策略、合理安排人员、车辆和工器具。利用移动终端完成抢修现场情况实时采集、记录、回传。应用可视化等技术手段，实现抢修同步指挥，实时掌握配电网抢修进度，支撑配电网抢修全过程状态管控。

1）抢修物资在线管理。开展备品备件、工器具、仪器仪表、班组仓移动在线出入库管理，管控物资入库、出库、调拨、退料、盘点等业务，跟踪出库物资使用状态，保证使用过程可溯，实现物资一本账数字化转型。

2）集成生产车辆调派。根据运检班组日常生产的用车需求，结合检修计划、设备巡视等日常作业工单，集成车辆运行调度系统，通过移动端线上用车提报、审批，实现车辆调派，简化运检班组同一内容多次录入工作，为班组减负。结合车辆派车单及成本维护情况，支持运检班组作业标准成本分析。

3）工单驱动主动抢修。根据融合终端配变停电事件信息、智能电能表停电事件、中压线路配变停电事件信息等在线监测数据、异常及故障信息由抢修智能大脑实现故障智能研判。推送故障信息至移动终端，抢修工单线上自动派发，实现工单驱动主动抢修功能。应用抢修移动终端加强抢修过程管控，开展处理时限分级预警，强化回单审核和工单质量管控，大力压降抢修处理时长，提升抢修效率。

4）移动终端应用。移动作业终端是数字化班组建设必不可少的媒介。基于移动终端完成抢修人员抢修接单、故障点巡查、故障原因登记、故障处理修复、工单终结回复等功能。利用移动终端开展抢修作业，自动获取作业指导书和安全注意事项，通过移动应用，随时查取关键技术参数，自动生成检修记录，完成与PMS系统数据同步，减轻作业负担。利用移动终端开展抢修作业，快速推送最优路径，随时查询电源图纸、外力隐患历史记录，高效研判故障定位，精准分析到户，自动通知到户，提高主动服务时效性和用户服务获得感。

5）自动化应用。实现主设备全面监视，并具备远程执行遥控开关功能、线路重合闸远方投退功能并实现运维班远方一键顺控操作。

4. 故障信息智能分析

（1）传统模式。在实际工作过程中，配电网故障抢修业务获取故障信息渠道不通畅，不能够及时、准确的获得故障信息，这给故障信号的快速研判分析带来了很大的困难，导致故障研判与处理工作无法提前展开，同时也不能及时采取有效的措施进行处理，降低停电故障造成的损失。正是由于故障信息获取渠道不通畅，导致故障抢修业务始终处于被动状态，故障研判、抢修等工作难以进行。

由于配电网抢修指挥获取信息的渠道不通畅，不能够对故障的类型、位置进行准确快速的研判，不能做到故障早发现、早隔离与早处理，不能充分发挥抢修指挥协调功能，不能及时恢复供电，扩大故障造成的影响与损失。

（2）数字化诊断。

1）智能诊断应用。依托配电自动化、调度自动化、供电服务等系统，应用基于智能融合终端的台区大管家等模式，实现低压故障精准研判至故障精准定位、停电通知精确到户的主动抢修，充分发挥主动抢修作用。根据故障特征片段数据，基于电网资源业务中台，结合设备台账、运维周期、运行状态、历史故障等信息，辅助完成故障在线诊断和辨识，提高故障抢修效率。

2）负荷转供有序智能。大部分线路已实现双电源供电，一般采用闭环设计、开环运行的供电方式。当系统发生故障或者计划检修时，基于配电智能终端，依托配电自动化、调度侧等系统，生成非故障区域转供电方案，通过解环操作在无停电或者少停电的前提下实现负荷转移。完成故障区段自动隔离和非故障区域的快速转供电并推送移动终端。

第六章
数字化班组建设的发展趋势

第一节　总结提升

数字化技术将全力推动班组基层生产管理，并赋能形成多网融合系统，物联网时代的突出特征是机器社交，能源真正的终端用户并不是个体的人，而是各类用能设备，能源网的终极形态一定是用能设备之间互联互通和机器社交。未来能源网将以能源的分布式生产和利用为突出特征，在云大物链等数字化技术驱动下进化成自平衡、自运行、自处理的源网荷一体化智慧能源系统。因此，能源不会单独发展形成孤立的能源网，未来电力基础设施将变成一个平台，数字技术将深化能源网与政务网、社群网的融合互动，实现多网融合、共同发展。

目前电力企业的数字化技术全面提升了数字化班组的建设和发展，促进了数字化班组转型升级，高效地完成生产工作任务，本节结合班组实际业务需求，重点从平台建设、技术保障、应用开发、制度完善、优化评估等方面，打好班组数字化建设基础，做好支撑保障。以电力企业为例，进行总结提升。

（1）开展电网资源业务中台、新一代设备资产精益管理系统（PMS3.0）、统一移动门户、设备侧物联网等基础建设，支撑班组数字化应用。近期基于电网资源业务中台建设成果，实现主网数据全覆盖，开展供服、配电自动化等主要应用系统的中台化改造；全面启动 PMS3.0 建设准备工作，完成现状调研、方案编制和数据治理等，具备 PMS3.0 系统部署实施条件；完成输变配缆等专业移动应用系统开发和试点应用，基于统一移动门户，开展运检移动应用改造和整合，完善移动作业标准支撑服务体系，响应专业特色需求。完成输变配物管平台建设，建立健全感知装置入网检测体系，实现装备“互联互通”，形成物联网产业生态。

（2）加强相关专业部门的横向协同，制定网络通信、信息安全等基础技术保障措施，建立安全、高效的数字化应用通道，实现跨区信息交互共享。明确组织职责，建立信息安全风险评估和协同工作机制，基于移动门户、物管平台，实现管理大区与互联网大区的信息交互，基于企业中台打通Ⅰ/Ⅳ区数据交互通道，实现数据跨专业的共享和协同。

（3）强化业财协同，开展PMS、ERP基础数据治理和作业成本标准化编制工作，优化业务流程，规范成本统计，贯通业财数据链路，初步实现生产成本显性化。近年来，以变电专业为基础，开展设备需求成本测算，收集成本分析数据，梳理组织、站线、设备等数据标准，实现PMS、ERP侧数据同源一致；依据总部成本分摊规则，开展生产成本量化分析，完成业财链路验证，优化完善生产成本分析规范及大纲；开展生产成本与资产、安全、效益、检修效率的相关性分析，掌握生产成本投入效果，支撑生产成本投入产出评价，总结经验，提出生产成本精益化管理建议，为后续推广成本量化应用奠定基础。

（4）基于统一的运检移动应用门户，按专业完成高频次业务需求的收集、梳理，组织完成巡视、检修、抢修等主要应用服务、应用支撑体系建设。依托电网资源业务中台、PMS等主站服务，建立运检移动应用标准服务目录，支撑各专业特色应用建设。

目前，数字化班组建设的评价采用“功能验收+资料评价+数据抽取”相结合的方式，功能验收审查数字化班组应用的功能，根据远程系统演示了解班组功能应用情况。资料评价检查班组覆盖范围，通过上报自评价报告、班组应用等佐证材料明确班组各专业班组应用系统类型、应用范围。数据抽取检查数字化班组建设周期内，各专业在PMS系统贯通、数据积累、作业增量方面的情况，反映数字化班组建设相关系统和模块应用以及与PMS贯通情况。

（5）快速推进数据迁移治理，①基于PMS开发沿布工具、台账导入等功能，简化基层班组PMS台账图形数据录入，并利用借助PMS数据核查工具，定期开展基础数据校验核查，提高数据的及时性、完整性、准确性，对问题数据开展整改。②明确设备主人制责任机制，建立基于中台的核查机制，完成全部输变电数据校验核查，初步实现检修物资智能管理，完成备品备件、大型工器具、仪器仪表等检修物资台账信息、维护记录等相关功能点的开发基本就绪。③完成三家试点地市公司PMS、供电服务指挥系统、配电自动化系统配网存量数据治理，实现台账数据准确率100%，增量数据及时率100%。

（6）拓展实物ID在配电网的应用范围，完成存量配电网主设备（配电变压器、环网柜）的贴签工作，存量配电网主设备贴签率95%以上，增量设备实物ID与设备同期交货，确保增量设备贴签率100%。基于实物ID，开展配电网新增设备扫码建台账，台账创建效率提升60%。

（7）初步实现设备档案数字化移交，①基于实物ID，利用工程档案数字化系统，开展运检工程数字化移交。针对不同项目类型，构建不同维度项目资料目录，设备厂家、施工队伍及时维护各类试验、交接数据，项目管理人员完成验收资料、竣工图纸的线上移交、存储，提升项目管理精益化水平。②在高压电缆专业精益化管理综合平台中建立生产准备及验收模块，实现高压电缆可研、初设、施工验收等各个环节资料电子化归档，推动工程前期作业流程标准化、规范化，加强电缆线路在设计、施工和验收阶段的质量管控，目前平台已录入多条工程资料。③在高压电缆专业精益化管理综合平台中建立电缆通道管孔管理模块，实现 110kV 及以上高压电缆通道路径、工井位置、通道断面管孔数、电缆排布及相位等图形覆盖率 100%。④应用“RPA+AI”技术，开发具备自主识别变电设备试验报告数值微应用，目前正在对接仪器仪表厂家，进行试验报告自动采集相关功能点的开发。

（8）有序开展全专业运检移动作业，①基于 PMS 系统深化完善输变配移动巡检作业应用，实现实物 ID 扫描、计划检修、检测、巡视、现场勘查、评价管理等移动应用功能。②常态化开展输电专业移动巡检终端应用，巡检终端在基层班组覆盖率达 100%，具备巡视、检测、检修等作业工作任务在线推送、缺陷（隐患）记录现场登记等功能。在重大活动保电工作中，通过输电管控中心实时获取巡视人员的轨迹和巡视情况，强化保电人员、车辆管控，实时开展巡视到位率分析，运维保障工作质量得到全面提升。③完善高压电缆智能移动巡检终端，实现高压电缆巡视任务主动推送、缺陷、隐患信息现场登记、检修记录、试验数据一键上传、巡视记录自动上传，现场可利用移动终端，实时调阅图纸档案、运行检修规程、作业标准流程、精益化评价细则、典型故障案例等技术资料。智能移动巡检终端在高压电缆运行班组覆盖率达 100%。④结合工单驱动业务开展，以及实物 ID、配电物联网、配电自动化建设应用，开展基于移动终端的配电网主动巡检及主动抢修，已具备缺陷登记、设备信息查询、台账修改、主动抢修工单派发及研判等功能，已在各试点单位进行推广应用，运维抢修效率提升显著。⑤完成变电运检移动作业终端与 PMS 系统的同步、台账扫码建档和台账、履历调阅功能开发，待现场测试调整后可进行功能应用。

（9）试点开展“两票”业务线上办理，①开展两票微应用平台建设，实现两票业务线上办理、图形开票、两票移动应用、抢修移动化等功能，并开发相应的 PMS2.0 数据反写接口服务，将相关数据反写回 PMS2.0 系统。②在试点单位城南公司实现配网“两票”业务全部线上办理的基础上，开展基于移动终端的两票线上办理、流转，初步实现现场回填信息，辅助现场执行。③组织试点单位常态化应用 PMS 系统办理输电工作票，基层班组工作票在线流转率达 100%，实现工作票在移动终端查阅功能，积极推进其他环节移动办理工作。④有序开展变电工作票移动办理，完成两票移动作业系统主站布设的方案论证，基本完成第一、二种工作票图形开票与工作票移动办理软件功能以及四区系统与 PMS 对接主要功能的开发，正在进行现场部署测试。

（10）逐步开展内外网信息交互，①通过物联平台将智能巡检机器人、远程智能巡视系统数据接入内网，并以TOPIC消息形式发送至PMS系统，自动形成相应的巡视、缺陷记录。②实现温湿度、杆塔倾斜、动态增容等传感器状态量在内网物联管理平台的接入及应用，不断推进设备本体状态精准感知，加强温感、微气象、覆冰、舞动等在线监测设备投入，完成覆冰、舞动监测装置安装66套，完成220kV屈石一线智慧线路建设。

（11）不断强化Ⅰ/Ⅳ区数据共享方面，①基于配电自动化四区主站，完成配电自动化遥测、遥信信息与智能融合终端数据融合，开展基于供电服务指挥系统及移动终端可实时查询设备运行状态，为抢修及巡检提供数据支撑。②完成配网同源维护套装组件的部署，正在开展组件部署后与PMS、GIS、营销等系统的反写程序调试。③开展供电服务指挥系统、配电自动化四区主站基于中台的微应用演进工作，已完成供电服务指挥系统多个功能点的演进，配电自动化已完成75%的演进任务。

（12）全面推进远程智能巡检，①在实现全部110kV以上电压等级线路监拍装置全覆盖，结合PMS3.0顶层设计，深化输电全景监控平台建设，完善输电线路通道远程智能预警等各项功能建设，创新开展“点云数据＋在线监测”技术，具备外破隐患（吊车、树障）距离远程测量功能，实现了通道外破隐患精准管控。在试点班组开展110kV线路激光点云建设，充分利用点云数据开展线路设备及通道点云建模，形成直观可视的设备环境，为设备巡视及检修工作提供平台。②充分发挥输电监控中心“生产指挥中枢”作用，构建“集中监控＋网格化布点”运维模式，实现对运维人员实时管控，确保隐患变化情况处于可控状态。③配置6架御2行业双光版无人机，9台激光清障仪，使用激光清障仪完成异物清除工作63次，人工替代率达到100%。④应用无人机完成500kV一、二线路等共236km的基建验收，完成5642基杆塔无人机红外检测工作，自主研发的无人机清障仪、无人机防坠器在检修作业中全面应用，解决安全生产实际问题。⑤开展数字化安全评估建设以及输电带电作业方案智能辅助编制，推进带电标准化作业库建设，已初步建立荡入法、跨二短三法进入电场开展金具补装、更换等典型带电作业标准化流程，在试点数字化班推广应用，成熟开展金具补装、更换等工作。⑥高压电缆专业精益化管理综合平台已接入接地环流监测装置396套，高频局放监测装置86套，开关站在线监测装置46套，实现高压电缆本体状态实时感知与分析诊断，以及开闭站环境实时监控。

（13）加快变电主辅设备全面监视工作推动进度，完成地市单位的数字化试点班组的调度终端延伸改造，完成滨海、检修公司数字化班组辅助设施辅控功能的接入改造，开展辅助设备监视改造。

（14）不断深化构建“无人机＋”立体巡检体系，①推进无人机固定和移动机巢建设，推进500kV以上线路和全部三跨区段无人机自主巡检全覆盖。②全面推广红外检测、基建验收等检修作业类型替代人工高空作业，研发全天候无人机等工具及装备，实现无人机在巡检、检修、检测等方面的深度应用。

（15）持续深化工器具、备品备件管理数字化深度，完成PMS系统中开发工器具、备品备件在线管理功能，实现工器具、备品备件台账线上管理，具备工器具、备品备件试验日期和库存数量自动校核、试验日期自动提醒、采购需求自动推送功能。

第二节　推广实施

以电力企业为例，各单位结合自身建设情况及数字化班组评价细则中建设要求，重点推广输配电专业设备管理数据迁移和治理、实物ID应用、数字化移交、电网主设备知识库建设、运检移动作业、两票业务线上办理、内外网数据交互、Ⅰ/Ⅳ区数据共享、远程智能巡视、主辅设备全面监视、无人机自主巡检等工作。

1. 台账有序管理方面

目前配电网同源维护套件已在很多地方上线，电力企业通过套件工具进行台账数据的维护和治理。主网同源维护套件基本开发完成，已经要求地市公司做好前期台账数据的核查和治理，以便于上线后的数据迁移工作。变电专业推进业务中台同源维护套件开发和存量台账迁移工作，基本完成PMS2.0与同源维护套件之间的数据贯通。输电专业推进同源维护套件建设，已完成输电架空线路、高压电缆本体的图形、基础台账维护功能开发，定期开展数据核查和治理工作。配电专业配电网同源维护套件已于今年完成全省推广应用，全省范围内已基本完成数据治理。

完成各源端系统数据接入。目前PMS2.0系统、营销系统、用电信息采集系统、配电自动化Ⅳ区系统、调度云系统、雷电系统等存量数据均已全部接入中台。其中PMS2.0、雷电系统增量数据接入时效性目前保持在30分钟的时间间隔内，时间间隔可实现自由配置。目前，输、变、配、低压、专线、专变等存量数据已全部接入中台，增量数据接入每日有序进行中。同时，同源维护应用已完成部署，目前正在对PMS2.0、GIS2.0、营销业务系统、调度OMS系统等4套系统改造，后续对ERP系统、配电自动化系统、供电服务指挥系统、线损系统、大数据非结构化平台等5套系统进行改造。

持续开展基础数据治理。目前已经基本完成设备管理数据向电网资源业务中台迁移的集中治理工作，变电设备基础数据异常数据已基本清零。目前，累计完成设备数据治理6.2万条，主要包括数据录入问题、图形不一致等情况治理，进一步提升数据正确性、精确性。

深化台账管理移动应用，结合实物ID推广应用，开展增量设备扫码建档、设备位置自动采集和系统辅助校核。推进输变电工程数字化移交，实现设备图形、台账等资料的源端维护。全面推进基础数据治理，完善数据维护、核查机制。常态化开展基础数据核查治理，实现输、变、配、直流专业基础数据准确率达到100%，实现设备账卡物一致。

开展新建220kV输变电工程数字化移交试点工作，开展配网工程资料数字化移交试点。持续推进实物ID各业务环节系统数据贯通及成效监测，持续扩展实物ID赋码应用范围，研究自动化设备、信息设备、通信设备赋码工作，并开展新增保护设备赋码推广工作。

2. 两票业务线上办理方面

根据评价细则的要求，推进基于安全域的数字化工作票开发，可实现全流程在线办理（包含编制、签发、许可、执行、终结、归档全过程）。同时开发移动终端相关功能应用，在移动终端同步办理签发、许可、终结、归档工作票，并回传至PMS系统。目前已开发完成输变配基于安全域的7种数字化工作票，并开始试点地市的测试和试用，剩余6种票正在推进开发中。变电专业基于安全域的数字化工作票已在7家单位开展测试应用，数字化操作票已在6家单位开展试点应用。输电专业已完成线路第一、二种工作票在输电全景应用群以及移动端的功能开发，完成第二轮内部集中测试。配电专业已完成配电一种、二种工作票开票、签发、接票、许可、执行在PC端和移动端的功能开发，融合OMS，深化PMS两票相关业务应用，以工作任务为载体，实现作业全流程贯通、停役计划联动、历史记录自动关联。结合移动应用建设，试点开展两票全过程线上流转，实现作业地点、时间、状态等实时回传PMS。

结合公司电网主设备知识库建设，实现标准规范数字化，支持资料在线检索。基于移动终端，完善设备信息在线检索，实时调阅设备台账、图纸档案、运行检修规程、作业标准流程、精益化评价细则、典型故障案例等技术资料。

操作票实现与调度专业Ⅰ区防误云贯通。操作票业务在福州公司部署上线，实现在调度云电子下令、子站防误系统自动开票推送至移动App端，在移动App端完成操作人监护人识别确认、操作票执行及归档。在南门变上线试运行防误云系统，同时使用电子操作票、纸质操作票，采用“双轨制”进行站内设备倒闸操作。运维人员手持纸质操作票、PDA，双边同步执行操作流程，PDA作为防误钥匙使用。

工作票电子化业务在莆田公司部署上线，工作票审核、许可、回退、终结全流程实现App端线上移动办理，完善工作票移动应用界面，在莆田公司连续1个月开展工作票移动应用双轨运行，累计执行工作票586份，发现系统功能问题15项，已全部解决。完成二次安措票和工作票结构化功能开发，拓展工作票移动应用业务范畴。

配电网全面拓展电子化两票。配电7类中、低压工作票，已实现各类工作票在线开票、审批功能及全省应用，已实现一种、带电、抢修票在线许可、终结功能及全省应用，正开展二种、低压工作票在线许可、中介功能建设；已实现指令票、中压操作票、低压分时分路停送电操作票在线开票、审批、执行功能及全省功能；正开展工作票与安监作业现场管控ORM系统三种人、施工人员贯通，与安全工器具管理STM系统接地线贯通功能建设工作。

3. 实物 ID 应用方面

已基本实现基于 PMS2.0 系统的实物 ID 扫码查询台账信息等功能。目前正在开展移动端 App 扫码创建台账等功能与配电网同源维护套件的联调测试。深化应用方面，开发了基于实物 ID 的移动端应用，实现设备出入库、试验检测、借调管理、库房扫码盘点、扫码上报缺陷等功能。同时，在 PC 端部署模块实现出入库、实物 ID 生码赋码功能。在嘉兴变电电气试验班组试点功能测试。

据公司要求，贯彻落实《电网资产实物 ID 业务应用指引》，持续开展存量设备溯源、赋码，完善本地 ERP 改造，实现增量设备全流程贯通，推进电网资产全寿命周期内协同管理和数据互通。

增量赋码方面实现变电交流 27 类、变电直流 22 类、110kV 级以上输电杆塔、配电 5 类（配电变压器、环网柜、柱上开关、电缆分支箱、中压杆塔）等设备增量赋码 100%。存量贴签方面，累计完成存量 90% 变电交流 27 类设备、30%110kV 及以上输电杆塔、100% 配电 2 类（配电变压器、环网柜）设备、100% 保护设备、70% 通信设备，以及部分配网中压电杆的赋码贴签工作。历史数据溯源方面，实现投运的 100% 变电存量主设备（主变压器、断路器、组合电器、隔离开关、电流互感器、电压互感器、电抗器、电力电容器、耦合电容器、接地变、站用变、开关柜、避雷器、消弧线圈），30%110kV 及以上输电杆塔，50% 配电 2 类设备（配电变压器、环网柜）“五码”追溯。持续扩展设备赋码贴签范围，实现变电 27 类新增设备扫码创建率 50%，配电 5 类新增设备扫码创建率 30%。选取相关 220kV、110kV 变电站为试点开展实物 ID 示范站建设。利用实物 ID，开展安装调试、竣工验收、投运盘点、建账转资等现场业务应用，建立实物 ID 与运维检修项目、运维检修计划、工作票、作业票、设备、人员、装备间的相互关联关系，推动作业设备对象、工时、台班等要素自动采集、实时核算。通过实物 ID，实现运维工单触发仪器仪表领用、归还流程，作业时长采集、试验报告自动生成等功能。

实物 ID 建设及应用：持续推进存量设备赋码贴签，赋码贴签率达 70 以上，其中变电直流 100%，变电交流（27 类）90%，配电（2 类）100%，输电杆塔（110kV 及以上）30%，保护设备 100%，通信设备 70%；通过运检移动应用建设，实现实物 ID 在巡视、检测、检修及抢修等业务的融合应用，实现现场作业“一键扫码、一码贯通”；结合生产成本精益管理建设，通过 PMS2.0、ERP 及运维管控平台改造，完成技改大修、运维检修、抢修、保险等成本归集，实现变电 14 类设备生产成本量化。

4. 基建数字化移交方面

某省电力企业积极沟通建设部门，推进主网新、改、扩建设备等 17 项数字化成果共享。主网方面实现与建设部基建全过程系统和工程数据中心系统贯通，实现基建数字化设计成果及 17 类设计文档一键式移交功能开发及测试。完善设备数字孪生应用基础支撑功能建设，已完成嘉兴禾城变数字孪生全景建模和现场应用。配电网方面基于设计一体化系统实现 PC 端工程业务立项、设计、施工、验收、结算、运行的线上管控。通过运检管控 App 实现移动终端上工程验收、竣工资料的生成、派发和数据归档。

在某省电力企业正推进配电网工程施工质量管控 App 实用化应用基础上，已启动开展配电网工程数字化移交建设工作，基于设备实物 ID，已实现工程所需物资入库、出库、申请、补料、退料等在线调配功能；正贯通 PMS、ERP、协同设计、物资等系统，开展从开工前准备、施工过程、竣工结算、项目关闭及档案归档各阶段数字化移交功能建设，集成扫码建账功能，开展增量设备实物 ID 关联、资产台账校核功能建设。

制订输电数字化资料档案清单明细，推进输电线路设备台账参数表、三维设计模型等 17 项数字化成果共享，具备 PMS 系统回填功能。

5. 运检移动作业方面

某省电力企业基于 PMS3.0 架构统一部署各专业移动运检 App，以实现巡视 / 检测作业工作任务自动推送、缺陷 / 隐患记录现场登记、巡视报告生成等功能，基层班组人员可以借助移动应用在作业过程中完成缺陷隐患信息、检修记录等现场录入并回传。变电专业推进变电移动 App 建设，开展移动终端检修业务功能拓展，推进实验数据自动获取等方面的功能建设。优化管控平台和移动终端现有应急抢修功能。推进移动终端设备智慧专家（钉当）在专家远程会诊、事故处理实时共享等方面的试点应用。输电专业持续推进线路移动巡检 App 开发，已完成设备台账查询、巡视作业、检修作业、缺陷隐患登记等功能开发，已在 7 家单位开展试点应用。配电专业已完成配电网运检管控 App 工单派发、巡检路径自动规划、轨迹自动记录、缺陷照片上传、缺陷闭环等功能开发并在 8 家试点单位开展试点应用。配电网抢修过程主动可控，基于配电运检管控 App 实施抢修全过程线上管控，抢修结束可在移动终端进行复电招测，抢修完成可在移动终端实现闭环。

基于公司统一移动门户，深化移动作业应用。完善运检移动门户建设，完成巡视、检修、抢修及两票等主要业务优化完善，实现运检任务主动推送，作业指导书自动编制，运检过程自动记录，缺陷、隐患信息现场登记，作业报告自动生成，作业记录在线回传 PMS；构建统一移动支撑服务，支撑专业特色服务建设，试点研究检测装置、表计数据联动采集，开展人脸识别、图像校验、在线会商等应用建设。

输变电专业依托智能运检管控系统，自动触发运维检修工单。工单系统则有类似于指挥中心的功能，工单流转于各专业业务移动应用，实现业务提醒，指令下达，业务流程管控，业务结果跟踪反馈等功能，工单信息数据在一定程度上可以直接反应运检业务开展情况。针对运维、检修、检测、验收四个专业完善业务移动应用。

配电专业建立网格化管理、工单驱动业务配电网管控模式，目前已完成配电专业移动应用重构工作，即：配电网格 App，形成面向一线班组、统一的移动工作界面，涵盖主动运维、主动检修、主动抢修、主动储备、主动数据稽查五大类业务工单，实现对工单发起、执行、跟踪、督办闭环管理及成效评价。

检修物资在线管理。开展备品备件、工器具、仪器仪表、班组仓移动在线出入库管理，管控物资入库、出库、调拨、退料、盘点等业务，跟踪出库物资使用状态，保证使用过程可溯，实现物资一本账数字化转型。

集成生产车辆调派。根据运检班组日常生产的用车需求，结合检修计划、设备巡视等日常作业工单，集成车辆运行调度系统，通过移动端线上用车提报、审批，实现车辆调派，简化运检班组同一内容多次录入工作，为班组减负。结合车辆派车单及成本维护情况，支持运检班组作业标准成本分析。

6. 主设备知识库方面

按照 PMS3.0 统一架构开展设备知识库建设，开发实现数字图书馆、精准搜索、智能问答、资料移动调阅等功能。组织基层班组收集整理技术规范、设备资料等，同时对接收集基层单位个性化知识需求。已完成地市公司输变专业的标准和设备资料收集，推进电网设备知识库样板间建设，开展技术标准数字化应用，推进设备智慧专家（钉当）在变压器专业方面的全省应用。某省级电力企业专业材料电子化处理：图书馆已入库 2633 份资料，主要包含技术标准、管理规定、反措，其中输电技术标准主标准 61 份、从标准 306 份，支撑标准 248 份；变电专业技术标准主标准 79 份、从标准 357 份，支撑标准 237 份；配电专业标准主标准 94 份、从标准 204 份，支撑标准 148 份；直流专业标准主标准 63 份、从标准 213 份，支撑标准 299 份。变电通用管理规定 206 份，直流通用管理规定 118 份；地市个性化资料处理：阅览室已入库 4586 份资料，主要包含各地市相关资料，其中某电力企业 527 份，涉及运行规程、操作票、故障跳闸、主变会议纪要、主变会议材料等文档；某电力企业 844 份，涉及技术标准、作业指导书、作业方案、管理规定、带电检测试验记录、缺陷分析等文档；某电力企业 137 份，涉及运行规程、操作票、故障跳闸；金华公司 810 份，涉及运行规程、操作票、故障跳闸、大型处理方案等文件；丽水公司 38 份，涉及运行规程、操作票、故障跳闸等文件；某电力企业 158 份，涉及运行规程、操作票、故障跳闸等文件；衢州公司 54 份，涉及运行规程、操作票、故障跳闸等文件；某电力企业 1488 份，涉及产品说明书、交接试验报告、例行试验报告、操作票、故障跳闸等文件；某电力企业 83 份，涉及运行规程、操作票、故障跳闸等文件；某电力企业 124 份，涉及运行规程、操作票、故障跳闸等文件；某电力企业 72 份，涉及运行规程、操作票、故障跳闸等文件；某电力企业 251 份，涉及运行规程、操作票、故障跳闸等；开展知识库数据收集及处理工程；已完成输电专业技术标准 61 份资料电子化；变电专业技术标准 79 份电子化，45 份资料拆解；配电专业技术标准 94 份资料电子化；直流专业技术标准资料 109 份电子化，109 份资料拆解；直流通用管理规定资料 118 份电子化，118 份资料拆解。

运用人工智能自然语言处理技术解析工作票。将原有语言描述的工作内容，实现作业对象、作业内容结构化信息提取，为开展资产全寿命周期管理、设备全景画像、设备供应商评价、推动多维精益业财融合提供了坚实的数据支撑。

承担电网土建部分知识库建设试点任务，组织土建专业专家集中办公，培训技术标准数字化知识加工规范。同时，进行普华结构化标准数据处理程序的开发、模型训练的程序和环境准备。

变电专业构建移动应用知识库，补充完善 PMS 系统已有设备图纸等电子资料，通过关联已有规章制度平台获取相关管理规定、技术标准、法律法规、故障案例等资料，开展个性化知识收集，不断更新完善共享资料，满足管理和基层人员在日常工作中各类资料获取需求。

输电专业结合两库一平台建设，推动无人机巡检图像智能识别模块应用，积极配合总部完善缺陷样本库，提高缺陷识别率，充分应用模型库，实现缺陷隐患自动分析与识别。

7. 远程智能巡视方面

变电专业通过智能巡检机器人、高清视频开展变电站远程巡视。开展变电站智能巡检装备加装、远程智能巡视功能建设、无线安全接入平台等项目的前期工作。已完成管控平台和移动端运维综合计划、巡视、缺陷等功能开发，同步开展试点应用。

设备部组织各基层单位开展多轮数字化班组建设需求调研，广泛征集基层班组数字化业务需求，在某电力企业开展实物 ID 示范应用、集控站监控、主辅设备全面监控、一键顺控、在线智能巡视、两票业务在线办理、远程许可等多方面建设应用，结合变电站改造工作，全面夯实数字化班组基础。完成特高压练塘站在线智能巡视系统建设，每日通过高清摄像头进行一轮设备巡视、每周机器人 + 高清摄像头进行一轮全面远程智能巡视。

（1）主辅设备全面监视。完成某电力企业 7 座集控站主设备监控反向延伸建设和辅助设备主站建设，运维班全面监控 220kV 及以上变电站设备运行情况，浦东和青浦公司辅助设备监控系统主站正在进行安装调试。

（2）业务线上办理。按照《数字化班组评价细则》要求，通过 PDA 移动终端试点在运维班开展数字化班组全流程贯通、业务在线办理，充分积累数字化班组业务及流程方面经验，完善《数字化班组建设需求说明书》内容，为基于统一门户的移动应用开发提供支撑。

输电专业通过构建互联网大区应用群，深化输电全景监控微应用群，利用图像识别技术，自主识别输电线路通道及周边环境等安全隐患。完成在线监测、感知设备管理、告警信息等功能开发，实现微拍、分布式故障定位装置、监测中心数据同步接入，目前已应用接入智能终端1300余套。

配电专业依托配电网格化智能管控系统，基本完成设备、线路等层级运行状态评价功能及配套的工单处置体系建设，数字化驱动主动发现、闭环处置设备异常、电网运行负面清单，正开展四区自动主站、配电站房动环监测接入工作，在移动端实现设备运行状态、停（上）电状态、配电站房环境信息在线调阅、异常主动监控。

8. 主副设备全面监视方面

（1）开展设备物联体系建设，完成各专业物模型梳理，完成《PMS3.0设备侧物联统一架构建设实施方案（试行）》编制，组织各节点设备生产单位开展统一边缘计算模型建设。

（2）开展全景监视样板间建设。①完成前端页面开发工作，同步进行后台服务联调工作。②通过大数据服务调用方式获取调度源端数据，同步进行数据验证调试工作。③完成辅控数据接入中台工作，支撑样板间数据多维度获取。

（3）开展变电移动作业样板间建设。①初步完成数字化验收应用功能原型界面开发工作，并与建设部进行协同，实现竣工验收环节中试验数据结构化，验收环节与建设部流程互通。②与调度进行协同，贯通OMS、PMS系统，实现调度预令与操作票关联，工作票与停电计划、停电申请单关联。③初步完成巡视记录、缺陷登记、检修作业、两票业务等五通基础类移动应用开发工作，实现基础作业在线化、现场数据录入移动化。

（4）开展变电人机协同巡视样板间建设。①完成移动巡视应用开发，自动获取设备运行数据、监测数据、趋势变化等，提高运维人员巡视效率。②开展远程智能巡视系统建设，自动下发巡检任务，自动识别外观缺陷，实现站端设备自动联合巡检。③进行远程智能巡视系统与PMS交互链路开发工作，打通数据通道，全面融合展示人工巡视与机器巡视采集的数据。

（5）开展PMS3.0无人机样板间建设。①完成样板间初步建设。通过互联网大区建设，贯通管理信息大区（内网）、互联网大区和互联网（外网）的数据流及业务流，构建“空域管理—计划制定—任务派发—作业执行—安全监控—智能分析—缺陷闭环”的全流程线上管控体系，为无人机巡检规范化、规模化应用提供一套可复制、可推广的全流程解决方案。②开展规模化巡检承压测试。先后开展150架、330架全省大规模无人机集群作业测试，验证了无人机样板间“三区四层”架构的可行性和基于中台的业务、数据流贯通性能，从任务工单获取、无人机现场安全监控、图片自动回传及智能识别、缺陷隐患推送、两库一平台自动归集等方面，验证了各项无人机业务功能。

（6）推进输电运检数字化转型。①打造数字化班组。数字化转型，设备管理是基础，业务应用是纽带，管理提升是目标。基本完成基础数据精准管理，开发验证工作票在线办理功能，移动巡检、隐患管理、告警工单管理等业务全面落地，通道远程智能巡视 + 网格化应急处置体系试点建设加速推进。②推进输电运检模式转型。抓住“设备、人员、业务”三条输电运检管理的主线，实现对设备状态和运维状态的精准掌握，建立完善数字化班组，提升人员综合管理能力，推进移动作业、无人机巡检、通道远程可视等业务智能管理，“集中监控 + 网格运维 + 立体巡检”的运检模式初步取得阶段性成效。

（7）加快提升智能化水平。①推进基于三维点云的输电线路通道隐患单目精准测距应用部署。结合点云数据开展线路通道保护区内的竹树隐患、交叉线、跨越物等安全分析和工况模拟，探索树木生长智能分析、设备劣化趋势等应用场景。②持续开发标准数据传输服务、设备台账服务。根据两库一平台建设与应用要求，制定标准数据传输格式，积极开发相关功能。实现可视化、分布式故障定位装置、动态增容、智慧线路等物管平台数据同步接入。③加快运检业务数据算法策略及技术攻关。开展融合三维点云空间标定的可视化图像定位技术、基于二维图像的空间预估目标识别技术攻关，实现外破机械与线路之间距离的实时辅助标定。借助无人机或安监布控球，实现作业现场高空多角度视频监控与喊话告警，对作业人员违规操作、误入非作业范围等危险行为进行监控指挥。

（8）开展配电网抢修数字化智慧管控样板间建设。①完成融合终端配变停电事件信息、智能电表停电事件、中压线路配变停电事件信息等数据综合研判策略设计。通过抢修智能大脑实现故障智能研判。②完成抢修工单生成派发、工单归并等功能，实现抢修工单线上自动派发及闭环管控。③基于移动终端完成抢修人员抢修接单、故障点巡查、故障原因登记、故障处理修复、工单终结回复等功能开发并应用。④完成以地理图层、电网图层、抢修驻点、工单沿布等展示页面功能开发，实现抢修轨迹查看、抢修过程在线管控。

（9）开展配电网工程数字化移交样板间建设。①完成推进物资采购、工程施工、竣工验收阶段的实物 ID 关联建立工作，实现配电设备基础数据源头赋码、源端维护。②完成施工任务管控、拆旧物资管理、典设模块维护、资源管理等 15 个应用功能开发，总体开发进度 85%。③完成基于数据中台获取设备台账物理参数功能开发，支持配网主设备台账扫码创建。④基于电网资源业务中台，完成与营销 2.0 的集成工作和配调图模数据贯通建设，实现营配调图模数据贯通。

（10）开展配电移动巡检作业样板间建设。①完成工单驱动主动巡检功能建设，实现巡检周期差异化设定，结合监测异常派发主动巡视工单。②基于移动作业完成工单接收、图纸台账现场交互查询、巡检路径自动导航、轨迹自动记录、作业任务线上闭环管控、缺陷隐患在线登记回传、拍照签到、设备坐标纠正等功能开发应用。③完成移动终端与红外、局放等 2 类智能带电检测装备的信息交互功能研发，实现工单驱动检测工作、智能匹配待测设备、检测结果自动上传、检测报告的自动生成。

编制变电站辅助设备监控系统技术方案，持续开展运维（运检）班组监控系统终端延伸建设和辅控系统 2.0 完善，实现主辅设备全面监控。

（1）输电全景监控平台。依托平台进行集中监控，利用移动作业模块进行派单，工作流程线上流转、闭环管理，完成隐患管理模块、外委人员移动作业模块开发，并开始试运行，于近期通过可视化监控系统先后成功预警与快速处置峰龙 4145 智慧输电线路、葛南直流接地极通道保护区内火灾。

（2）特高压无人机班组。班组负责超特高压输电线路无人机精细化巡视，并加快飞手培养与取证；无人机智能管控平台已建成，开始进行前期部署和试用；500kV 及以上线路适航区已全部完成激光三维扫描工作。

（3）精益化管理综合平台。高压电缆专业依托中台及精益化管理综合平台建设，已完成标准库和知识库的建设，打通内外网数据交互瓶颈，实现重要电缆及通道远程巡视，初步实现电缆工程数字化移交和运检业务线上办理；完成电缆专业在线监测数据接入规范编制，统一包括局放、环流等 15 类在线监测系统编码格式、接头规范及数据模型，完成 18 套现有系统改造及数据接入，完成平台集中监控模块开发，初步实现电缆专业集中监控与智能处置；进一步加快智慧线路及示范区模块升级改造，引入 OCR、三维、BIM 等技术，拓展运检业务向智能化发展。

9. 无人机自主巡检方面

推动无人机规模化应用，组织建立无人机应用机制、管理制度、培训计划，规范化开展无人机自主巡检。地市公司班组人员常态化开展无人机自主巡检，并在红外检测、辅助照明、检修和验收等作业中深化应用。目前基于互联网大区，开发无人机巡检管控平台，已完成管理信息大区全部接口的调试，完成飞手台账管理、无人机成效管理等功能开发，并通过主网流程测试。

变电专业在特高压等变电站试点无人机应用。在偏远变电站规划巡视航线，设定巡视点位和巡视内容，开展无人机自主巡视测试。

配电专业基于输电机巡作业建设成果，计划开展配电机巡作业建设，目前已初步完成配电机巡作业框架验证工作，初步具备机巡作业创建、机巡航线规划、现场无人机巡检等功能，并进行现场验证。

输电专业推动无人机规模化应用，建立无人机管理制度、应用机制、培训计划，规范化开展无人机自主巡检。①研究拓展无人机应用范围，利用无人机搭载平台，开展红外检测、辅助照明、异物清除、高空传递等检修作业及验收作业。②利用人工智能图像识别技术，自主识别输电线路通道及周边环境等安全隐患（如异物、大型施工机械、山火等）。优化移动应用，完善输电线路通道远程智能预警、应急联动、监控日报自动生成、推送及反馈功能。③积极探索地线巡检机器人应用，实现线路通道自主巡检。④结合点云数据开展线路通道保护区内的竹树隐患、交叉线、跨越物等安全分析和工况模拟。利用无人机对线路通道进行点云数据扫描，开展线路通道保护区内的竹树隐患、交叉线、跨越物等安全分析和工况模拟，已完成之前投运的500kV及以上全部线路三维点云建模。

实现飞巡任务编制/下发、空域管理、飞巡状态/巡视数据实时回传、无人机台账管理、飞手驾驶证管理、缺陷图像智能识别、历史巡检记录管理、杆塔坐标校正、图片自动命名、缺陷报告一键生成、自主巡检管理等功能，组织输、配电班组人员开展试点应用。已应用无人管控平台完成无人机注册322台，飞手登记122名，飞巡回传图片42398张。利用图像智能识别发现缺陷1604处，采集自主巡检轨迹文件1599个，完成飞行计划713项，完成551基杆塔飞巡。另外配电网专业的应用实现无人机管控平台与供服系统贯通，支撑工单驱动业务。攻关配电网杆塔实物ID无人机识别技术，完成硬件适配与软件交互方案设计，开展两次现场试验，无人机在22米距离（最远）成功读取配电网杆塔实物ID信息。

10. Ⅰ/Ⅳ区数据共享方面

基于电网资源业务中台，基本实现营配数据异动流程贯通。配电网同源维护套件定期获取营销系统相关信息，异动流程结合计划进行增量信息维护，生成专题图同步推送至Ⅰ/Ⅳ区。

基于电网资源业务中台，开展同源维护工具建设，初步实现设备资产资源数据同源维护，实现电网资源业务中台与PMS2.0数据同步共享，开展与调度自动化、配电自动化图模共享调试；开展基于数据中台的调度自动化、配电自动化等系统实时、历史数据接入，完成基于量测中心的融合服务和典型应用研发。

设备状态智能感知，打通Ⅰ/Ⅳ区、内外网数据交互通道，实时获取设备运行、状态和环境数据，融合PMS、统一视频平台等业务系统，实现设备状态在线评估、运检策略智能制定，支撑班组对设备状态、作业现场的实时管控。结合企业中台建设，开展Ⅰ/Ⅳ区数据贯通试点；结合输变电工程数字化移交，试点开展站端数据贯通，完成站端信息交互。

变电工作票异动应用和操作票移动应用均在电网内网软件上线，通过该App完成内外网数据交互，实时进行内外网数据的互传，实现工作票、操作票状态的实时更新。

输电专业优化巡视人员轨迹获取规则，使系统获取轨迹贴合人员现场实际巡视轨迹。开发外委人员管理功能，实现外委人员工作质量分析和评价，通道内各类隐患、风险点线上动态管理，实时掌握通道外委护线人员巡视动态。

配电网设备与调度专业数据共享。图模共享方面，已实现存量10kV线路、公变台区图数模共享，已实现增量图数模随设备异动流程在线交互共享；停电检修方面，已实现停电计划、停电申请、停电发布流程在线化审批，已实现中、低压停送电过程、工程许可终结过程网络化交互；故障抢修方面，已实现中、低故障主动研判、主动工单自动派发、停电信息自动编译发布以及抢修过程移动端在线反馈；运行监测方面，主动接入配电网 10kV 线路、公变台区准实时供电能力、供电质量、频繁停电异常监测信息，自动创建、闭环管理运行异常工单，防范电网运行风险。

11. 工器具备品备件管理方面

省公司统一开发部署工器具在线管理系统功能，实现工器具台账（包括工器具名称、数量、类别、编码、使用记录、试验记录等）线上管理。开展备品备件仪器仪表等专业仓管理系统开发。工器具管理方面，在嘉兴、宁波试点完成省公司统推的工器具系统模块，试点工器具出入库管理、检测管理等功能。备品备件方面，已完成生产专业仓 PC 端和移动端功能的开发及测试工作。

完成 PMS 系统中开发工器具、备品备件在线管理功能，实现工器具、备品备件台账线上管理，具备工器具、备品备件试验日期和库存数量自动校核、试验日期自动提醒、采购需求自动推送功能。

12. 智能带电作业检修方面

确定了基于 5G 的带电作业机器人集控平台的部署方案及下阶段开发方向，推进全省统一的带电作业机器人平台建设。

落实公司数字化班组建设要求，打造全量数字化班组典型场景应用，以“业务在线化、作业移动化、信息透明化、支撑智能化”为目标，以“工单”为驱动，以县公司班组为载体，以现场业务为主线，全力推进数字化班组建设的落地。目前，在某公司已建成数字化输电运检班、数字化变电运维班、数字化配电运检班等 3 个专业 12 个典型数字化运检班组，实现“设备、作业、管理”三个数字化，推动一线班组数字赋能、减负增效。

第三节　未来趋势

根据电力企业相关重点工作任务部署，持续推进数字化班组建设和成效评价，提升设备管理智能化、精益化、数字化水平，实现设备状态智能研判、现场作业精准管控、管理决策协同高效。

1. 继续做好数字化班组建设评价

在电力企业数字化班组评价细则基础上，各专业根据数字化班组建设方案、应用场景和验收标准，完成 10 个单位数字化班组专业内部自评价，针对试点建设的薄弱环节和扣分点，重点开展技术关键环节攻关，确保对照公司验收标准完成全部数字化班组试点建设任务。

结合班组数字化转型后，相关业务流程和生产组织方式的调整，同步优化相关规程、流程，进一步完善评价细则，增加系统数量、终端数量及App数量的评价，避免过多的系统、终端及App成为班组作业负担。评价标准可分为省、市、县、班组多层级分别制定，不将过多的评价工作放在基层班组。

推进基础数据有序管理。依托业务中台部署应用，在前期试点应用基础上，推进电网资源业务中台数据治理及迁移，基于同源维护工具开展设备台账图形维护，实现“电网一张图、数据一个源”工作目标。实现班组报表自动化，提高劳动效率。

2. 推进数字化业务替代人工巡检

深化输电视频在防山火区域的深度应用，扩展双光谱、前端自动识别摄像机的应用范围，全面提升山火异常监控能力。推动通州公司、检修公司智能机库和机巡中心建设，强化无人机作业过程的安全管理，安全有序地推进无人机应用工作，逐步实现无人机替代人工巡检。

推动标准化开放式边缘计算框架应用，推动《PMS3.0设备侧物联统一架构建设实施方案（试行）》在变电、直流、输电专业贯彻实施，实现第三方App“无差别”搭载与远程管理，降低应用部署成本；推动多元化边缘计算App研发，激发一线班组应用创新热情，并在无锡、泰州等数字化示范区建设过程中率先落实。

持续开展全景监视样板间建设。①打通数据链路，实时掌握变电站的运行方式、负荷情况、告警信号、设备缺陷等信息，实现设备全景监视。②综合设备履历、实时状态、设备评价、资产价值等信息构建设备全景画像，实现设备实时管控。③实时跟踪站内当日各类作业任务、工作票、操作票、作业现场和作业进度等业务信息，实现作业多维管控。

推进移动作业化。结合一线班组需求，全面推进输变配各项业务移动化，将各类数据与移动终端贯通，提升作业效率。持续开展变电移动作业样板间建设。①贯通建设、发展、物资等部门业务系统，实现工程信息、物资数据线上流转，验收全过程线上协同。②通过实物ID，在验收现场在线查看设备参数、电子资料信息，实现扫码建档。通过移动终端实时调用验收标准卡，多人在线协作，生成电子验收记录。自动归档验收过程电子材料，实现工程数字化移交。③基于移动终端，实时上传运检过程图像、影音、试验数据等，通过专家远程会诊、协同指导，实现运检作业全过程管控，提升工作效率。④充分发挥移动端能力，实现两票管理、作业任务、人员验证许可、作业安全监控等业务全过程线上流转，促进两票管理向流程智能化、操作便捷化、管理精益化转变。

持续开展变电人机协同巡视样板间建设。①利用机器人、高清视频，自动采集表计、温度等结果数据，自动识别缺陷并推送给运维人员，自动生成处理建议，提高运维人员缺陷的响应能力及处置效率。②打通远程智能巡视系统与PMS数据通道，对巡视任务进行统一管理、自动推送和智能分解派发，实现人工巡视与机器巡视的动态配合。

推进 PMS3.0 无人机样板间规模化应用。持续优化信通资源配置、后台监测和信息系统应急保障等工作。优化贯通信息大区（内网）、互联网大区和互联网（外网）的数据流及业务，开展示范区内“本体精益巡检、通道精准测量、防护精确警示”功能应用。

推进输电运检数字化班组建设。完善全景平台建设，主要开展系统页面风格优化，完成一级页面的样式调整开发工作。优化系统二级页面需求设计，进行缺陷、隐患、检测等核心模块的原型设计与开发工作，同步继续推进微应用系统的数据接入进度。完成输电可视化微应用次级告警界面功能检修；配合各地市单位完善系统。推进生产分析系统试点应用工作，持续开展全省功能使用支撑工作，优化综合检修工单需求及原型，优化现有系统功能。实现设备全景监视、状态实时在控，业务全过程管理等。

深入推进智能化运检。利用无人机、通道可视化、分布式、动态增容、温度传感等智能化终端，以“数据一个源、业务一条线”为基础，夯实输电数字化班组建设成效，提高基层一线班组巡检效率，实现运行、检修内容主动提醒、检修预试业务自动生成，工单派发、业务运检、验收闭环全流程线上管理，辅助开展各类业务运检质量分析。逐步建成“输电智慧大脑中枢”指导输电专业各项运检业务及时、规范、标准、高效完成。

持续开展配电网抢修数字化智慧管控样板间建设。①开展抢修桌面应用开发，完善抢修过程核心功能，完成生成倒闸操作票、生成事故应用抢修单接口的联调。②对接思极地图开展抢修桌面驾驶舱功能开发，完成基于 GIS 地图的历史工单统计、网格图、热力图等功能。③开展抢修 App 与企信的环境联调，完成消息推送等组件接口联调。④开展对接阿里智慧大脑的隔离方案推荐、抢修资源智能推荐、评价体系等功能开发，完成工单评价后台逻辑开发。

开展配电网工程数字化移交样板间建设。①开展配电网工程数字化移交各功能以及整体应用的测试联调，不断升级完善配电网工程数字化移交功能细节。②在工程设计环节，通过移动终端，现场获取 PMS 图模信息，在线填写勘察单、上传查勘内容、现场绘制施工草图、选择标准物料等，形成查勘成果，设计成果在线移交、变更、审批。③在现场施工环节，设备安装过程中，通过移动终端实物 ID 扫码、结构化数据采录，实时录入各类施工信息等，支撑后续运行故障溯源，通过移动终端实时上传过程痕迹化影像资料，支持验收资料一键生成。④在竣工后图模维护环节，施工单位在施工图的基础上维护生成竣工图，验收人员利用无人机、移动终端等在现场核验图实、图数的一致性，并实时上传竣工验收单。生产人员、营销人员通过基于电网资源业务中台建设的同源维护应用，通过图形一键规整、台账批量维护等便捷操作，共同构建营配“一张网”。

开展配电移动巡检作业样板间建设。依托实物 ID、图像识别、语音识别、内外网交互等技术，以巡检策略为驱动，发挥移动作业优势，全面提升巡视作业信息化水平。在个人工作台中自动获取综合巡检工单，该工单基于设备状态、生产计划、风险预警等信息智能生成。运检人员利用实物 ID，应用移动终端、数字化表计、数字化仪器开展人机协同作业，巡视记录、检测报告、缺陷记录辅助生成，作业数据实时同步，知识库数据便捷查询。在线发起缺陷与隐患登记、设备异动、两票等业务流程。巡视结束后自动归集本次作业成本。

3. 推进变电站主辅设备监控

结合变电集控站建设，完成集控站人员对变电站设备异常信号，直流逆变，输变电在线监测，故录，消技防，告知类信息等一、二次设备，辅助设施各类信息进行监视，同时对变电站设备异常信息定期核查并掌握设备运行及处理情况。

做好仪器等装备的配置。综合统筹各类资本、成本项目资金，逐步完善班组数字建设过程中所需的无人机、移动终端、带电检测等智能装备。

完善智能运检管控系统建设，拓展设备全景监视范围，提高全景监视有效性，通过福州、三明试点应用，完善主辅设备监控联动功能，并在其他数字化班组建设试点单位推广应用。完成智能运检系统设备状态监控模块的全面升级，根据运检工作需要定制主辅设备联动分析策略，新增主辅设备联动工单预警，完善工单规则、流程。

继续优化变电运维模块应用，实现电子工作票现场测试及应用，推进检测模块在省检、长沙、株洲、湘潭的高压试验班组试点应用。实现与省调多维停电管控系统、安监风险管控平台的数据对接及交互。

4. 推进主设备知识库试点建设

依托 PMS3.0 设备标准库应用，现场利用移动终端，实时调阅设备台账、图纸档案、运行检修规程、作业标准流程、精益化评价细则、典型故障案例等技术资料，支撑运检作业技术资料的在线共享、在线办理。推进配电设备技术标准知识加工工作，构建配电设备主题词表，建设和完善 FAQ 库，同时基于构建的知识库，完成抽取类、数字类、统计类、判断类问答引擎开发。

各单位应按照 PMS3.0 整体技术架构要求，以设备侧电力物联网总体架构为指导，全面推进电网资源业务中台建设及同源维护应用，互联互通各类数据，打造全网范围内唯一生产主数据源，实现数据的采集、存储、变更和应用的统一管理，为数字化班组建设落地实施提供基础保障。加快 PMS3.0 建设，在各专业内部整合应用微服务和 App，实现业务操作便捷化、移动化，数据访问透明化，应用辅助智能化，支持数字化班组建设落地。

推进业务线上化。结合 PMS3.0 建设，对已有系统进行功能优化和数据互联互通，继续开展感知装置的接入及应用。同时做好人工智能、设备知识库、数字化资料移交等辅助工作。

在数字化建设试点班组推广云共享知识库移动应用，基于移动应用架构及目录，根据各自班组需求个性化完善电网主设备技术资料，完成电网主设备知识库建设，在 App

移动端实现主设备知识随时查询和调阅的功能。

推进移动应用知识库构建，补充完善PMS系统已有设备图纸等电子资料，关联已有规章制度平台获取相关管理规定、技术标准、法律法规、故障案例等资料，开展个性化知识收集，不断更新完善共享资料，满足管理和基层人员在日常工作中各类资料获取需求。

根据源端数据接入方案，使用数模转换模型，开展源端数据接入系统建设。继续根据数据核查工具和智能运检管控系统应用发现数据问题，举一反三，排查同类问题，全省范围内开展数据治理。

5. 持续加强实物ID应用质效

完成17.3万台套中压开关柜、配电电杆等自行扩展设备贴签。完成示范站建设，贯通全流程应用。推进实物ID相关衍生功能建设，与实物ID厂商扫码接口对接，依托配电网运检App增加扫码查询、台账维护、台账查询等功能，并在配电数字化试点班组实现应用。

持续推进实物ID全业务流程贯通应用，强化全业务贯通考核力度，深化试点数字化班组的地市公司推广应用。统计移动终端设备扫码建档数据明细，开展设备扫码建档不规范数据治理工作，持续提高新增资产级设备扫码创建率。开展工器具系统生产仓功能模块开发工作。

6. 做好输变电智慧平台建设应用

以某电力企业运检智能管控平台为基础，接入电网资源业务中台，优化主网运检管控平台技术架构，梳理业务流特性与需求，按照业务模块进行应用提升和微服务改造，开展运检管控平台微服务和微应用改造，为下一步对接PMS3.0和云平台做足技术准备。

操作票业务在数字化建设试点运维班组推广应用，同时使用电子操作票、纸质操作票，采用“双轨制”进行站内设备倒闸操作，在移动App端完成操作人、监护人识别确认、操作票执行及归档流程。在其他变电站推进防误云系统建设，实现在调度云电子下令、子站防误系统自动开票推送至移动App端的功能。工作票业务已数字化建设试点运维、检修班组推广应用，同时使用电子工作票、纸质工作票双轨运行，在移动App端进行工作票审核、许可、回退、终结全流程线上办理，发现应用存在问题，完善工作票移动应用功能。

7. 深化供电服务指挥中心运营

以试点推进和全面覆盖相结合方式，完成台账资料有序管理、运检作业移动管理、两票业务线上办理、设备状态智能感知、抢修过程主动可控、故障信息智能分析等八类重点任务建设实施。

抢修资源及抢修过程可视化：完成基于GIS抢修站点及抢修资源可视化功能研发，

保证抢修指挥人员能合理调配各类抢修资源，保证抢修工作高效开展；完成滴滴抢修功能，基于GIS完成抢修过程轨迹开发，支持抢修过程中图片、小视频等影像数据实时展示，便于指挥人员、“省—市—县”各级管理人员即时感知抢修态势。

8. 全面总结推广典型经验

建议分专业对一线班组的业务数字化需求以及已实现的功能、已制定的规程制度、仪器与移动终端交互方式等进行全面评估，各试点单位应认真总结提炼，提炼适合推广的典型经验，形成一批一线员工好用爱用、能提质增效的热门微应用，形成一系列与业务高度吻合的制度规范，形成一套完善的装备、装置数据交互技术，助力班组提升工作质效。

9. 健全专业数据管理机制

强化各级人员使用系统的习惯，从各级管理人员做起，自上而下的使用业务系统中的数据，减少线下报表的收集，让系统数据流动、真实。同时各省公司加强业务数据核查和管控，强化数据分析，提升数据质量，支撑数字化转型。

10. 进一步扩大试点建设

作为数字化班组试点建设阶段，旨在打造输变配各专业数字化班组样板间，建立数字化班组建设标准。扩大试点阶段，某些经济发达地区的电力企业实现数字化班组覆盖100%地市级单位，全国多家电力企业试点单位实现数字化班组覆盖大部分地市级电力企业单位。

电力企业将继续开展数字化班组的建设提升工作，对中期督导的相关问题制定措施进行整改提升，在两票业务在线流转、运检作业移动管理、实物ID深化应用、基础台账有序管理等方面深化应用。

开展无纸化作业和零报表工作调研，梳理基层班组非必要条件下的无纸化业务，提高基层无纸化作业率，提质增效，减轻基层负担。梳理基层相关可实现零报表的工作，减少不必要的数据重复录入，降低班组重复劳动。

同时，依照电力企业全覆盖要求，提高数字化班组的覆盖率，将打样班组的建设成果进行推广应用。建立长效组织保障机制，修订完善数字化班组的管理制度和相关技术标准，实现班组管理制度化。优化资源分配，提高基层班组装备配置数量。制订科学规划分批次开展其他班组人员的培训工作，使基层班组员工熟悉相关系统和移动应用。推广业务应用和系统功能应用范围，落实在生产环境的业务在线化、作业移动化应用成果，实现试点地市基层数字化班组建设全覆盖。

目前，数字化班组通过现有技术加快推进班组数字化、自动化、智能化转型升级；加大先进信息通信技术应用，推动信息系统优化及业务数据整合，借力数字化为基层松绑，切实减轻日常管理资料报送压力，提高员工的工作效率和质量，有效推进基层班组减负工作。紧密围绕能源互联网建设数字化转型升级要求，通过智慧技术应用、系统贯通、流程优化、数据融合共享，全力突破业务系统壁垒，基本实现班组生产作业数字化、安全管控智能化，为数字化班组建设实施奠定坚实基础。实现各类业务系统在该公司班组范围内全覆盖部署应用。通过深化 5G、三维建模、智慧语音、智能算法等技术应用，实现虚拟化设备巡视、作业流程自启动、作业云勘查，全面实现数字化班组建设目标。